遗产·空间·新制序

博物馆与非物质文化遗产保护研究

王巨山 著

商务印书馆

教育部人文社会科学研究青年项目资助

（项目编号：12YJCZH198）

目　录

引　言

　　文化遗产是人民群众的文化创造和智慧结晶，是一个民族或地区的文化精华，文化遗产见证了民族或地区历史与文化发展的历程，体现了民族文明发展的高度和社会的进步状态。19世纪以来，人类对自身创造的文化遗产认识轮廓日渐清晰，并在一百多年来的保护历程中构建了渐趋完善的保护体系，在人类文化遗产保护体系中，文化遗产的类型逐渐丰富，从早期物质文化遗产逐渐跨界到自然与文化双遗产（Mixed Heritage），从有形的物质文化遗产扩大到无形的精神文化遗产，并衍生出了文化景观（Cultural Landscape）、线性文化遗产（Lineal or Serial Cultural Heritages）、乡土建筑（Vernacular Architecture）、记忆遗产（Memory of the World）、农业遗产（Agricultural Heritage）、工业遗产（Industrial Heritage）、世界灌溉工程遗产（World Heritage Irrigation Structures）等新形式，当代文化遗产的范畴不仅包括历史的馈留，也涉及当下民众日常的生产生活方式，人类文化遗产保护呈现出多层次、多元化发展态势。

　　保护文化遗产，观照人类未来。纵观国际文化遗产保护历史与现状，保护国家和民族多样的文化遗产已经成为大势所趋、时代所需和文明发展所依，文化遗产及其保护影响了一个国家或地区社会生活的方方面面，对文化遗产的保护与传承关系着现实的国计民生，关系着国家文脉的传承，关系着世界文化多样性的实现，更关系着人类未来的可持续发展。

作为文化遗产保护的重要机构和文化展示与传播的重要窗口，博物馆是一种普适的文化保护与展示机构，适合不同国家和地区。博物馆自诞生以来，无论是过去作为权贵精英收藏的"珍宝馆"，近代以来作为民众的"启蒙地"，还是当代服务社会发展的"服务部"，博物馆在国家和地区文化遗产保护与展示上发挥着无可替代的作用。在现代博物馆三百多年①的发展中，在社会发展和自我反思中，博物馆经历了角色的转换和职责的转变，这种转换和转变是以博物馆功能的延伸拓展和类型的丰富呈现的。尤其是20世纪70年代以来，已经成为文化遗产保护与展示重要机构的博物馆定义不断完善，范畴不断扩大，功能不断丰富，社会职责也在不断拓展，博物馆走出围墙，参与社会发展、为社会进步服务不仅成为博物馆自身发展的需要，也是社会发展对博物馆提出的新要求。进入21世纪，博物馆事业发展与文化遗产保护的黏合度越来越高，博物馆已经成为人、社区、文化和社会发展的交汇空间。在新的文化遗产保护理念和博物馆功能、职责不断拓展的交织影响下，博物馆如何参与新型的非物质文化遗产保护是摆在博物馆面前的一个新课题。类似龙泉青瓷传统烧制技艺、杨家埠木版年画制作工艺等非物质文化遗产项目，其涉及具体实物，传统博物馆在这类非物质文化遗产保护中还可以发挥自身"物"的收集、整理、展示、研究

---

① 博物馆学界一般将英国阿什莫林博物馆视为第一个具有近代博物馆特征的博物馆，该馆于1682年向公众开放。

等优势，但像其他类别的非物质文化遗产，如口头传统、关于自然和宇宙的知识等，在这几类几乎不涉及"物"的非物质文化遗产保护中，不能仅通过照片、场景模拟等"物化"和数字化存储、展示就解决所有问题。

面对非物质文化遗产活态传承的保护要求，如何实现这些非物质文化遗产的"生命力"（Viability）和"可见度"（Visbility）的提升是参与非物质文化遗产保护的博物馆面临的重要课题。现有博物馆类型中，占主导地位的传统博物馆以"物"为中心的工作理念和收集、整理、研究等保护措施显然不能满足非物质文化遗产"活态保护"要求，因此，突破博物馆原有工作理念和保护思维，协调原有保护平台与新文化遗产之间的平衡，变革保护方法与展示手段，走出"围墙"，主动探寻非物质文化遗产保护新途径，以历史赋予的使命审视博物馆在民族民间文化遗产保护中的责任，以在民族民间文化遗产保护中的责任审视博物馆在社会发展中的作用，以在社会发展中的作用审视博物馆自身的建设方向，以博物馆的建设方向审视自身的工作和人才的培养是所有博物馆都要思考的问题，也是必须以实际行动回答的问题。基于此，本研究力图回答在《保护非物质文化遗产公约》（如非特别指出，后文简称《公约》均指本文件）所构建的目标区域内，博物馆应该发挥什么样的作用以帮助《保护非物质文化遗产公约》目标的实现和民族文化的延续。

第一章

非物质文化遗产保护的提出

第一节　非物质文化遗产释义

人类对自身文化遗产的认识是一个不断深化发展的过程，与人类文明史和文化遗产创造历程相比，国际社会对文化遗产保护历程还很短，可以说仅仅是开端。

近年来，全球化浪潮的来袭、多元文化的碰撞与交织和各国社会转型使得文化遗产作为一种载体被赋予了多重意义，也寄托了人们对多重文化价值的期盼，传统的文化遗产观逐渐被"解构"，并以一种全新、开放和多元的形式进行重新构建，从原来物质领域扩大到精神领域，从有形世界延伸到无形世界，从原来单一的客观层面发展到繁杂的主观层面，形成了全新的文化遗产体系，这一体系包含不同层次和形态的文化遗产（图1-1），此外，工业遗产、农业遗产、线性遗产、记忆遗产、20世纪遗产、乡土建筑、非物质文化遗产等也纷纷走进人们的保护视野，成为当下文化遗产保护的新热点。在这些新遗产中，

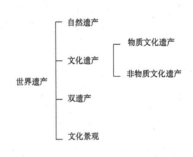

图1-1　世界遗产框架体系图

非物质文化遗产保护显得尤为"耀眼"。

2001 年，联合国教科文组织在法国巴黎宣布了第一批"人类口头与非物质遗产代表作"。2003 年 10 月，联合国教科文组织在巴黎通过了《保护非物质文化遗产公约》(*The Convention for the Safeguarding of the Intangible Cultural Heritage*)，随后，联合国教科文组织总干事在法国巴黎宣布了第二批"人类口头与非物质遗产代表作"。《保护非物质文化遗产公约》正式生效后[①]，《公约》生效前宣布为"人类口头与非物质遗产代表作"的所有项目纳入"人类非物质文化遗产代表作名录"，由此，文化遗产家族的一个新成员正式进入人们的视野。

《保护非物质文化遗产公约》的诞生对人类文化遗产保护体系的发展具有深远影响，它进一步扩充了世界文化遗产体系，丰富了世界文化遗产的内涵，将世界文化遗产家族从有形的物质遗产领域扩充到无形的精神遗产领域。近六十年来，世界文化遗产体系的构建和扩充是人类对遗产认识和保护不断深化的结果，非物质文化遗产理念的提出是人类对自身文化遗产认识的一个全新阶段。随着世界文化遗产家族中一个个新成员的诞生，人类对自身历史的认识和实践也在不断升华。这种升华是世界文化遗产保护取得的阶段性成果，同时也为世界文化遗产保护提出了新挑战，而作为新时代选择的、需要留存的特殊"文化标本"，非物质文化遗产保护的提出对未来社会的发展与走向具有重要的历史意义和现实意义。

---

① 《保护非物质文化遗产公约》在第 30 份批准书交存 3 个月之后，于 2006 年 4 月 21 日开始生效。

一、非物质文化遗产定义

文化学者将文化划分为物质文化、制度文化和精神文化等多个层次。在历史发展的长河中，人们创造了丰富的、有形的物质文化，也创造了多彩的、无形的精神文化。对于物质存在和精神存在在文化遗产保护领域里的折射，在过去很长一段时间内，人们往往关注有形的物质文化遗产的保护，并取得了较大的成果，却忽视了与其相依相存的精神文化遗产的保护。联合国教科文组织在《保护非物质文化遗产公约》中指出了非物质文化遗产提出的基本背景及其与其他文化遗产之间的关系："考虑到非物质文化遗产与物质文化遗产和自然遗产的依存关系"，"考虑到国际上现有的关于文化遗产和自然遗产的协定、建议书和决议需要有非物质文化遗产方面的新规定有效地予以充实和补充"。[①] 因此，国际社会应当本着互助合作的精神与该公约缔约国一起为保护此类遗产做出贡献。非物质文化遗产这一全新文化遗产类型的提出是经过国际文化遗产组织长期的探索和实践的，是对传统文化遗产保护体系的补充。因而，非物质文化遗产一经提出便引起了国际社会的共鸣和广泛关注，与此同时，面对这一全新的文化遗产，人们在充满期待的同时，又对其理解产生了困惑。

什么是非物质文化遗产？它是英文 intangible cultural heritage 的中文翻译。由于对 intangible 的不同翻译，它有时被译为非物质文化遗产，有时又被译为无形文化遗产。目前我国学术界逐渐摒弃无形文化遗产的译法，统一使用"非物质文化遗产"，其原因是联合国教科文组织颁布的《保护非物质文化遗产公约》中文版本中使用"非物质文化遗产"一词，而不是

---

① 联合国教科文组织：《保护非物质文化遗产公约》，2003 年。

无形文化遗产，我国政府和文化主管部门颁布的有关保护文件和通知中，都统一使用"非物质文化遗产"，因此，学术界也接受并使用"非物质文化遗产"。另外还有"无形遗产"和"非物质遗产"两个词需要注意，它们是 intangible heritage 的中文翻译，是省略文化（culture）一词而来的，因为，不仅在人类社会存在无形的遗产，在自然界中也存在无形的遗产，如自然环境中的生态链。无形遗产比非物质（无形）文化遗产包含的范围宽了很多，它既有自然界的无形遗产，也有人类社会创造的无形的文化遗产。

任何事物的定义都是对被界定事物的本质特征或概貌的描述。非物质文化遗产的定义也不例外，在非物质文化遗产"孕育"过程中，联合国教科文组织曾对其有过多次界定，如 1989 年《保护民间创作建议案》、1998 年《宣布人类口头和非物质遗产代表作条例》以及 2003 年 3 月的临时定义，但都争议不断。随着《保护非物质文化遗产公约》在国际社会获得广泛认可，《公约》中对非物质文化遗产做的概念表述逐渐为学界所接受和认可，这一界定虽然还存在争议，但其是联合国教科文组织联合各国专家学者经过多次探讨和协商而形成的，是不同领域专家求同存异的结果。能达成这一共识，并被各国所接受，反映了各国对《保护非物质文化遗产公约》概念表述的"暂时"认可，说明该表述能够反映非物质文化遗产的基本面貌和本质属性。

根据《保护非物质文化遗产公约》英文版 [1]，非物质文化遗产定义表述如下：

The "intangible cultural heritage" means the practices, representations,

---

[1]　《保护非物质文化遗产公约》共有 6 种不同语言版本，具有同等效力。

expressions, knowledge, skills — as well as the instruments, objects, artifacts and cultural spaces associated therewith — that communities, groups and, in some cases, individuals recognize as part of their cultural heritage. This intangible cultural heritage, transmitted from generation to generation, is constantly recreated by communities and groups in response to their environment, their interaction with nature and their history, and provides them with a sense of identity and continuity, thus promoting respect for cultural diversity and human creativity.

在同时公布的《保护非物质文化遗产公约》中文版①中，非物质文化遗产被表述为：指被各群体、团体，有时为个人视为其文化遗产的各种实践、表演、表现形式、知识和技能及其有关的工具、实物、工艺品和文化场所。各个群体和团体随着其所处环境、与自然界的相互关系和历史条件的变化不断使这种代代相传的非物质文化遗产得到创新，同时使他们自己具有一种认同感和历史感，从而促进了文化多样性和人类的创造力。按上述定义，非物质文化遗产包括以下方面：1. 口头传说和表述，包括作为非物质文化遗产媒介的语言；2. 表演艺术；3. 社会风俗、礼仪、节庆；4. 有关自然界和宇宙的知识和实践；5. 传统的手工艺技能。

根据联合国教科文组织发布的《保护非物质文化遗产公约》的更正件（更正件仅涉及中文版），"非物质文化遗产"指被各社区、群体，有时是个人，视为其文化遗产组成部分的各种社会实践、观念表述、表现形式、知识、

① 《保护非物质文化遗产公约》有两个版本，巴莫曲布嫫称之为"前在本"和"更正本"。参见巴莫曲布嫫：《从词语层面理解非物质文化遗产——基于〈公约〉两个"中文本"的分析》，《民族艺术》，2015 年第 6 期。

技能以及相关的工具、实物、手工艺品和文化场所。这种非物质文化遗产世代相传,在各社区和群体适应周围环境以及与自然和历史的互动中,被不断地再创造,为这些社区和群体提供认同感和持续感,从而增强对文化多样性和人类创造力的尊重。更正件中对五大类别的规定没有变化。

撇开中文版定义先不谈,非物质文化遗产定义的英文表述中有几个词需要特别注意,对这几个词内涵的理解有助于深入把握非物质文化遗产是什么样的文化遗产,进而把握非物质文化遗产的基本特征。当然,这不是对中文翻译的质疑,只是换一个角度去理解非物质文化遗产。

第一个需要注意的词汇是 intangible。在《朗文英汉双解词典》中将其解释为 which by its nature cannot be known by the senses, though it can be felt。[1] 译成中文,意思是用触觉触摸不到的,无形的,不可捉摸的,但可以感知的。正是因为 intangible 具有这样的含义,并被使用在 heritage 前面作为定语,进而明确了这类文化遗产的一个基本特征:无形性、非物质性,它是属于人的精神领域和意识范畴内的文化遗产。联合国教科文组织早期使用 non-physical 来修饰 cultural heritage,后来改为更贴切的 intangible,虽然有些非物质文化遗产需要借助一定的器物来实现,但器物不是非物质文化遗产,如入选 "人类非物质文化遗产代表作名录" 的古琴艺术[2],其涉及的古琴是物质遗产,古琴艺术才是非物质文化遗产,琴曲弹拨艺术是不能被触觉感知的,只能通过精神意识去感知领会。Intangible 是认识非物质文化遗产的核心词汇,正是 intangible 表明了其存在状态,才使非物质

---

[1]　参见 Arley Gary, Della Summers:《朗文英汉双解词典》,外语教学与研究出版社,1992 年。

[2]　古琴艺术于 2003 年 11 月入选第二批 "人类口头与非物质遗产代表作",后并入 "人类非物质文化遗产代表作名录"。

文化遗产和物质文化遗产在形态上相互补充，非物质文化遗产保护命题正是基于这一特点被提出来，因此，intangible 是认识和理解非物质文化遗产的出发点和根本点。

第二个需要注意的词汇是 heritage。Heritage 在英文中有两个词义需要注意，一个是遗产、继承物，另一个是传统。遗产是指历史上祖先遗留下来的精神财富和物质财富；传统则是世代相传具有特点的社会因素。[①] 在物质文化遗产保护视域中，heritage 是指有形的、物质的财富，而在非物质文化遗产保护视域下，heritage 应指世代相袭的传统。非物质文化遗产从 1950 年保护理念[②] 的诞生到 2003 年通过的《保护非物质文化遗产公约》，前期注重的是保护民间文化创作，使用 folklore 一词来概括；后期发展为人类口头和非物质文化遗产，使用的词汇是 heritage。不论是 folklore 还是heritage，在 intangible 的限定下，如果以文化历史观和文化整体观看这些词汇指代的内容，其都应是指社区、共同体、群体保有的无形的文化传统。从联合国教科文组织公布的前三批 90 项人类非物质文化遗产代表作名录中可以看到，绝大部分的非物质文化遗产都代表着地区或共同体、群体的一种文化传统，非物质文化遗产保护实际上是在保护共同体、群体在适应现代化过程中濒危的文化传统。

---

① 参见中国社会科学院语言研究所词典编辑室编：《现代汉语词典》，商务印书馆，1997 年。

② 日本于 1950 年代开始进行无形文化财保护，因此被认为是最早开展无形的文化遗产保护的国家之一。随着日本人进入联合国教科文组织工作，其将本国无形文化财保护理念带入联合国教科文组织，并对非物质文化遗产提出有一定的影响，但无形文化财与联合国教科文组织所保护的非物质文化遗产还是有一定区别。

　　第三个需要注意的词汇是 community，其中文可以翻译为群体、社区，^①也可以翻译为共同体。群体概念是相对于个体而言，是以一定方式的共同活动为基础结合起来的联合体，群体是一种极为普遍的社会现象，有时具有临时性，如某一长途汽车上的人也可以是群体，用它来界定非物质文化遗产传承者过于宽泛。现代社会学中，社区是指地区性的生活共同体。人们会在一定的地域内形成一个个区域性的生活共同体，整个社会是由这些大大小小的地区性生活共同体结合而成的。共同体是指人们在某种共同条件下结成的群体，其条件包含地域、血缘、经济、文化、宗教、民族等多种因素。非物质文化遗产概念的中文表述中将 community 对译为群体，之后的中文版更正件中将 community 翻译为社区。我们认为译成共同体似乎更合适，这种共同体可以是地域性的，也可是血缘性的，还可以是精神（情感、利益）的，其比群体更具有组织性和严谨性。从共同体角度来看，非物质文化遗产是在一定的共同体中诞生，也是在一定的共同体中传承延续。在我国历史发展过程中，不同文化形式的组织形式是不尽相同的，确立共同体的条件因项目组织形式会有一些差异，因此，共同体可以区分为不同的层次，如家族共同体、社区共同体、民族共同体，有时也可能是临时性的共同体。非物质文化遗产正是共同体、群体和个人在生产生活中产生的情感的表达或表现形式、制度的实践等等，非物质文化遗产的传承也是依靠共同体内成员的接力来完成的。共同体、群体和个人这三个组织单位将

---

① community 一词来源于拉丁文 Communis，意思是共同的东西和亲密伙伴关系。英文包含共同体与社区两个含义，一般认为，德国学者滕尼斯是社区理论创始人之一。社区一词最初在 1871 年英国学者 H.S. 梅因（Herry Maine）《东西方村落社区》作品中使用，滕尼斯著作《共同体与社会》在国内有两种翻译：一是《共同体与社会》，二是《社区与社会》。参见费孝通：《当前城市社区建设的一些思考》，《群言》，2000 年第 8 期。

非物质文化遗产的生存群体界定出来，加强对共同体和群体的理解有助于我们实施对非物质文化遗产的保护。

以上是从单个词的具体含义对非物质文化遗产概念的理解。非物质文化遗产是一个综合构成，由特定的历史条件、特定的环境、特定的群体、特定的方式等因素共同来完成非物质文化遗产的创造与发展，对非物质文化遗产的考察与理解要综合以上几项因素，考察具体历史（history）、具体环境（environment）与具体共同体（communities）的关系（interaction），不能脱离以上几项因素，否则，所观察到的非物质文化遗产就会失去本来面目。

2003 年的《关于建立国家"活的文化财"制度指导大纲》（*Guidelines for the Establishment of National "Living Human Treasures" Systems*）中，联合国教科文组织对非物质文化遗产的定义表述又与《保护非物质文化遗产公约》的表述有很大的不同[①]：

Intangible cultural heritage, or living heritage, consists of practices and expressions, as well as the knowledge, skills and values associated therewith, that communities and groups recognize as part of their cultural heritage.

This heritage is transmitted from generation to generation, for the most part orally. It is constantly recreated in response to changes in the social and cultural environment. It provides individuals, groups and communities with a sense of identity and continuity and constitutes a guarantee of sustainable development.

---

① 该文件有 2 个版本，引文采用第 1 个版本。其后的版本对非物质文化遗产的定义依据《保护非物质文化遗产公约》进行表述。

中文翻译是"非物质文化遗产",或"活的文化财",是指被社区和群体认为是他们文化遗产组成部分的实践和表现形式,也包括相关的知识、技能和价值体系。这类遗产代代传承,并且大部分是口头传统。它们为适应社会环境和文化环境的变化而不断地被创新,它提供了个体、群体和共同体的认同感和连续性,成为可持续发展的保证。

在这一定义中,非物质文化遗产摆脱了"物"的困扰,明确了非物质文化遗产就是实践和各种表现形式,这种实践和表现形式能够给个人、群体和共同体提供文化认同感和连续性。

2005 年 3 月,国务院办公厅发布了《关于加强非物质文化遗产保护工作的意见》,《意见》中将非物质文化遗产界定为:非物质文化遗产是各族人民世代相承、与群众生活密切相关的各种传统文化表现形式和文化空间。

2005 年 12 月,国务院又发布了《关于加强文化遗产保护的通知》,将非物质文化遗产界定为:非物质文化遗产是指各种以非物质形态存在的与群众生活密切相关、世代相承的传统文化表现形式,包括口头传统、传统表演艺术、民俗活动和礼仪与节庆、有关自然界和宇宙的民间传统知识和实践、传统手工艺技能等以及与上述传统文化表现形式相关的文化空间。我国对非物质文化遗产的两次界定没有本质区别,两次定义表述对非物质文化遗产表述更为清晰明了:非物质形态明确了该类文化遗产的物理属性;与群众生活相关和世代传承明确了非物质文化遗产的存在群体、存在形式和历史属性;传统文化表现形式则明确非物质文化遗产的文化属性和在生活中的地位;接下来的介绍则指出了非物质文化遗产具体表现类型。这一定义也摆脱了《保护非物质文化遗产公约》的定义中"物"与"非物"的困扰。①

　　非物质文化遗产作为新兴文化遗产类型的出现有着独特的时代背景，《保护非物质文化遗产公约》作为时代文化的产物，对非物质文化遗产所作的界定是国际社会求同存异的结果，其对非物质文化遗产的界定具有国际通用性，对各国相关工作的开展具有指导性意义；我国对非物质文化遗产所作的界定是根据联合国教科文组织的表述，结合我国实际的理论表述，更符合我国国情。不可否认，非物质文化遗产概念将会随着认识的深入不断发展，因此，对非物质文化遗产的界定仅仅是个开始，如何使定义更准确、更具体地表述出非物质文化遗产的本质特征还需要在实践中不断摸索，加深认识。

二、非物质文化遗产的范畴与分类

（一）非物质文化遗产的范畴

　　从《保护非物质文化遗产公约》和《关于加强文化遗产保护的通知》所做的非物质文化遗产表述来看，非物质文化遗产包含的内容十分广泛，尤其是通过《公约》所列举的五大方面内容，似乎精神领域的文化创造都可以归入到非物质文化遗产，各种实践、观念表达、知识、技能、民俗、礼仪、节庆、表演艺术等都属于非物质文化遗产。国务院《关于加强文化遗产保护的通知》将非物质文化遗产表述为以非物质形态存在的与群众生活密切相关、世代相承的传统文化表现形式，并列举了口头传统、传统表演艺术、民俗活动和礼仪与节庆、有关自然界和宇宙的民间传统知识和实

①　关于"物"与"非物"的关系，本书在后面有专门一节进行论述。

践、传统手工艺技能等具体形式。《保护非物质文化遗产公约》和国务院《关于加强文化遗产保护的通知》对非物质文化遗产的界定都是对一类文化事项表现的粗线条描述，这是广义的非物质文化遗产。

非物质文化遗产并不是一个"箩筐"，并不是所有的无形文化和传统文化表现形式都能被列入人类非物质文化遗产代表作名录和国家四级名录，联合国教科文组织在进行名录甄选时已经表明了这一态度，能进入保护名录的项目便是我们所说的狭义非物质文化遗产。所谓狭义的非物质文化遗产是对上述描述的文化事项进行了具体的条件限定，即要符合一定的标准，才能成为《保护非物质文化遗产公约》确定的、能进入人类非物质文化遗产代表作名录的文化创造，才能入选国家"四级名录"，这部分文化创造才是真正具有保护价值和保护意义的非物质文化遗产（图 1-2）。

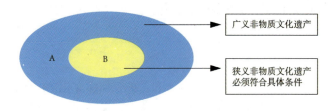

广义非物质文化遗产

狭义非物质文化遗产
必须符合具体条件

图 1-2　广义非物质文化遗产与狭义非物质文化遗产

在上图中，A 和 B 加在一起为广义的非物质文化遗产，包含人类所有的具有正向上价值的精神文化创造，它是联合国教科文组织在《保护非物质文化遗产公约》和我国政府在《关于加强文化遗产保护的通知》中对非物质文化遗产的粗线条概括，我们可以称其为非物质文化遗产资源，我国第一次普查出的非物质文化遗产资源共有 87 万项[①]。在广义的 A 外围还有

①　参见《我国非遗保护工作进展：非遗资源达 87 万项》，人民网 http://culture. people.com.cn/GB/87423/11768326.html。

其他的无形文化创造。B 为狭义的非物质文化遗产，是按照一定规则从 A 中遴选出来的遗产项目，是符合《世界人权宣言》《宣布人类口头与非物质遗产代表作条例》和《关于建立国家"活的文化财"制度指导大纲》中规定的标准，以及各国文化遗产保护法规条例中规定的，有特殊历史价值、文化价值、艺术价值及其他重要价值的无形的人类文化创造，是非物质文化遗产中的"杰作"（masterpieces），即"具有特殊的价值，不循常规，无法以任何外在尺度衡量的文化表现形式，它传达着一个民族表现的自由和创造性的天才"。在我国非物质文化遗产保护实践中，文化主管部门提倡保护的非物质文化遗产一般也是指 B，即狭义的非物质文化遗产。

关于狭义非物质文化遗产的遴选标准，我们可以从联合国教科文组织关于非物质文化遗产保护的相关文件中得到相关信息。在《保护非物质文化遗产公约》中，此公约的制定"参照现有的国际人权文书，尤其是 1948 年的《世界人权宣言》以及 1966 年的《经济、社会及文化权利国际公约》和《公民权利和政治权利国际公约》"。这句表述实质上指出了要保护的非物质文化遗产必须满足的一个基本要件，即文化遗产项目必须尊重人权。这也是非物质文化遗产能够通过并对非物质文化遗产保护提供政策指导的一个基本前提。

联合国教科文组织在《关于建立国家"活的文化财"制度指导大纲》中，进一步提出了入选"活的文化财"者所保有的非物质文化遗产应符合的四条规定，它们可以看作是对狭义非物质文化遗产的遴选标准，即非物质文化遗产必须符合如下标准：

1. 体现了人类创造性天才的价值；
2. 植根于文化传统和社会传统之中；

3. 代表特定社区、共同体群体的特色；

4. 由于缺乏相关保护手段和措施，在全球化形势下面临消失的危险。①

以上四条标准在 1998 年的《宣布人类口头与非物质遗产代表作条例》中也有相关的表述，即申报"人类口头与非物质遗产代表作"的非物质文化遗产项目必须符合一定的文化标准：

1. 具有特殊价值的非物质遗产的高度集中；或

2. 从历史、艺术、人种学、社会学、人类学、语言学或文学角度来看是具有特殊价值的民间和传统文化表现形式。

在评估有关遗产的价值时，评审委员会应考虑下述标准：

1. 是否具有作为人类创作天才代表作的特殊价值；

2. 是否扎根于有关社区的文化传统或文化史；

3. 是否具有确认各民族和有关文化社区特性之手段的作用，其是否具有灵感和文化间交流之源泉以及使各民族和各社区关系接近的重要作用，其目前对有关社区是否有文化和社会影响；

4. 是否杰出地运用了专门技能，是否发挥了技术才能；

5. 是否具有作为一种活的文化传统之唯一见证的价值；

6. 是否因缺乏保护和保存手段，或因迅速变革的进程，或因城市化，或因文化适应而有消失的危险。②

① 参见 UNESCO: *Guidelines for the Establishment of National "Living Human Treasures" Systems*, 2003。

② 参见联合国教科文组织：《宣布人类口头与非物质遗产代表作条例》，1998 年。

在《实施〈保护非物质文化遗产公约〉操作指南》中，对"人类非物质文化遗产代表作名录"列入标准进行了说明：

> 要求申报缔约国在申报材料中证明拟议列入"人类非物质文化遗产代表作名录"的遗产项目符合以下所有各项标准：
>
> 1. 该遗产项目属于《公约》第二条定义的非物质文化遗产。
>
> 2. 将该遗产项目列入名录，有助于确保非物质文化遗产的可见度，提高对其重要意义的认识，促进对话，从而体现世界文化多样性，并有助于见证人类的创造力。
>
> 3. 制订的保护措施对该遗产项目可起到保护和推广作用。
>
> 4. 该遗产项目的申报得到相关社区、群体或有关个人尽可能广泛的参与，尊重其意愿，且经其事先知情并同意。
>
> 5. 根据《公约》第十一条和第十二条，该遗产项目已列入申报缔约国境内非物质文化遗产的某一清单。

综上所述，在联合国教科文组织从 1990 年到 2016 年的诸多文件中，都设立了非物质文化遗产的遴选"门槛"。文化主管部门以传统文化表现形式来表述的非物质文化遗产的范畴非常广泛，包含的内容也比较丰富，而广义与狭义的分界是人们对非物质文化遗产价值与濒危程度的考量。因此，可以说狭义的非物质文化遗产应是针对保护而提出的，这也意味着并不是所有的国家一级非物质文化遗产都能进入"人类非物质文化遗产代表作名录"，在国内，也不是所有的文化事项和非物质文化遗产资源都能进入非物质文化遗产保护的四级名录体系。

（二）非物质文化遗产的分类

作为文化遗产重要组成部分的非物质文化遗产内容非常庞杂，历史传承下来的非物质文化遗产不仅数量多，而且内容极为丰富。这些文化遗产是人们在具体的社会生产和生活中创造的，它们既有独立或独特性的一面，也有相互联系的一面。今天从文化遗产管理和保护角度出发，把每个项目作为独立的个体来看的话，相类似的项目都可以进行适当的归类。也就是说，每一项非物质文化遗产既是一个独立个体，又是同类遗产的组成部分。

对非物质文化遗产进行分类是必要的，也是必须进行的。从分类研究的目的来说，分类可以增进对非物质文化遗产内涵的理解，所谓"物以类聚"，"类聚"是有某种共同特征的事物集合，隐含一定的标准。非物质文化遗产虽不是具体的物，但作为有着具体表现形式的文化事项，也可以依据一定的标准进行归纳和集合，通过类的集合，对判别该类非物质文化遗产的属性、存在特点和传承规律等都有积极意义。

非物质文化遗产是民族优秀传统文化，以世代相传的方式延续下来，它渗透于共同体、群体或个人社会生活和生产的各个方面。对非物质文化遗产的类别划分是对文化"解构"，也是对文化事项的组合与"重构"，这种"解构"与"重构"是非物质文化遗产保护开展的基础研究工作，并且对理解其内涵有重要的作用。在对非物质文化遗产的研究和保护中，通过对非物质文化遗产的分类，能够使非物质文化遗产条目明晰，在实践中便于有针对性地实施保护；申报"人类非物质文化遗产代表作名录"时，也具有很强的可操作性；在具体项目研究中，便于对具体遗产项目的细化研究。

非物质文化遗产分类是极其繁琐的事情，目前国际社会对非物质文化遗产的分类还没有明确的标准，还在实践中摸索。2003 年，联合国教科文组织在《保护非物质文化遗产公约》中对非物质文化遗产进行概念界定的同时，为了方便理解，也对非物质文化遗产进行了分类列举，其将非物质文化遗产划分为五大类别：1. 口头传统和表述，包括媒介的语言；2. 表演艺术；3. 社会习俗、礼仪、节庆；4. 有关自然界和宇宙的知识和实践；5. 传统手工艺。

我国政府于 2006 年批准了第一批 518 项国家级非物质文化遗产名录，给予正式公布，《第一批国家级非物质文化遗产名录》（以下简称《名录》）将我国非物质文化遗产划分为十大类，此后又进行了修订，目前十大类别分别为：1. 民间文学；2. 传统音乐；3. 传统舞蹈；4. 传统戏剧；5. 曲艺；6. 传统体育、游艺与杂技；7. 传统美术；8. 传统技艺；9. 传统医药；10. 民俗。这一分类法既参考国际惯例，也融合了国内学者专家对非物质文化遗产的理解，在非物质文化遗产保护领域内有一定指导性和影响力。

对非物质文化遗产的类别划分是一项基础性研究工作，也是非物质文化遗产研究的一个重要组成部分，它对正确把握非物质文化遗产特征，深入研究非物质文化遗产项目的发展过程，探究非物质文化遗产的存在、发展、传承规律以及促进保护与弘扬等方面的工作，都有重要的启示作用。而就非物质文化遗产类别划分来说，因为非物质文化遗产研究刚刚起步，分类还没有确立相应的或统一的标准，所以目前对非物质文化遗产的分类各具一说。

三、非物质文化遗产的特性

特性是指事物特有的性质，它是区别于其他事物的重要标志。非物质文化遗产是相对物质文化遗产提出的，其存在是相对物质文化遗产而言的。因此，非物质文化遗产的特性是指其区别物质文化遗产而具有的独特之处。

（一）非物质性

非物质性又称无形性，这一特性是相对物质文化遗产而言的，是指非物质文化遗产是无形的，不能被触觉感知的，非物质性是非物质文化遗产的根本特性。非物质性是非物质文化遗产存在的本质，是认识和研究非物质文化遗产的出发点和归宿，是与物质文化遗产质的区别之所在。

物质文化遗产是看得见、摸得着的，如一件瓷器、一幅书画、一栋建筑都是以具象的物质形态呈现，能够被触觉感知和把握。非物质文化遗产的存在形态与物质文化遗产的存在形态完全不同，是无形的、不可被触觉感知的，如古琴艺术，看得见、摸得着的是古琴，而无形的古琴艺术才是非物质文化遗产，这里的古琴艺术包括古琴的演奏曲调、弹拨技法和记谱方式等，古琴有 7 根弦，13 个徽，通过 10 种不同的拨弦方式，可以演奏出 4 个八度，其演奏技巧包括"散""按"和"泛"。这些曲调、技法和演奏技巧是无形的，是我们要保护的非物质文化遗产。另外，像传说、神话、民间故事等口头传统，非物质性或无形性是它们最突出的特点。由于非物质文化遗产的这种无形性，有时又可称为无形文化遗产，无形性或非物质性是它存在的基本特征之一。

（二）活态性

物质文化遗产一旦产生，其形态已经确定，在历史的发展过程中，一般不再发生变化，如绵延万里的长城，其产生之后，除因毁坏，其形态没有发生改变；历史遗留的秦砖汉瓦、元明瓷器、清代宫城，今天看到的物理形态与其产生之初是一致的。与物质文化遗产相对应的非物质文化遗产从产生之初就一直处于发展变化之中，这种变化与时间、地点、环境等因素密切关联，从而使非物质文化遗产项目在不同历史时代和不同情境下呈现出不同的形态，这种变化就是非物质文化遗产的活态性。这种活态性在口头传统、表演艺术、节庆以及传统工艺技能等类别中表现得尤为突出。

非物质文化遗产的"活态性"随着时间的变化而变化，这些变化是历史的沉淀，项目延续的历史越长，其在文化融合和文化交流中对其他文化因素的吸收和积累就越多，这种活态性就表现得越明显。春秋时期，孔子删定的《诗经》，其中部分诗歌取材于民间，在民间口头传唱，但在今天我们阅读这些诗歌，却显得佶屈聱牙，这正是口头传统和民歌不断变化的结果。

非物质文化遗产的"活态性"也会随着环境的变化发生改变。"橘生淮南则为橘，生于淮北则为枳"，这里说的虽是物质，但生长环境与风土人情是不同的。同一项非物质文化遗产在不同的地点也有不同的表现。如修筑房屋的建筑术，早期南方与北方的建筑技术不相同，东部与西部的建筑技术也不相同；再如流行于东北地区的二人转，集中表现为四个流派，东路以吉林市为重点，舞彩棒，有武打成分；西路以辽宁黑山县为重点，受莲花落影响较多，讲究板头；南路以辽宁营口市为重点，受大秧歌影响较大，歌舞并重；北路以黑龙江北大荒为重点，受当地民歌影响，唱腔优美。作为一项非物质文化遗产，在不同地区产生的差异是文化遗产适应自然环境和受人文环境影响而形成的，它是非物质文化遗产保有者使遗产更适应群体生活进行的合理性改造。

即使在不同的保有者身上，非物质文化遗产的"活态性"也有着不同的表现。如我国国粹京剧艺术，乾隆五十五年（1790）四大徽班进京，与昆曲、汉剧、乱弹等剧种经过五六十年的融汇，衍变成为综合性表演艺术。京剧集做、唱、念、打为一体，通过程式的表演刻画人物，叙述故事，表达情感；角色可分为生、旦、净、丑四大行当。在京剧最近一百多年的历史中,名家辈出,各个行当里出现了很多流派,如老生行中有谭派(谭鑫培)、汪派(汪桂芬)、余派(余叔岩)、高派(高庆奎)、马派(马连良)、言派(言菊朋)、麒派(麒麟童)、杨派(杨宝森)等。旦角中有梅派(梅兰芳)、程派(程砚秋)、尚派(尚小云)、荀派(荀慧生)等。净行中有金派(金少山)、裘派(裘盛戎)等。京剧融合其他戏曲的发展演变过程是活态发展的过程,而京剧各行当分出不同的流派也是京剧活态的表现,同一个角色由不同的人来表演,其表情、唱腔、手势、体态或者唱、做、念、打就会不同,因而形成了不同的流派。另外,同一个剧目由不同的剧团,或一个剧团在不同地点表演也会有一些差异。这些差异是随着时间、环境和持有者的改变而不断变化,呈现不同面貌的。

总之,"活态"的变化是非物质文化遗产历史发展的主旋律,"活态"的变化过程是非物质文化遗产寻找自身在发展的社会中的位置,是其寻求自身发展合理化和合法化的过程。如果非物质文化遗产不能适应环境和时代而改变自身,那么非物质文化遗产也就会被历史之河"淘"上岸,处于濒危的边缘。

(三)民族性

任何文化都是人创造的。文化的发生是多源的,文化的存在也是多元的,不同的地理环境对文化和生活方式具有一定的影响,而生活方式对群体的习惯、心理特征等也会产生一定的影响。从文化的民族性出发,不同文化的诸多表象或内在差异也正说明了这点,即文化是由一定的民族或群体创造、保存并传承的,具有鲜明的民族性,民族性是文化的基本属性之一。非物质文化遗产作为文化的重要组成部分,是一定民族的文化创造,不同的民族有着不同的文化创造,保有不同的非物质文化遗产。如各民族的服饰、语言、生活方式等都有明显的差别；看似相同的文化创造在不同民族也存在一定的内涵差异，这些差异是民族心理、民族感情、民族习俗等因素不同造成的，这些文化创造的内在不同是区别民族的重要标识。如德昂族的泼水节和傣族的泼水节在形式和文化内涵上都有一定的差别。再如，入选联合国教科文组织"人类非物质文化遗产代表作名录"的伊拉克木卡姆和阿塞拜疆木卡姆，虽然二者均为木卡姆，但在内容上，二者存在着明显的不同，它们代表了不同地区民族的风格和文化精神。

作为蕴含民族感情、民族心理、民族性格等因素的非物质文化遗产在代代传承中对维护民族团结，增强民族凝聚力，保持民族文化对个体的吸引力和凝聚力具有重要作用。同时，这些具有突出历史价值、文化价值、艺术价值，体现了民族优秀文化创作的非物质文化遗产也促进了民族精神延续。只要民族的文化不断，民族精神就不会断，民族文化传统在延续，民族精神就会延续。

（四）地域性

地域性是非物质文化遗产的重要特征。非物质文化遗产的地域色彩十分强烈，不同地区保有不同的非物质文化遗产，同一项非物质文化遗产在不同的地区有不同的表现和内涵。不同地域的相同非物质文化遗产会表现出不同的特点。这种不同主要受地理环境、我国历史发展和民族分布的现实影响而成。

年画在我国很多地区都有分布，作为中国的三大年画产地之一，杨家埠木版年画与天津杨柳青年画和苏州桃花坞年画都不相同，它们在艺术风格、制作工艺、人物造型与艺术特色，甚至文化内涵等方面存在诸多差异。杨柳青年画风格主要是宫廷画特色，采用的技法为半印半画，经过创作画稿、色描、印墨线、套印、彩绘等工序完成，其画面简练，场面繁盛，颜色明快，人物造型栩栩如生；桃花坞年画主要是仕女画，人物造型比较细腻，形象多采用装饰性的夸张手法，线条简练，颜色主要以大红、桃红、黄、绿、紫等为基本色调；而杨家埠年画采用木版套印，人物风格粗犷而不失细腻，画面"满"而不挤。其艺术风格与上述两地年画存在很大差异，这些差异就是明显的区域性特征表现，造成这些差异主要是因为其所属的文化圈不同，其生产方式、生活方式、风俗习惯等均有差异，这些地域差异在年画创作中的体现就是风格的差异，因此，不同地域的人文环境、人们的价值观决定了不同地域年画的内容和所追求的精神满足感的不同。前文提到的二人转、泼水节也都与地域性有关。在研究具体非物质文化遗产项目时，必须加强文化事项的地域观念以及文化圈理念认识。强调非物质文化遗产的地域性也是在强调区域文化背景和文化因素对具体类别非物质文化遗产形成的影响。

（五）功利性

功利性，或可称为目的性，是站在保有者或传承人的立场观察非物质文化遗产的指向而言的。作为社会化的人或群体，任何行为都有一定的目的性。以经济学视角审视非物质文化遗产在生产生活中的作用，或以文化遗产展演的结果来审视遗产的过程，可以说非物质文化遗产产生及传承就或多或少地带有功利指向，都有一定的目的性。

《保护非物质文化遗产公约》列举了非物质文化遗产的五大类别，透过其现象看其指向，都具有很强的目的性或是功利性，有的是为了自身情感的表达，有的是为了实现功利的获取，有的是为了表述自身认知的结果（或对自然的实践）。例如，烹饪艺术在我国有着悠久的历史，八大菜系各具特色，作为非物质文化遗产的烹饪艺术具有很强的目的性，既满足了人的基本生理需求，也在追求一种审美和精神享受，在具有食用价值的同时，也具有一定的审美价值，这也是烹饪大师追求的色香味俱全之所在。而站在传承人视角观察，传统手工艺大都以经济利益的获取为目的，如浙江龙泉青瓷传统烧制技艺和张小泉剪刀制作技艺等，其延续与否完全与产品销售有着直接关系，如果获取经济利益的目的不能实现，那么非物质文化遗产项目的传承也会出现危机。

正是非物质文化遗产具有强烈的目的性和功利指向，才使非物质文化遗产能够被广泛地接受并代代传承。功利性能否实现关系到非物质文化遗产的生存和发展，如果功利性目的能够顺利实现，非物质文化遗产的生存和发展则能够顺利进行，否则，非物质文化遗产的生存必然受到威胁，也必将会被其他表达方式或目的实现方式所取代。

（六）可接受性

可接受性是从非物质文化遗产的传承探讨的，是指从传承延续角度看，非物质文化遗产能够被共同体、群体和个人所认同和接受，是一种文化自觉传承的意识。非物质文化遗产是由一定的共同体、群体或个人创造的，是共同体、群体和个人情感的一种表达和表现形式，是对主客观世界认知的实践等。这些表达和实践只有得到共同体或群体内成员的认可，才能够引起人们情感的共鸣和文化价值的认同，才会被共同体、群体或个人所接受，实现代代相传。如果非物质文化遗产不具有可接受性，其无形的传统文化面临的首要问题不能得到认可，不能引起情感上的共鸣和文化价值上的认同，那么其从诞生之日起就会"失去活力"，不会寻找到《公约》中描述的认同感和历史感，不具有可传承性。

杨家埠木版年画的发展历程是说明非物质文化遗产可接受性的典型案例。杨家埠木版年画发展在经历了"画店百家、画种过千，画版上万"的辉煌后陷入了低迷期，从事画版雕刻的艺人逐渐减少，年画的销售也比以前大为减少。随着市场经济和时代的发展，工业化、全球化等浪潮的冲击，杨家埠村落居民的思想获得了极大的解放，当地的生产方式从单纯的以农为主向多种经济联合发展，以前木版年画业追求的两种表达——经济利益的表达和精神需求的表达——正逐渐地被其他经济形式和文化事项所取代，村落内居民的思想观念因教育和知识普及也较以前有较大提高，加之居民居住环境的改变导致年画需求的下降和村办经济的发展导致年画艺人寻求更高回报的经济生活方式，目前，杨家埠木版年画能够唤起的共鸣和文化认同逐渐减少，其带来的功利已经不能引起人们的兴趣和关注，年画制作和销售正日趋减少，现有从事年画制作的艺人和生产的产品足以说明这个问题。可接受性的减少造成情感共鸣与文化认同的减弱也正是杨家埠木版年画濒危的重要原因之一。可喜的是，非物质文化遗产保护工作的实施已经止住年画衰落的势头，更多人在非物质文化遗产保护中看到了"希望"，杨家埠木版年画的接受性也因此得到认可，已有更多的年轻人愿意从事这项文化遗产的传承和保护工作。

（七）非孤立性

非孤立性是指非物质文化遗产与周围自然环境和人文环境的密切关系。非物质文化遗产产生、发展和演变都不是孤立存在的，都是与一定环境和人文因素联系在一起，《保护非物质文化遗产公约》中指出："各社区和群体适应周围环境以及与自然和历史的互动中，被不断地再创造。"非物质文化遗产非孤立性的内在联系和变化是活态性的外在表现。非物质文化遗产的非孤立性主要包含以下几个方面内容：

一是非物质文化遗产与时代的关系。非物质文化遗产具有一定的活态性，随着时代的变化，非物质文化遗产也逐渐在改变，其发展历程应该与其所处的时代有密切的关系，正如有形文化遗产一样被打上时代的烙印，非物质文化遗产同样被打上了时代的烙印，具有一定的时代特征。

非物质文化遗产与时代的密切关系可以从两方面理解：

一方面特定时代背景是特定的遗产项目产生的"土壤"，如明代人口迁徙的"大槐树传说"的产生与元末明初特定的时代背景有着密切的关系。

元末，由于十几年的战乱，加上自然灾害和瘟疫流行，天灾人祸，生灵涂炭。明军将元军赶到漠北后，北方地区尤其是河北、河南、山东等地区出现了许多无人区，真是"白骨露于野，千里无鸡鸣"。明朝建立以后，当务之急是恢复和发展农业生产，这首先需要解决的是劳动力和土地的问题。针对这种情况，明政府采取了移民垦田的政策，即把"地狭人众"的山西地区的农民迁移到地广人稀的河北、河南、山东等地。但故土难离，人们谁不留恋自己的家呢？这时明朝廷广贴告示，欺骗百姓说："不愿迁移者，到洪洞大槐树下集合，须在三天内赶到。愿迁移者，可在家等待。"人们听到这个消息后，纷纷赶往古大槐树下，晋北的人来了，晋南、晋东南的人也来了。第三天，古大槐树四周集中了十几万人，他们拖家带口，熙熙攘攘，暗中祷告上苍，祈求保佑他们平安无事。突然一大队官兵包围了大槐树下手无寸铁的百姓，数员武将簇拥着一个官员，那官员大声宣布道："大明皇帝敕令，凡来大槐树之下者，一律迁走。"这道命令好似晴天霹雳，人们都惊呆了，但不久就醒悟过来，他们受骗了。人们有哭的，有叫的，有破口大骂的，有呼儿唤女的，有哭爹叫娘的，但这一切都无济于事。接着官兵强迫人们登记，发凭照，每登记一个，就让被迁的人脱掉鞋，用刀子在每只脚小趾上砍一刀作为记号，以防逃跑，人们的哭声惊天动地。至今，移民后裔的脚小趾甲都是复形，据说就是砍了一刀的缘故。

官兵强迫百姓登记后，为防止逃跑，把他们反绑起来，然后用一根长绳联结起来，押解着移民上路。人们一步一回头，大人们看着大槐树告诉小孩："这里就是我们的老家，这就是我们的故乡。"至今移民后裔不论家住在何方何地，都云古大槐树处是自己的故乡，就是这个道理。①

另外，类似的文化遗产项目很多，如西施传说、关羽传说与关帝信仰、岳飞传说、孟姜女传说等，特定的时代是某些故事、传说产生的重要"土壤"。

另一方面是非物质文化遗产项目随时间变化不断变化，这种变化不仅体现在内容上，也体现在形式与内涵上的不断变化。如杨家埠木版年画制作工艺与时代的关系表现得非常密切，其主要体现在年画创作上，在不同的时期，杨家埠木版年画艺人用自身的经历和重大历史事件进行年画的创作，如画师刘明杰创作的《炮打日本国》《义和团》《红灯照》《慈禧太后逃长安》《天津学堂教习》等年画反映了所处时代的重大历史事件（图1-3）。中华人民共和国成立后，文化部门着手对木版年画创作进行改革，这一时期的时代印记在年画创作中表现得更为明显，从"立象"到"尽意"较传统年画有很大变化，《妇女翻身》（1952）、《马下双驹》（1977）、《做军鞋》（1977）等年画，都是创新年画的代表。

---

① 转引自《脚趾甲复形、背手、解手的来历》，新华网 http://www.sx.xinhuanet.com/ztjn/2007–03/28/content_9637427.htm。

二是非物质文化遗产与周围环境的关系密切。文化，本来就是人群的生活方式，在什么环境里得到的生活，就会形成什么方式，也决定了这个人群的文化性质。① 非物质文化遗产是共同体的文化创造，非物质文化遗产的产生需要一定的环境因素，一

图 1-3　天津学堂教习

定的自然环境和人文环境孕育了一定的非物质文化遗产。而非物质文化遗产的发展和传承也不是孤立存在于人的精神领域中，而是始终与特定的共同体和环境等因素联系在一起，只有在与其适应的群体和环境中，非物质文化遗产才具有突出的个性和强烈的目的指向，才具有鲜活的生命力，才具有可传承性。

与非物质文化遗产相关的环境因素可以从三个方面来理解，即自然资源、自然环境以及人文环境。有些非物质文化遗产与一定的自然资源密切相关，如宜兴的紫砂制作工艺与当地的紫砂土密切相关，浙江景宁的畲族医药与当地的自然植物资源相关联，山东临清的贡砖烧制技艺与当地的"五花土"密切联系；有些非物质文化遗产与自然环境相联系，如南方早期干栏式建筑技术的发明，北方半地

---

① 参见费孝通：《土地里长出来的文化》，载《费孝通文化随笔》，群言出版社，2000年。

穴和地面建筑的产生，西北窑洞建筑技术的发明与延续都与地区自然环境有一定的关系；有些非物质文化遗产与一定的人文环境相联系，非物质文化遗产是共同体、群体或个人的文化创造，非物质文化遗产传承能促进共同体、群体生产生活发展，满足自身一定的精神需求。如流传全国的皮影戏与群体祭祀、婚丧嫁娶等风俗密切联系，满族的猎鹰与满族狩猎文化密切联系，东南沿海渔民的妈祖信仰与渔业文化相联系，川江号子与航运文化相联系，等等。

现今，非物质文化遗产的存在危机很多都是生存环境所致。有学者指出非物质文化遗产保护是工业时代在极力"挽留"农业时代的文化创造，皮之不存毛将焉附？因为外部大环境或生存小环境的改变，非物质文化遗产与其相联系的群体和环境割裂，非物质文化遗产便失去了表达的空间和指向，表达和指向因失去了目的而变得不明确，因此，非物质文化遗产就丧失了原有的活力，失去原来的存在特色，如不加以拯救，那么它的归宿也只能是历史的"回收站"了。

三是非物质文化遗产是与一定的共同体或个人联系在一起，这是非物质文化遗产载体决定的。社会化的人是非物质文化遗产创造、传承与传播的载体，这些载体成为连接非物质文化遗产项目与周围环境的纽带，是非物质文化遗产与周围世界发生多样联系的媒介，这些载体赋予非物质文化遗产以生机和活力，剥离这些载体，非物质文化遗产便会"消瘦"成一种文化记忆。如山东潍坊的杨家埠木版年画并不是杨家埠村落所有人都掌握的技艺，也不是所有的人都能从事年画创作。优秀的杨家埠木版年画传承人一般都具备一定文化水平和艺术修养，积累了丰富生活经验，对人生和周围事物都有独到的见解和感悟，杨家埠木版年画的传承正是在这样的文化共同体内才得以实现，发扬光大。

　　以上从整体上对非物质文化遗产特性进行了归纳和总结，这些特性普遍存在于各项非物质文化遗产中，它们是各类非物质文化遗产共同具有的特性。当然，应该注意非物质文化遗产内容的繁杂也使得每一类非物质文化遗产都具有不同的特性，如民俗类非物质文化遗产与传统美术类非物质文化遗产既存在共性，也存在差异。各类别的非物质文化遗产具有各自的特性。因此，对非物质文化遗产特性考察时，既要注意到其作为非物质文化遗产具有的通存特性，也要注意其自身作为生产、生活、信仰等方面的类别特性，甚至可以细化到个体特性。这是非物质文化遗产研究中不可回避的共性与个性问题。

　　非物质文化遗产的这些特性不是孤立存在的，是相互影响，相互制约的。功利性、活态性和非孤立性三个特性之间存在密切的联系。功利性决定了其活态性，为了实现自身的功利性，非物质文化遗产必须不断变化发展，通过发展变化顺应社会和时代的需求；活态性是非物质文化遗产适应环境，逐渐合理化和合法化的过程，这一过程本质是为了最大限度地实现功利性；非孤立性的外在存在和内在本质决定了活态性，进而影响非物质文化遗产的功利性，功利性也使得非物质文化遗产与环境和时代联系得更加密切。可接受性是遗产项目的存在基础，也是实现非物质文化遗产功利性、活态性和非孤立性的基础，后三者则在一定程度上加强了非物质文化遗产的可接受性，从而促进了非物质文化遗产的延续。

四、《保护非物质文化遗产公约》的维度

　　《保护非物质文化遗产公约》是非物质文化遗产保护的纲领性文件，是保护工作的出发点，是所有与非物质文化遗产保护研究相关问题的原点。

如何做到准确、透彻地理解《公约》？从文本、文字、文献、文化以及文化思潮等方面入手，是全面认识和理解《公约》及其保护精神必不可少的五个维度。

（一）文本

所谓文本，是指《保护非物质文化遗产公约》(*The Convention for the Safeguarding of Intangible Cultural Heritage*)文件本身。任何文本都通过词汇、语句、段落和逻辑的构建，形成一套独特的话语体系，并完整、清晰地表达出制订者的意图和目的。《保护非物质文化遗产公约》是由联合国教科文组织在一定背景下，组织相关专家几易其稿、在国际范围内形成广泛共识的国际法律文书，其在求同存异基础上，围绕表述对象——非物质文化遗产及其保护构建起的概念表述、逻辑框架、话语体系和保护机制，进而明确非物质文化遗产保护宗旨、非物质文化遗产范畴、公约的有关机关、国家层面和国际层面的角色、国际合作以及非物质文化遗产基金等内容。而缔约国的加入则表明其认可《公约》的话语体系，并会自觉遵守《公约》规定的责任和义务，主动坚持《公约》宗旨和落实保护任务。因此，无论是国际层面还是国家层面的保护行动，《公约》是非物质文化遗产保护行动和理论研究的"原点"，是缔约国采取非物质文化遗产保护行动的根本和核心文件，是国际合作、国家行动以及在地行动的理论指导与行动指南。

《公约》共9章40条，文本有英文、法文、阿拉伯文、中文、俄文和西班牙文等6种版本，具有同等效力(the six texts being equally authoritative)。目前已有172个国家和地区批准加入该《公约》。[①]鉴于《公约》

---

① 数据来源：联合国教科文组织官方网站。

第一稿使用英文起草及中文版翻译问题，研读《公约》文本时，研究者如有能力可先阅读英文版本，并将其与中文版本对照进行研读。需要注意的是，《公约》中文版有两个版本，巴莫曲布嫫先生将其称之为"前在本"和"更正本"，并对两种版本产生的背景、使用情况和文本内容进行了详细的比较。[①] 这篇文章廓清了《公约》文本前期使用和理解产生的混淆，对《公约》的理解具有积极的帮助意义。

言及联合国教科文组织所构建的非物质文化遗产保护话语体系，《实施〈保护非物质文化遗产公约〉操作指南》（*Operational Directives for the implementation of the Convention for the Safeguarding of Intangible Heritage*）也是必须关注和研读的另一个重要文本。该文件于《公约》缔约国大会第二届会议（教科文组织总部，巴黎，2008年6月16—19日）通过，其诞生至今进行了5次修订，2016年6月进行了最新修正，在内容上增加了"在国家层面上保护非物质文化遗产和可持续发展"一章。目前，该文件内容共有6章，涉及国际层面非物质文化遗产代表作名录列入标准、国际合作与国际援助、非物质文化遗产基金使用方针和增资办法、各方（社区、群体、个人、专家、专业机构、研究中心等）参与《公约》实施、提高对非物质文化遗产的认识与《保护非物质文化遗产公约》徽标的使用、向委员会报告、在国家层面上保护非物质文化遗产和可持续发展等内容。该文件既是对《公约》所构建的保护话语体系的补充，也是《公约》保护宗旨得以落实的具体操作指南。鉴于其与《公约》的紧密关系和其在保护非物质文化遗产实践中更具针对性的指导作用，在理解和研究《公约》时是不能

---

① 参见巴莫曲布嫫：《从词语层面理解非物质文化遗产——基于〈公约〉两个"中文本"的分析》，《民族艺术》，2015年第6期，第63—71页。

回避的重要文本。

通常情况下，文本具有告知（Informative function）和指导功能（Directive function）。[①] 作为在文化遗产领域具有积极影响力的国际法律文书《保护非物质文化遗产公约》及《实施〈保护非物质文化遗产公约〉操作指南》向全世界宣告了非物质文化遗产的诞生和其所包含的范畴，同时也构建了保护行动的方向和操作细则，是各缔约国开展非物质文化遗产保护的纲领性文件，而各缔约国能否沿着正确的方向开展非物质文化遗产保护也取决于对《公约》及其话语体系的理解和把握程度。因此，对非物质文化遗产研究者来说，其研究和理论阐释应紧密围绕两大"文本"，脱离《公约》文本和文本所设定的话语体系和行动指向，研究将失去意义。

（二）文字

所谓文字，是指《保护非物质文化遗产公约》行文中使用的文字表述，对《公约》话语体系中每个用词的准确理解，进而对《公约》形成正确认识是非物质文化遗产理论研究的重点。《公约》是由联合国教科文组织主导制定的、具有广泛影响力的国际法律文书，鉴于《公约》的严肃性、适用性和影响力，联合国教科文组织在制定《公约》过程中也非常谨慎，对《公约》中使用的词汇也经过反复讨论、推敲，保证表达的准确性，以便形成更广泛的认同。2002 年 6 月，联合国教科文组织曾组织专家编写过词汇表（*GLOSSARY INTANGIBLE CULTURAL HERITAGE*）[②]，列出了 33 个词汇并进行了解释，而达成的共识在后来的《公约》文本中均有不同程度的体现。

虽然《公约》通过后联合国教科文组织没有再组织专家编写和发布针

---

① 参见平洪：《文本功能与翻译策略》，《中国翻译》，2002 年第 5 期。

② 参见联合国教科文组织官方网站 www.unesco.org/culture/ich/doc/src/00265.pdf。

对《公约》内容进行解释的词汇表，但联合国教科文组织和相关专家对《公约》用词的关注和讨论无疑为研读和理解《公约》提供了一个切入点。对《公约》进行研读和理解时，尤其是对英文版《公约》研读时，对文本中每个词的含义、每一句表述准确理解成为理解《公约》精神和保护旨向的关键，只有对文字、词汇，甚至是整句的准确理解，才能深刻把握《公约》所要表达的准确含义和目的。如《公约》通过初期，国内学界曾讨论的关于"物即非物"的悖论问题，在《公约》的定义表述中，各种社会实践、观念表达、表现形式、知识、技能（practices，representations，expressions，knowledge，skills）与后面工具、实物、手工艺品、文化场所（instruments，objects，artfacts，cultural spaces）之间使用的连接词是 as well as，在英语语法中，as well as 与 and 一样表示一种并列关系，但该词与 and 稍有不同，如 A and B，一般强调 A 和 B 同等重要，而使用 as well as 时，在强调 A 的同时也强调 B，但更着重强调 A。因此，笔者认为《公约》中对非物质文化遗产定义的表述使用 as well as，而非使用 and 一词，并非强调工具、实物、手工艺品等也是非物质文化遗产，其意在引起人们注意保护非物质文化遗产时，不能忽略与非物质文化遗产延续密切相关的"物"的保护。同样，《公约》中需要仔细推敲的词汇还有社区（community），在《公约》"前在本"中翻译为"群体"，在"更正本"中翻译为"社区"，其对应中文翻译还有"共同体"，笔者在比较社区与共同体的概念后，认为在《公约》语境下，community 翻译为共同体更为合适、准确。[①]

在《公约》文本中还有大量出现 safeguarding，preservation，protection 等词，这些词汇都可以翻译为"保护"，尤其在《公约》的文件名中使用

---

① 前文已有表述，不再重复。

safeguarding，而不是 protection，究其原因，非物质文化遗产是强调自我表述、活态呈现、不断被传承和发展的文化遗产，对其保护更注重采取积极主动的措施来激发项目的生命力（viability）和可见度（visibility），促进其存续与创新。而 safeguard 所指代的保护比 protect 指代的保护更为积极主动，更关注如何促进文化传承发展的过程和人本身。因此，非物质文化遗产保护者和遗产保有者（bearers or practitioners）相比物质文化遗产的保护师（conservator）在保护行动上有更多的选择，在保护措施上也有更多的方法进行保护或恢复。①

需要注意的是，《公约》制定过程中，有些词汇的使用本身是专家讨论协商，甚至是妥协的结果，在对《公约》中涉及词汇进行理解时，我们既要参照《公约》表述语境和话语体系，也要注意讨论背景，更要结合非物质文化遗产保护实践，进行仔细推敲、理解和阐释。

（三）文献

所谓文献，是指与《公约》密切相关的其他文件或资料，这些文件或资料或是非物质文化遗产概念提出和《公约》形成的基础，或是涉及保护实践中必须要参照的横向问题。因此，相关文件与文献的梳理与研读不仅是非物质文化遗产发展史和研究学术史的观照，也是准确把握《公约》精神的基础性工作。

国际层面上的非物质文化遗产保护提出和历史实践是有着一定思想基础和行动基础的。非物质文化遗产概念经历了从产生到论争再到达成共识的过程，在非物质文化遗产概念发展和衍变过程中，其内涵逐渐丰富

---

① 参见［西］萨尔瓦多·穆尼奥斯·比尼亚斯：《当代保护理论》，张鹏等译，同济大学出版社，2012年，第35页。

起来，尤其是与国际上其他有关文件和文化行动的关系也逐渐明晰。因此，从 1950 年代至今这段时期内，联合国教科文组织通过的有关文化遗产保护和文化多样性的一些公约、建议案、宣言以及决议等文献资料是了解非物质文化遗产保护发展历程、理解《公约》精神和保护意图的重要基础资料。《公约》已经提及部分代表性文献，如 1989 年的《保护民间创作建议书》(*Recommendation on the Safeguarding of Traditional Culture and Folklore of 1989*)、1998 年《宣布人类口头与非物质遗产代表作条例》(*Regulations relating to the proclamation by UNESCO of masterpieces of the oral and intangible heritage of humanity*)、2001 年的《世界文化多样性宣言》(*Universal Declaration on Cultural Diversity of 2001*)、2002 年第三次文化部长圆桌会议通过的《伊斯坦布尔宣言》(*Declaration of 2002 adopted by the Third Round Table of Ministers of Culture*) 和 2003 年的《关于建立国家"活的文化财"制度指导大纲》(*Guidelines for the Establishment of National "Living Human Treasures" Systems*)。而更为重要的是，1972 年的《保护世界文化和自然遗产公约》(*The Convention for the Protection of the World Cultural and Natural Heritage of 1972*) 也是保护非物质文化遗产提出的重要背景性文件。

《公约》序言部分也提及了非物质文化遗产保护实践中需要关注的人权与社会发展问题，并列出了需要参照的文件，研读和理解这些文件、文献也有助于落实《公约》保护宗旨和理解保护行动的意义。如 1948 年的《世界人权宣言》(*Universal Declaration of Human Rights of 1948*)、1966 年的《经济、社会及文化权利国际公约》(*The International Covenant on Economic, Social and Cultural Rights of 1966*) 和《公民权利和政治权利国际公约》(*The International Covenant on Civil and Political Rights of 1966*)。

《公约》实施之后，联合国教科文组织又于 2005 年通过《保护和促进世界文化多样性公约》(*Convention on Protection and Promotion of the Diversity of Cultural Expressions*)，于 2016 年发布《保护非物质文化遗产伦理原则》(*Ethical Principles for Safeguarding Intangible Cultural Heritage*)，这些文件与《公约》保护行动开展和国家保护任务落地也有着非常紧密的联系，这两大文件、文献的研读更能加深对这项国际文化行动的理解和保护实践走向深入。

除此之外，在联合国教科文组织官方网站上，还有与非物质文化遗产保护相匹配的行动项目，在联合国教科文组织设立的二类中心网站[①] 也有大量的非物质文化遗产保护实践报告和总结性资料，这些行动计划、能力建设项目（Capability building）和实践报告等文献资料也是理解《公约》保护指向的重要文献资料。

（四）文化

所谓文化，是指非物质文化遗产保护工作者和研究者在理解《公约》和开展保护与研究时所应具备的文化学素养与文化视角，并在研读、理解和开展履约实践时应具备一个更宏大的文化格局。这种文化学素养和文化格局是从事非物质文化遗产研究和保护工作者不可或缺的前提要素。

众所周知，非物质文化遗产涵盖范畴较广，《公约》通过举例的方式将其分为五大类别。在进行单个项目保护与对策研究时，相关学科领域专家深厚的学术背景和扎实的专业研究为非物质文化遗产保护和研究提供了

---

① 联合国教科文组织在亚太地区设立了三个中心，分别是亚太地区培训中心（中国，2012）、亚太地区非物质文化遗产国际研究中心（日本，2011）和亚太地区非物质文化遗产国际信息和网络中心（韩国，2011）。

极大的帮助和支持，这些专业性的帮助和支持是个体项目保护时不可缺少的基础。如对杨家埠木版年画项目进行保护时，美术类专业人士的参与是必不可少的，对粤剧、婺剧、皮影戏等地方戏曲项目进行保护时，需要音乐类专业人才的参与。因此，与需要专业技术支持保护的物质文化遗产相比，非物质文化遗产保护同样需要专业知识的支持。然而，抛开非物质文化遗产的类别属性和遗产属性，非物质文化遗产也是作为人类文化而存在的，且是不断变化的活态文化事项。换言之，非物质文化遗产既是作为一种遗产存在，同时也作为一类超越遗产、与民众生活密切关联的文化现象而存在，非物质文化遗产是一种粘连着遗产持有者、社区和社会发展等诸多因素的活态遗产（living heritage），这就要求保护者和研究者不仅要具备与保护对象相关的专业知识，也还要具备深厚的文化学素养，能以更为宏大的、超越文化遗产观的文化格局来对待非物质文化遗产保护。

基于物质文化遗产与非物质文化遗产的差异、非物质文化遗产的活态性和非物质文化遗产保护目的，非物质文化遗产保护工作人员和研究人员有必要使自己成为一名文化学者，而后成为一名专业的文化遗产保护工作者，也是非物质文化遗产保护的内在逻辑要求：即从社区文化中遴选需要保护与传承项目，再回归到社区文化中实现项目的保护与传承。对于前文提及的皮影戏保护而言，在实际保护操作中，要实现项目的保护与存续，也要考量项目与地方民俗、民间信仰和地方文化等多种文化因素的关系，合理运用文化学相关理论是更好理解和保护非物质文化遗产的前提，对文化特性、文化民族性与时代性的理解，对文化自信、文化自觉、文化软实力与文化安全问题的认识，对文化传承与传播理论的掌握等，都会观照到《公约》精神的理解和非物质文化遗产保护实践中来，也有助于将非物质文化遗产项目"还原"为文化事项，将文化遗产融入到民众日常文化生活中来。

（五）社会文化思潮

任何事物的产生和发展都离不开特定的时代背景，非物质文化遗产亦是如此。20世纪社会发展迅速，各种社会思潮迭起，并在很大程度上影响了人类社会的前进方向。非物质文化遗产提出与保护行动之所以在20世纪中叶兴起并在21世纪初成为全球性的文化保护行动，除联合国教科文组织的积极推动外，也与一些社会文化浪潮的勃兴和国家文化诉求、政治诉求紧密联系在一起，并呈现出相互交错的形势。对《公约》理解和研读时，20世纪后半叶的社会思潮、国家文化行动和国际背景成为理解非物质文化遗产保护旨向的重要因素。

众所周知，非物质文化遗产保护提出和《公约》的通过与全球化浪潮（包括经济全球化和文化全球化）有密切关系，在联合国教科文组织相关文件中经常出现这样的表述，《公约》中明确指出："承认全球化和社会转型进程在为各群体之间开展新的对话创造条件的同时，也与不容忍现象一样，使非物质文化遗产面临损坏、消失和破坏的严重威胁，在缺乏保护资源的情况下，这种威胁尤为严重。"在《实施〈保护非物质文化遗产公约〉操作指南》中也有相同的提法。不可否认，全球化影响成为很多国家和地区开展非物质文化遗产保护必然提及的影响因素。事实上，除了全球化浪潮外，20世纪文化领域兴起的种种思潮，尤其是文化民族主义思潮与非物质文化遗产保护的提出有着紧密的关系。在考察非物质文化遗产保护的几个先行国家时，如日本、韩国、法国等"无形文化财"保护时，不能不将这些国家无形的文化遗产保护置于20世纪文化民族主义思潮的背景下去观察，这样才能认清这些国家进行"无形文化财"保护的深刻背景，才能明晰保护的隐含目的，这些国家提出和开展非物质文化遗产保护是"维护民族自信心，确立民族在世界上的地位的手段；是政治和经济失意时，通过文化的自我保护和延续来寻求民族合理地位的一种诉求，是政治追求在文化上的异化"①。

在考察非物质文化遗产保护的发展历程时，我们也不可回避20世纪文化领域的"文化例外论"和文化经济化（文化产业）浪潮的交错。20世纪全球化浪潮四处蔓延时，在文化产品贸易领域也发出了与众不同的声音，即"文化例外论"。"文化例外论"于1993年问世，是在一次关于贸易自由化的国际谈判上首次提出②，而一些国家也"更需要民族文化和强有力的表达方式来保护自己的主权和特性……"③"文化例外论"思潮发展到今天人们更愿意使用"文化多样性"，如今保护和促进文化多样性已经成为全世界的共识，并成为国际共同行动，其最大的成果就是《保护和促进世界文化多样性公约》。今天，我们时常将2003年的《保护非物质文化遗产公约》与2005年的《保护和促进世界文化多样性公约》相比较，视其为文化领域两大重要国际性法律文书，二者虽然强调的保护对象不同，但却指向了共同的目标——人类文化多样性。

综上所述，充分理解《保护非物质文化遗产公约》精神和保护旨向，"文本"是根本，"文字"是重点，"文献"是基础，"文化"是前提，同时，对社会文化思潮的了解是必要补充。这也要求从事非物质文化遗产保护的工作者和研究者既需要从宏观上把握，也需要从微观出发深化认识；既需

---

① 王巨山：《文化民族主义与非物质文化遗产保护的提出》，《浙江师范大学学报》，2009年第1期，第70页。

② ［法］贝尔纳·古奈：《反思文化例外论》，李颖译，社会科学文献出版社，2010年，第3页。

③ ［法］贝尔纳·古奈：《反思文化例外论》，李颖译，社会科学文献出版社，2010年，第6页。

要专业知识和传统文化遗产保护观念的继承，也需要超越遗产观，从项目本身的发展延伸到更为宏大的文化发展格局中来；既要参与非物质文化遗产保护作为国家优秀传统文化保护行动，也需要将其置于更为宏大的社会文化浪潮中来理解《公约》的指向和所表达的精神。否则，所实施的保护政策仅仅是一项政策，而非为长远计。

第二节　非物质文化遗产的保护历程

任何一项事物从认识到熟知都要经历或长或短的过程，非物质文化遗产也不例外。作为新兴文化遗产类型的出现也绝非偶然，不是人们的凭空想象，而是与时代背景、社会思潮以及各种社会因素紧密结合在一起的，如历史发展、政治因素、经济因素、文化因素等结合在一起。从时间上看，非物质文化遗产是既古老又年轻的一个文化遗产类型。说它古老，是从其包含的内容看，人类很早就注重对一些民俗、技艺、传统手工艺和价值独特的精神文化的保存和传承；说其年轻，以日韩等国提出保护理念计算，至今大约 60 年的时间，而从 2003 年联合国教科文组织《保护非物质文化遗产公约》在国际社会获得认可计算，其时间仅仅不足 20 年。

非物质文化遗产保护理念由日本于 1950 年率先提出，经过韩国、法国、菲律宾等国家的实践和联合国教科文组织的推动，经过 50 年的发展和认识深化，在 2001 年确立了其应有地位。回顾过去的几十年，国际社会对非物质文化遗产的认识大致经历了以下几个阶段：

一、20 世纪 50 年代到 70 年代初：保护理念的提出与发展

世界各国中，首先明确提出非物质文化遗产保护理念的国家是日本。1950 年，日本颁布的《文化财保护法》，将需要保护的文化财分为有形文化财、无形文化财、民俗文化财、纪念物和传统建筑群等五类，其所规定的无形文化财是指在"历史、艺术方面具有较高价值的戏剧、音乐、工艺美术及其他的文化载体"。民俗文化财是指"对认识日本国民生活的承袭和发展不可欠缺的关于衣食住行、生产、信仰、节日等反映风俗习惯、民俗艺能等方面的衣服、器具、房屋及其他物品"[1]。其中民俗文化财又分为有形的民俗文化财和无形的民俗文化财。无形文化财包括演剧、音乐、工艺技术等，无形的民俗文化财包括有关衣食住行、生产、信仰、年中节庆等风俗习惯、民俗艺能等。1975 年，日本重新修订《文化财保护法》，考虑到传统的文物修复技术后继无人，因此在《文化财保护法》中增加了保护文物修复技术一节，用法律的手段对传统文物修复技术加以保护，这是日本在非物质文化遗产认识上的一大进步。日本在 20 世纪 50 年代提出的无形文化财与现在联合国教科文组织《保护非物质文化遗产公约》中表述的非物质文化遗产虽然不完全相同，但是能够提出无形的文化遗产保护的理念并用法律形式加以固定，这在当时确实是比较超前的，可以说是文化遗产保护理念的一次提升。

日本在无形文化财保护方面的探索逐渐影响到其他国家。由于认识到了无形文化财在文学、历史、艺术等方面的价值及与国民生产、生活的密切关系，1962 年，韩国政府大胆借鉴日本文化财保护经验，在民俗文

---

[1] 王军：《日本的文化财保护》，文物出版社，1997 年，第 12 页。

化学者的倡导和参与下，制定并颁布了《文化财保护法》，内容同样涉及无形文化财和民俗文化财。接着，菲律宾（1970）、法国（1974）等国家也开始重视无形的文化遗产保护的立法和制度的建设。需要注意的是，法国在 20 世纪 60 年代已经将对文化遗产认识扩大到了无形领域。1967 年，法国巴黎大众艺术和传统博物馆开馆，此后，"遗产"涉及的领域突出表现在三个方面：一是因对 19 世纪的浓厚兴趣而激起的有关遗产的新意识，这种遗产意识往往与工业考古有关；二是二战后的经济和改革浪潮，迅猛地冲走了一个曾经非常熟悉且令人怀念的生活世界，从而引发了对这个世界的见证，包括舞蹈、歌曲、烹饪和手工艺品这类遗产的重视；三是对非艺术、非历史的自然遗产、科技遗产及民间传说遗产的重视。[①] 在后两方面内容中涉及的见证世界的舞蹈、歌曲、烹饪和民间传说等都属于今天非物质文化遗产保护的范畴。

随着日本参与联合国教科文组织的工作，日本的文化财保护理念被带入联合国教科文组织，并逐渐得到接受。1971 年，联合国教科文组织总部发表了《关于建立民间创作国际保护策略的可行性考察》，非物质文化遗产保护理念得到了国际社会的关注，但是在相当长的一段时间内，国际社会对非物质文化遗产的关注更多的是倾向于民间创作，注重保护的是民间传统工艺、手工艺、民间文化和传统习俗等方面内容。

二、20 世纪 70 年代中期到 80 年代末：保护理念的推广

日本学者河野靖在他整理的国际社会遗产保护大事记里，1977 年一

---

① 参见杨志刚：《试谈"遗产"概念即相关观念的变化》，载复旦大学文物与博物馆学系编：《文化遗产研究集刊 2》，上海古籍出版社，2001 年，第 7 页。

栏特意注明："联合国教科文组织,无形文化遗产保存事业开始。"①1977年,联合国教科文组织关于遗产保护的第一个中期计划（1977—1983）中,第一次提到文化遗产是由有形和无形两部分组成。1982年7月26日至8月6日,在墨西哥召开了世界文化政策会议,会议对文化多样性、文化与发展、文化权利及国际文化合作等内容进行了讨论,并通过了《墨西哥城文化政策宣言》。1982年,联合国教科文组织内部特别设置了管理非物质文化遗产的部门,当时非物质文化遗产被称为Nonphysical Cultural Heritage。随着认识的不断提高,发现Nonphysical Cultural Heritage在概念上表述不周密,有些非物质文化遗产实际上需要借助有形的物质来表现,如皮影艺术等,但皮影本身是物质的,不是非物质文化遗产。联合国教科文组织在1992年将其改为与非物质文化遗产对译的Intangible Cultural Heritage,这在非物质文化遗产认识历史上具有重大意义。

1989年,联合国教科文组织大会第25届会议通过了《保护民间创作建议案》。早在1972年,联合国教科文组织制订并通过了《保护世界文化和自然遗产公约》（简称《世界遗产公约》）,但《世界遗产公约》不适用于非物质文化遗产。因此《世界遗产公约》通过后,一部分会员国提出在联合国教科文组织内制订有关民间传统文化的国际标准文件。1989年11月,联合国教科文组织第25届大会上通过了关于民间传统文化保护的建议,即《保护民间创作建议案》。

"考虑到民间创作是人类的共同遗产,是促进各国人民和各社会集团更加接近以及确认其文化特性的强有力手段,注意到民间创作在社会、经

---

① 转引自杨志刚:《试谈"遗产"概念即相关观念的变化》,载复旦大学文物与博物馆学系编:《文化遗产研究集刊2》,上海古籍出版社,2001年,第7页。

济、文化和政治方面的重要意义，它在一个民族历史中的作用及在现代文化中的地位，强调民间创作作为文化遗产和现代文化之组成部分所具有的特殊性和重要意义，承认民间创作之传统形式的极端不稳定性，特别是口头传说之诸方面的不稳定性，以及这些方面有可能消失的危险，强调必须承认民间创作在各国所起的作用性及其面对多种因素所冒的危险，认为各国政府在保护民间创作方面应起决定性作用，并应尽快采取行动。为此，在第二十四届会议上曾决定按《组织法》的规定，就保护民间创作的问题形成了一份给会员国的建议案，于 1989 年 11 月 15 日通过。"①《保护民间创作建议案》共分为七个部分，要求会员国采取法律手段和其他必要措施，对那些受到工业化的影响而削弱的民间创作进行必要的鉴别、维护、传播、保护和宣传。《保护民间创作建议案》提出的对民间创作的保护手段主要有：对收集人员、档案人员、资料人员以及其他专门人员进行从物质保存到分析工作等方面的培训；建立国家档案机构，对收集到的民间创作资料以适合的条件加以储存，供人们使用；建立博物馆或在现有博物馆中增设民间创作部分，以展出传统的民间文化；等等。《保护民间创作建议案》最后强调国际社会应该加强合作，保护民间创作免遭种种人为的和自然的危险。

三、20 世纪 90 年代初到 90 年代末：保护理念的普及

1993 年联合国教科文组织执委会第 142 次会议期间，韩国代表根据本国保护非物质文化遗产实施保护"活的文化财"计划（Living Human Treasures）的经验，建议联合国教科文组织建立"活的文化财"保护制度，

---

① 联合国教科文组织：《保护民间创作建议案》，1989 年。

执委会接受建议并经过对相关国家类似项目的调查，开始实施"活的文化财"保护计划。该计划的目的是保存能够对成员国指定的、具有历史、艺术和文化价值的文化表达进行制定、表演、创造所必需的知识和技能。为此，联合国教科文组织在通过《保护非物质文化遗产公约》之后，还制定通过了《关于建立国家"活的文化财"制度指导大纲》（*Guidelines for the Establishment of National "Living Human Treasures" Systems*）。"活的文化财"保护计划明确分辨了技艺和技艺的拥有者，在保护非物质文化遗产的实施方法上具有划时代的意义，尤其是注意到了通过知识和技能的代代传承来实现非物质文化遗产的"活保护"。

1997 年，在联合国教科文组织第 29 届大会上，对非物质文化遗产消逝局面作出响应，通过了《人类口头遗产决议》（*The Oral Heritage of Humanity*），通过宣布文化空间和文化形式为"人类口头遗产"[①]的重要组成部分强调非物质文化遗产对民众和国家的重要性，进而创造了这一"荣誉"。[②] 随后 1998 年，联合国教科文组织颁布《宣布人类口头与非物质遗产代表作条例》，其目的是号召各国政府、非政府组织和地方采取措施，对民间集体保管和记忆的口头及非物质文化遗产进行管理、保存、保护和利用，以保证这些文化的特异性永存不灭。《宣布人类口头与非物质遗产代表作条例》中对非物质文化遗产进行了定义，非物质文化遗产是指"来自某一文化社区的全部创作，这些创作以传统为依据、由某一群体或一些

---

① 其原文为：Decides to highlight the importance of the intangible cultural heritage for peoples and nations by proclaiming spaces or forms of cultural expression part of the "oral heritage of humanity"。UNESCO:*The Oral Heritage of Humanity*，1997 年。

② 纵观联合国教科文组织有关文件和会议决议，这应是非遗保护名录制度的缘起，后续以此为基础升级为人类口头与非物质遗产代表作，进而演变为人类非物质文化遗产代表作名录制度。

个体所表达并被认为是符合社区期望的，作为其文化和社会特性的表达形式；其准则和价值，通过模仿或其他方式口头相传。它的形式包括：语言、文学、音乐、舞蹈、游戏、神话、礼仪、风俗、手工艺、建筑术及其他艺术。除此之外，还将考虑传播和信息的传统形式"[①]。从这个表述中我们可以看到，人类口头和非物质遗产的定义其实就是民间创作的定义在内容上作了几点补充，其基本思想与内容要点方向没有根本性变化。

四、2001 年至今：保护体制建立与完善

将 2001 年作为非物质文化遗产保护的重要时间点，是因为本年联合国教科文组织颁布了第一批"人类口头与非物质遗产代表作"，这是非物质文化遗产保护从理论探讨走向实践的关键一步。2001 年 3 月，联合国教科文组织又通过非物质文化遗产的一个临时定义：非物质文化遗产指人类所习得的表现，这些表达方法蕴涵了人类继承和发展的知识、技艺和创造力，包括了人类所创造的作品，也涉及它们所赖以维持的资源、场所和其他社会自然环境。它们代代相传，为人类所生活的社区提供了某种连续性，促进了社区的文化认同，保护了文化的多样性和人类的创造力，因而具有重要意义。[②] 这一定义较以前的定义有了根本性的变化，在表述上、涵盖内容上都实现了理论上的新突破。并基于 1989 年、1997 年、1998 年的三个文件制定了《非物质文化遗产申报指南》(*Guide for the Presentation of Candidature Files*)。

---

① 联合国教科文组织：《宣布人类口头与非物质遗产代表作条例》，1998 年。
② 参见联合国教科文组织：《保护非物质文化遗产的行动计划》（第 161 次执行局会议），2001 年。

2001 年 5 月 18 日，联合国教科文组织总干事松浦晃一郎在法国巴黎宣布了首批共 19 项"人类口头和非物质遗产代表作"。同年 11 月，联合国教科文组织发表了《世界文化多样性宣言》。《世界文化多样性宣言》将文化多样性视为人类共同的财富，并呼吁各国采取适当的措施对《世界文化多样性宣言》进行宣传，以促进其有效的实施。

2001 年，在日本召开的第二届濒危语言国际大会上，联合国教科文组织和濒危语言保护的倡导者一致强调：鼓励语言的多样性。下面几组数字或许能够说明濒危语言保护的紧迫性：世界上 6000 多种语言，50% 濒于灭绝；世界上 6000 多种语言的 96% 只被世界人口的 4% 使用；世界语言的 90% 在互联网上不被使用；平均每两周有一种语言消失；80% 的非洲语言已经不能被正确拼写；世界所有语言的一半只发生在 8 个国家：巴布亚新几内亚（832）、印度尼西亚（731）、尼日利亚（515）、印度（400）、墨西哥（295）、喀麦隆（286）、澳大利亚（268）和巴西（234）。[①] 2001 年，在联合国教科文组织的第 31 届大会上通过采纳文化多样性的声明和采取的行动计划强调了语言多样性的重要性。

2002 年 9 月，联合国教科文组织在伊斯坦布尔召开了以"非物质文化遗产：文化多样性的体现"为主题的第三次文化部长圆桌会议，会议通过了旨在保护非物质文化遗产的《伊斯坦布尔宣言》。《伊斯坦布尔宣言》阐述了非物质文化遗产的重要性和保护的紧迫性，建议各国加强交流合作，尽快制定相关的保护措施。所有与会者呼吁联合国教科文组织促进新合作形式的发展，共同保护和发展非物质文化遗产，促进文明多样化进程。

2003 年 10 月 17 日，联合国教科文组织第 32 届大会通过了《保护非

---

① 数据来源：联合国教科文组织官方网站。

物质文化遗产公约》。《公约》的宗旨如下:(一)保护非物质文化遗产;
(二)尊重有关社区、群体和个人的非物质文化遗产;(三)在地方、国家
和国际一级提高对非物质文化遗产及其相互欣赏的重要性的意识;(四)
开展国际合作及提供国际援助。《保护非物质文化遗产公约》已经认识到
了非物质文化遗产是密切人与人之间的关系以及他们之间进行交流和了解
的要素,它的作用是不可估量的,必须提高人们,尤其是年轻一代对非物
质文化遗产及其保护的重要意义的认识。《保护非物质文化遗产公约》是
对"国际上现有的关于文化遗产和自然遗产的协定、建议书和决议需要有
非物质文化遗产方面的新规定有效地予以充实和补充"[1]。同时在通过《保
护非物质文化遗产公约》之后,委员会要把在本公约生效前宣布为"人类
口头与非物质遗产代表作"的遗产纳入"人类非物质文化遗产代表作名录",
在公约生效后,将不再宣布其他任何人类口头与非物质遗产代表作。

　　2006年4月21日,联合国教科文组织颁布的《保护非物质文化遗产公约》
在第30个国家批准3个月后正式生效。如今批准通过此公约的国家和地区
已经达到172个,非物质文化遗产保护已经成为国际性的文化保护行动。

　　2009年9月,经过三年多的酝酿,在阿布扎比召开的联合国教科文
组织保护非物质文化遗产政府间委员会第四次会议审议并批准"人类非物
质文化遗产代表作名录",共有76个项目榜上有名,其中中国22项,日
本13项排在第二位,韩国5项位列第四。同时通过的还有"急需保护的
非物质文化遗产名录",来自8个国家的12项非物质文化遗产进入该名录
体系,该体系的建立是对"人类非物质文化遗产代表作名录"的补充和完
善,致力于保护虽有保护努力,但仍有生存威胁的非物质文化遗产。

---

[1]　联合国教科文组织:《保护非物质文化遗产公约》,2003年。

2010 年 11 月，在内罗毕召开的联合国教科文组织保护非物质文化遗产政府间委员会第五次会议审议通过了"人类非物质文化遗产代表作名录"，共有 29 个国家 47 项文化遗产进入名录，审议通过了"急需保护的非物质文化遗产名录"，共有 4 项非物质文化遗产入选。截至 2016 年底，联合国教科文组织共公布 429 项各类代表作、名录项目和名册项目，其中 365 项人类非物质文化遗产代表作名录，47 项"急需保护的非物质文化遗产名录"项目，17 项最佳实践项目名册项目。

以上是按时间顺序，对非物质文化遗产理念提出到《保护非物质文化遗产公约》和"人类非物质文化遗产代表作名录"体系建立作了简要回顾。从 1989 年到《保护非物质文化遗产公约》的通过，非物质文化遗产概念经历了多次修改，才确定为公约中的表述。在这一过程中，有四个文件对今天非物质文化遗产概念的确立和保护制度的诞生发挥了关键性的作用。一是 1989 年 11 月，联合国教科文组织第 25 届大会通过了《保护民间创作建议案》；二是 1996 年，联合国教科文组织第 142 届执行局会议决议，实施"活的文化财"项目；三是 1998 年 10 月，第 155 届执行局会议通过了教科文组织宣布的《宣布人类口头与非物质遗产代表作条例》；四是 2003 年的《保护非物质文化遗产公约》。这四个文件体现了非物质文化遗产保护认识的四次飞跃，将人类对非物质文化遗产的认识由过去的民间创作、民间文化拓展到现在的五大类别。

表 1-1　国际社会通过的部分有关非物质文化遗产保护文件

时间	国家或机构	文件名称
1950 年	日本	《文化财保护法》
1962 年	韩国	《无形文化财保护法》

续表

时间	国家或机构	文件名称
1971 年	联合国教科文组织	《关于建立民间创作国际保护策略的可行性考察》
1979 年	日本	《国家指定选择的民俗文化财》
1989 年	联合国教科文组织	《保护民间创作建议案》
1992 年	联合国	《保护生物多样性公约》
1993 年	联合国教科文组织	"活的文化财"（Living Human Treasures）项目
1998 年	联合国教科文组织	《宣布人类口头与非物质遗产代表作条例》
2001 年	联合国教科文组织	《世界文化多样性宣言》
2001 年	世界知识产权组织（WIPO）	《保护传统文化表现形式指南》
2002 年	第三次文化部长圆桌会议	《伊斯坦布尔宣言》
2002 年	国际博物馆协会亚太地区第七次大会	《上海宪章》
2003 年	联合国教科文组织	《关于建立国家"活的文化财"制度指导大纲》
2003 年	联合国教科文组织	《保护非物质文化遗产公约》
2004 年	国际博物馆协会全体大会	《汉城宣言》
2005 年	联合国教科文组织	《保护和促进文化表现形式多样性公约》
2016 年	联合国教科文组织	《保护非物质文化遗产伦理原则》
2016 年	联合国教科文组织	《实施〈保护非物质文化遗产公约〉操作指南》第 6 版

联合国教科文组织曾对成员国进行了一次全球性的调查，有 103 个国家做了回答，主要的结果为：57 个国家将非物质文化遗产作为国家文化政策的一部分；31 个国家具有保护无形遗产的基础设施；49 个国家有能力培养收藏家、档案管理员和纪录片制作人员；54 个国家在学校内外讲授关于无形文化的课程；47 个国家有全国性的民俗协会或相似的社团；80 个国家对致力于保护无形遗产的个人和机构提供道义上或经济上的支持；在 63 个为艺术家和从业者提供支持的国家中，28 个给予国家支持，14 个给予荣誉或地位，还有 5 个给予国家职位；52 个国家的立法中包含了无形遗产的"知识产权"方面的条款。[①] 如今，非物质文化遗产的保护已经被世界各国广泛接受，177 个国家和地区加入《公约》[②]，而且各国纷纷采取措施来保护本国的非物质文化遗产。理解非物质文化遗产、保护非物质文化遗产不仅是各国积极采取的文化遗产保护措施，也成为维护文化多样性、实施文化自救的一次全球行动。

第三节　非物质文化遗产与物质文化遗产的关系

文化遗产由物质文化遗产和非物质文化遗产两大部分构成，物质文化遗产比较好界定，以见物为主；非物质文化遗产的定义在理解时则有些繁杂，因为联合国教科文组织在《保护非物质文化遗产公约》中提及"相关的工具、实物、手工艺品和文化场所"。依据这一表述，很多人在理解非

---

① 参见［日］爱川纪子：《非物质文化遗产：新的保护措施》，载《世界文化报告——文化的多样性、冲突与多元共存》，北京大学出版社，2002 年，第 163 页。

② 时间截至 2018 年 5 月 25 日。

物质文化遗产时很容易陷入"物"即"非物"的悖论中。个别媒体在报道非物质文化遗产时都提及了古琴艺术，古琴艺术于2003年入选联合国教科文组织"人类口头与非物质遗产代表作"，有媒体在报道时直接报道为古琴入选"人类口头与非物质遗产代表作"，类似现象还有很多。在对古琴艺术的理解上，很多人认为既然古琴艺术属于非物质文化遗产，而古琴是物质的，保护非物质文化遗产为何还要保护"物"？因此，如何理解"物"与非物质文化遗产的关系，及物质文化遗产与非物质文化遗产的关系，是认识和研究非物质文化遗产的重要问题，同时这个问题也是理解物质文化遗产与非物质文化遗产密切关系的一个基点。

一、非物质文化遗产保护中的"物"与"非物"

众所周知，非物质文化遗产的提出是相对物质文化遗产而言的，是对1972年《世界遗产公约》的补充，是建立在非物质（intangible，大多数国家将其译为"无形"）这一基本词汇基础上。根据《保护非物质文化遗产公约》的宗旨，二者是分属不同范畴的文化遗产。然而，不论阅读联合国教科文组织对非物质文化遗产的定义，还是观察古琴艺术等项目，很多人都会陷入到一个矛盾当中："物"即"非物"。

不仅是概念理解上的困惑，在实际操作中，一些文化遗产保护工作者更为困惑：保护工作的对象是非物质文化遗产，而大量的工作还是在与"物"打交道，在保护古琴艺术时要收集古琴、琴谱等实物、资料，在保护铜鼓艺术时要收集、整理、保护铜鼓及一些物质资料，这些对有形的"物"所做的工作又与无形的非物质文化遗产保护有着怎样的联系呢？保护古琴艺术时如何看待古琴，传承铜鼓艺术时如何对待铜鼓，保护文化空间时又如何理解文化与时间、空间的关系等都成为实际保护中的重要问题。

纵观以上，不论是对《保护非物质文化遗产公约》中概念理解产生的"物"即"非物"的悖论，还是非物质文化遗产实际保护中"物"的困惑，涉及的都是"物"与"非物"的关系之争。而科学地说明二者之间内在联系成为非物质文化遗产保护深入程度的关键所在，对于促进非物质文化遗产保护实践的深入开展和传承都具有积极意义。

（一）非物质文化遗产概念中的"物"

国际社会对非物质文化遗产的认识经历了较长的时间。随着时间推移，对非物质文化遗产内涵的理解也不断加深，具体表现为相关建议案、公约的不断出台和非物质文化遗产概念的不断修订。在不断出台的各项建议案、公约中，对非物质文化遗产概念进行了多次修订。非物质文化遗产概念的不断变化，既反映了联合国教科文组织对非物质文化遗产认识的深入，也反映了其对非物质文化遗产涉及的重大理论问题的思考，对"物"与非物质文化遗产关系的认识就是其中的典型问题。

自1989年以来，联合国教科文组织对民间创作以及非物质文化遗产的概念修改了不下五次，现将历次概念罗列如下：

> 1989年《保护民间创作建议案》：民间创作（或传统的民间文化）是指来自某一文化社区的全部创作，这些创作以传统为依据、由某一群体或一些个体所表达并被认为是符合社区期望的、作为其文化和社会特性的表达形式；其准则和价值通过模仿或其他方式口头相传。它的形式包括：语言、文学、音乐、舞蹈、游戏、神话、礼仪、习惯、手工艺、建筑术及其他艺术。

1998 年《宣布人类口头与非物质遗产代表作条例》:"口头与非物质遗产"是指来自某一文化社区的全部创作,这些创作以传统为依据、由某一群体或一些个体所表达并被认为是符合社区期望的,作为其文化和社会特性的表达形式;其准则和价值,通过模仿或其他方式口头相传。它的形式包括:语言、文学、音乐、舞蹈、游戏、神话、礼仪、习俗、手工艺、建筑艺术及其他艺术。除此之外,还将考虑传播和信息的传统形式。

2001 年《保护非物质文化遗产的行动计划》将非物质文化遗产界定为:了解各民族的过程,以及他们获得并发展了的知识、技能和创造力,他们创造的作品和这些作品赖以长久存在的资源、场所和社会——自然环境中的其他方面;上述过程可以使当代社会感到与先辈们有连续性,而且对于确认文化特性和保护文化多样性及人类的创造性,都是重要的。[1]

2003 年《关于建立国家"活的文化财"制度指导大纲》中对非物质文化遗产的界定:非物质文化遗产,或活的文化财,是指被共同体和群体认为是他们文化遗产组成部分的实践和表现形式,也包括相关的知识、技能和价值体系。这类遗产代代传承,并且大部分是口头传统。它们为适应社会环境和文化环境的变化而不断地被创新,它提供了个体、群体和社区的认同感和连续性,成为可持续发展的保证。

2003 年《保护非物质文化遗产公约》对非物质文化遗产的界定:

---

[1] 联合国教科文组织:《保护非物质文化遗产的行动计划》,2001 年,第 161 次执行局会议。其原文为:people's learned processes along with the knowledge, skills and creativity that inform and are developed by them. the products they create and the resources, spaces and other aspects of social and natural context necessary to their sustainability; these processes provide living communities with a sense of continuity with previous generations and are important to cultural identity, as well as to the safeguarding of cultural diversity and creativity of humanity。

"非物质文化遗产"，指被各社区、群体，有时是个人，视为其文化遗
产组成部分的各种社会实践、观念表述、表现形式、知识、技能以及
相关的工具、实物、手工艺品和文化场所。这种非物质文化遗产世代
相传，在各社区和群体适应周围环境以及与自然和历史的互动中，被
不断地再创造，为这些社区和群体提供认同感和持续感，从而增强对
文化多样性和人类创造力的尊重。

以上是对非物质文化遗产概念变化和发展过程的简单罗列。1989 年
使用"民间创作"一词，其表述初具今天非物质文化遗产的雏形，但其范
畴为民俗与传统民间文化，较 2003 年《保护非物质文化遗产公约》规定
的非物质文化遗产的内涵和范畴小很多。由于范畴较小，内涵界定清楚，
在概念表述中没有涉及"物"，因而也没有"物"与"非物"之争。1998 年，
联合国教科文组织使用"人类口头与非物质遗产"一词替代"民间创作"，
但对其定义没有脱离 1989 年对民间创作的定义和范畴。

2003 年，国际社会对非物质文化遗产的思考突破了民间文化和民俗
的苑囿，非物质文化遗产的范畴逐渐被放大，内涵不断丰富和充实，而问
题也随之出现。临时定义中出现了"人类所创造的作品，也涉及它们所赖
以维持的资源、场所和其他社会自然环境"。《保护非物质文化遗产公约》
中的定义则是"相关的工具、实物、手工艺品和文化场所"。无论是临时
定义还是《保护非物质文化遗产公约》中的定义，读来都很容易让人陷入
"物"是"非物"的悖论之中。

从非物质文化遗产概念发展历程看，"物"即"非物"悖论是人们对
非物质文化遗产内涵与范畴不断扩大后出现的。既然联合国教科文组织承
认物质文化遗产与非物质文化遗产分属不同的领域，《保护非物质文化遗

产公约》中出现这样的表述实质是联合国教科文组织注意到"物"在非物质文化遗产各环节中的重要地位和作用，不论是遗产本身的展演、传播，还是传承、延续、保护等工作的进行，都需要以一定的"物"或为工具或为依托（图1-4），与一定的"物"（包括资源、环境、场所等）联系在一起，没有古琴，古琴艺术就失去存在基础，没有庙，庙会就失去存在依托。从临时定义和《保护非物质文化遗产公约》对非物质文化遗产表述看，学者们一直在思考非物质文化遗产与与之相联系的"物"的关系，并力图用恰当的语言将非物质文化遗产涉及的"物"对遗产本身传承与保护的作用进行恰当合理的表述。

图 1-4 云南汪氏银器锻制技艺所需的工具陈列

不仅是联合国教科文组织，世界各国也都认识到"物"在非物质文化遗产保护中的地位和作用，而在理解和表述非物质文化遗产时，都力图摆脱"物"即"非物"对人们理解非物质文化遗产的干扰，如日本、韩国将其称为无形文化财，主要是指演剧、音乐、舞蹈、工艺美术以及其他无形的文化载体。我国在界定非物质文化遗产时，也在努力摆脱"物"的干扰，在表述时用传统文化表现形式指代非物质文化遗产，摆脱了2001年的临时定义和《保护非物质文化遗产公约》定义中"物"的困扰。

对非物质文化遗产概念的表述，既要表达其与物质文化遗产相对应的本质属性，而又不纠缠于"物"即"非物"的悖论成为非物质文化遗产概念表述的一个关键。联合国教科文组织在《关于建立国家"活的文化财"保护大纲》中对非物质文化遗产的定义就是一次尝试。《大纲》对非物质文化遗产的表述完全没有了"物"的困扰，更多地从非物质文化遗产的形式和价值阐述着眼，进而达到对非物质文化遗产进行合理表述的目的。

不论是联合国教科文组织，还是各个国家都承认非物质文化遗产是无形的相对于物质文化遗产而存在的文化遗产，并要在概念表述中摆脱"物"即"非物"的困扰。另一方面，临时定义和《保护非物质文化遗产公约》的定义也在引导我们思考一个问题：非物质文化遗产与一定的"物"有着密切的关系，如何理解和认识"物"与"非物"之间关系？

（二）"物"与"非物"之辨

无论是非物质文化遗产的理论思考，还是保护实践，我们必须承认非物质文化遗产与一定的"物"紧密联系在一起，因此就有必要正确认识这些非物质文化遗产与其涉及的"物"的关系，辨明二者在保护中的角色扮演，同时说明"物"在非物质文化遗产保护与传承中的作用。

1.范畴之辨

物质文化遗产与非物质文化遗产分属不同领域的文化遗产，这在国际遗产学界已经达成共识，并在《保护非物质文化遗产公约》中有了具体而明确的表述，而且这一表述对判别非物质文化遗产与其涉及的"物"领域归属是同样适用的。如古琴与古琴艺术的关系，按照划分标准，古琴属于物质文化遗产，古琴艺术属于非物质文化遗产，二者是分属不同领域的文化遗产，这点是无可争辩的。在非物质文化遗产保护实践中，我们在理论上可以严格区分哪些是非物质文化遗产，哪些是物质文化遗产，即对"物"与"非物"的归属判别进行观念上的区分和界限划分是可行的，也是必需的。明确了"物"与"非物"的这一显著不同，我们就不会把"物"与"非物"重叠起来，也不会产生认识上的悖论，无论非物质文化遗产概念如何表述，再怎样涉及"物"都不会产生"物"即"非物"的悖论。

2. 艺术性与价值性之辨

艺术性和价值性是认识非物质文化遗产的重要内容，也是评价非物质文化遗产的重要标准之一。对某些领域的非物质文化遗产的艺术性与价值性的判定，我们往往容易与非物质文化遗产涉及的"物"的艺术性与价值性相混淆，这种混淆容易发生在促生艺术品的非物质文化遗产类别中，如剪纸、年画、龙泉青瓷烧造技艺等传统美术、传统技艺类的范畴。这些非物质文化遗产通常表现为追求某种目的的表达，在展演时，有些非物质遗产项目促生一定的产品，其产品则具有一定的形态，同样包含了一定的艺术性，能够部分反映人们的精神、信仰和审美思想等。在对这类非物质文化遗产项目的具体研究中，对工艺或技艺的最终结果——产品——的艺术性、价值性判定与非物质文化遗产本身的艺术性和价值性判定分析要截然分开，不能混为一谈。

以国家级非物质文化遗产项目杨家埠木版年画为例，在完整工艺流程完成时或当这项非物质文化遗产完成操演时，会产生一定的产（作）品，即年画成品，年画作为民间美术作品具有一定的艺术性，如色彩艳丽、人物构图饱满、主题鲜明等；而杨家埠木版年画制作工艺本身也具有一定的艺术性，它分为朽稿画样、雕刻木版、上案印刷、烘货点脶等环节，各环节都有一定的特色和艺术性，我们绝不能将杨家埠木版年画制作工艺的艺术性与杨家埠年画产（作）品的艺术性混为一谈，应区分对待。同样，非物质文化遗产的价值也要与促生的"物"的价值进行合理的区分。年画的价值与年画制作工艺的价值会表现在不同的方面，不能混为一谈。这是作为非物质文化遗产保护中"物"与"非物"辨析的重要内容之一。

3. 功能之辨

人是社会性的动物，人的任何行为都有一定的动机和目的。作为人类的创造，每一项非物质文化遗产都具有一定的动机和目的，这是其存在的合理性。如建筑技术为了满足人们的居住需求，烹饪技术为了满足人们的饮食需求，车舆技术为了满足人们的出行需求，古老的鱼皮衣制作技艺和树皮衣制作技艺为了满足基本的御寒需求或审美需求，等等。这些非物质文化遗产促生产品的功能恰恰是非物质文化遗产作为技艺或诉求希望达到的目的，"物"的功能是非物质文化遗产目的的体现；非物质文化遗产的功能往往是促使物的功能实现的桥梁、手段以及中间过程。因此，对非物质文化遗产的功能与其涉及的物的功能进行合理的判定和区分也是明确"物"在"非物"保护中作用的前提。

仍然以杨家埠木版年画为例，考察杨家埠木版年画的生存背景和发展历程，它更多的是作为一种经济谋生手段而存在，因此，作为农业生产不足的补充经济来源成为杨家埠木版年画的重要功能，而相对年画技艺的促生品，年画具有的功能有满足信仰功能、装饰功能、规范功能等，这些都不是年画制作技艺所具有的功能。而年画技艺与制作年画所涉及工具的功能区分则更为明显。

4. "隐喻"与"象征"之辨

物的隐喻和象征属不属于非物质文化遗产，这是文化遗产学界争论的一个重要问题。一些学者认为物的隐喻和象征属于非物质文化遗产，并将其作为非物质文化遗产中的一大重要内容，而有学者则不同意，认为物的隐喻和象征的根基是建立在物的物质外壳基础上的，而非物质文化遗产"不是存在于某种物质载体中，它是通过人或人与物的运动把它介绍出来的，非物质文化遗产并不存在于任何物质中，否则它就不是非物质文化遗产了"①。

抛开争议不谈，我们来看一则实例。在联合国教科文组织 2001 年公布的"人类口头与非物质遗产代表作"中，立陶宛十字架雕刻及其象征（Cross Crafting and its Symbolism in Lithuania）是其中的一项，分析该项非物质遗产名称的后半部分，象征到底是指雕刻技艺的象征还是十字架的象征？不可否认，应该属于十字架的象征。在立陶宛，与天主教的仪式紧密联系，与当地庆祝丰收和其他活动密不可分的应是十字架，而不是十字架雕刻技艺（图 1-5）。19 世纪立陶宛并入俄罗斯（东正教）帝国，在这个时期以至后来苏联政权的统治下，这些十字架成为立陶宛民族和宗教的独特象征。十字架高度为 1—5 米，常常饰有小屋顶、花卉和几何图形或雕像（图 1-6）。十字架被放置在路边、村口、墓地和其他纪念碑旁。圣母玛利亚的雕像和

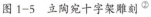

图 1-5　立陶宛十字架雕刻②

图 1-6　立陶宛十字架③

① 苏东海：《建立广义文化遗产理论的困境》，《中国文物报》，2006 年 9 月 8 日。
② 图片来源：联合国教科文组织官方网站。
③ 图片来源：联合国教科文组织官方网站。

其他圣像经常给处境悲苦的人们带来一种慰藉。另外，十字架也是村庄里重要的聚会场所和社群团结的象征。[①] 以这一实例来看，物的隐喻和象征可以归为非物质文化遗产。

但反过来，并不是所有的物的象征都可以归为非物质文化遗产，如权杖象征权力、竹象征气节、松柏象征不屈等，我们认为这些隐喻和象征都不能归为非物质文化遗产。这既有非物质文化遗产延续时间的限制，更多的还是隐喻和象征的内容和其所起到的作用是否作为活态传统而具有的历史连续性和深刻的文化认同等因素所决定的。至于怎样决定、决定的标准如何，还需要非物质文化遗产理论研究的不断深入。事物的隐喻和象征除具有时间传统性外，应与民众生活密切联系，并脱离了事物的外显和可观察象征系统走向内隐的深层象征才可以归为非物质文化遗产。

（三）"物"与"非物"的传承

理论上将文化遗产分为物质文化遗产和非物质文化遗产是可行的，但实际操作中，应该认识到非物质文化遗产与其所涉及的"物"是密切联系，相互交织在一起的，在保护实践中不能因物质文化遗产与非物质文化遗产的范畴区分而将非物质文化遗产与其涉及的"物"对立起来，非物质文化遗产涉及的"物"在非物质文化遗产保护传承中占有重要地位，扮演着重要角色。

1. "物"的依托与非物质文化遗产的传承延续

在非物质文化遗产认定和保护实践中，科学地说明"非物质文化遗产"与其密切相关的"物"的关系，进而确定非物质文化遗产所指的具体内容是至关重要的。古琴作为乐器本身属于物质范畴，而弹奏古琴的技法

---

① 参见《立陶宛十字架雕刻及其象征》，中国网 http://www.china.com.cn/international/zhuanti/fwzwhyc/2007-12/03/content_9337903.htm。

和技巧、乐曲调式、传统记谱方式和方法、演奏形式等综合在一起形成的
文化体系才是无形的非物质文化遗产。同样，剪纸作品是物质范畴，但剪
纸艺人的艺术传承、创作构思和剪纸的技巧工艺则是无形的非物质文化遗
产。那么古琴在非物质文化遗产中扮演什么角色？我们认为古琴的作用是
介质，或媒介。介质有两个含义，一是"一种物质存在于另一种物质内部
时，后者就是前者的介质"，二是"某些波状运动借以传播的物质叫做这
些波状运动的介质"①。我们所指介质是第二个含义，即古琴是古琴艺术这
项非物质文化遗产传播和展演的物质。这些介质对非物质文化遗产的存在
和传播有重要影响，没有这些介质，非物质文化遗产项目就失去了传播和
展演的媒介，那么这项非物质文化遗产也就失去了存在的支撑，无法进行
展演、传承和传播，与波状运动因失去借以传播的物质无法存在与传播是
同样道理。同样，包含时间因素和空间因素的文化空间也是如此，特定的、
有形的地域空间为无形的非物质文化遗产展演提供了媒介支撑，没有了媒
介支撑，非物质文化遗产也就失去了存在基础。古琴作为媒介对非物质文
化遗产的传承与传播的支撑作用是如此重要，这就是联合国教科文组织为
什么强调非物质文化遗产保护要保护"物"，这些"物"不是随意的、与
遗产项目没有任何关系的物，而是支撑非物质文化遗产项目存续，与遗产
项目延续密切相关的"介质"。

2. "物"的展示与非物质文化遗产的传播

随着保护工作的开展，各地非物质文化遗产保护成果展相继开展，但
通过这些展示，我们发现，在对非物质文化遗产保护成果进行展示的时候，

---

① 中国社会科学院语言研究所词典编辑室编：《现代汉语词典》，商务印书馆，
2007年，第702页。

我们看到的大都是照片、实物等物质文化，如在济南举行的中国非遗博览会（图1-7）。而在各地建立的非物质文化遗产博物馆和民俗博物馆中，展品也并不是非物质文化遗产本身和正在展演的民俗事项，绝大部分是非物质文化遗产涉及的"物"。这是目前非物质文化遗产展示中的一个突出问题。

图1-7　第四届中国非遗博览会展览一角

　　虽然目前非物质文化遗产保护成果展示以"物"的展示为主，但我们认为"物"的展示不能完全代替非物质文化遗产的展演——"物"的展示只是了解非物质文化遗产的一个途径，只能展示出非物质文化遗产的一个或几个"信息点"，而不能了解非物质文化遗产全貌。换言之，透过非物质文化遗产涉及"物"的展示，我们看到是非物质文化遗产的一个侧影，甚至不是一个侧面。以皮影戏为例，对皮影人、影卷、乐器等的陈列是不能反映皮影戏全部文化内涵的，如果没有讲解和说明，参观者了解的就是皮影戏的一个道具，不能反映这一事物在文化现象中的真实面目。只看皮影人的展览，参观者不会知道皮影人是如何操演的，只看乐器，对文化事项不了解的人不会知道皮影戏的唱腔有七个板式。可以这样说，再全、再多的"物"的展示也无法取代非物质文化遗产的一次系统展演，因为它无法把非物质文化遗产项目包含的信息完整地传递给参观者。这就是非物质文化遗产展览的不足之处。

虽然非物质文化遗产涉及的物的展览无法完成完整的信息传递，但"物"的展示对传达部分信息的作用是不能否定的。"物"可以记录和研究非物质文化遗产相关信息和发展的足迹。我们知道，考古学上可以根据器物特征将器物进行分期，或根据器物的特征判别其所属的时代，例如对青花瓷的断代，从元到明清，虽然文物鉴定者没有经历过或见证过器物的烧造工艺，但可以根据青花瓷的特点对工艺进行年代的推断和研究，从而确定其所使用的工艺和该时期工艺的特点，通过对各时期信息的缀连，可以确定青花瓷器烧造技艺的发展特点和工艺流程。因此，注意"物"的变迁对了解非物质文化遗产的变化有一定的帮助。"物"的展示从一个方面将非物质文化遗产的信息传递给参观者，让参观者对非物质文化遗产有初步的印象，为更全面深入地认识遗产项目奠定基础，这是目前"物"的展示所具有的主要作用。

3. "物"的开发与非物质文化遗产的利用

非物质文化遗产的开发利用是目前非物质文化遗产保护和研究关注较多的问题。国际社会对物质文化遗产的开发利用已经取得一定成效，因为物质文化遗产的遗产主体与开发主体是相统一的。而非物质文化遗产主体和传承主体，乃至开发主体之间往往存在一个错位，三大主体是不相统一的。在非物质文化遗产开发利用的名头下，我们要分清究竟是对非物质文化遗产本身的开发利用，还是对非物质文化遗产传承人的利用，或是对非物质文化遗产促生产品的开发和利用。

如杨家埠木版年画的改革和创新早在 20 世纪 80 年代就已经开始，随着年画市场的衰弱和其文化作用的消减，杨家埠木版年画研究所和年画艺人纷纷推出一系列新产品，如年画挂历、年画线稿图册、年画台历等，这些改变适应了时代发展要求，都是对杨家埠木版年画促生产品的开发和利用，而不是对杨家埠木版年画制作工艺这项非物质文化遗产本身的改变和开发，在制作工艺和相关流程上，杨家埠木版年画制作工艺本身并没有任何改变。

目前，很多非物质文化遗产的开发利用都是针对非物质文化遗产促生产品的开发，通过产品内容的开发、产品形式的创新来实现非物质文化遗产生命力的恢复，通过对促生产品在社会的合理定位来实现非物质文化遗产在群体生活的定位、传承和延续。对非物质文化遗产本身进行改变、开发和创新则更要防止过度开发造成遗产的真实性和整体性的破坏。总之，对非物质文化遗产促生产品的开发模式是非物质文化遗产开发与利用的主要模式之一，它既有利于非物质文化遗产在当前社会发展中寻找自己的合理位置，也有利于维护遗产本身的传统性、真实性和完整性。

以上是对非物质文化遗产与其涉及的"物"的关系的初步探讨。总而言之，非物质文化遗产与其涉及的"物"分属不同领域是毫无疑问的，而在非物质文化遗产保护中，对项目涉及的物有一个正确的态度则成为非物质文化遗产工作者需具备的基本素养，既要正确认识二者之间的密切联系和依存关系，也应正确区分二者在保护过程中所扮演的角色和作用。既不能将二者粗暴地割裂，也不能将二者的相关或相似内容混为一谈。

二、物质文化遗产与非物质文化遗产关系

文化是人类在认识世界、改造世界的实践中创造的，不同的民族、群体有不同的文化创造，不同的文化创造相互联系构建了共同体、社区的文化系统，不同的文化构成了自身独特的文化系统。按照文化结构理论，文化被分为物

质文化、精神文化、制度文化三种形态，并按照由内向外的同心圆结构序列。^① 从文化的划分来看，传统的物质文化遗产属于第一层次范畴，非物质文化遗产应属于第二层次和第三层次，二者共存于人类的文化系统中。

（一）二者的联系

物质文化遗产和非物质文化遗产作为人类文化遗产的两大组成部分，在称谓上，二者泾渭分明，但在实际操作中，二者有着密切的联系，因为物质文化遗产和非物质文化遗产都是人类改造自然和改造自身活动的结晶。总结起来，物质文化遗产与非物质文化遗产的联系表现在以下两个方面：

其一，物质文化遗产与某些非物质文化遗产是相互依存、相互作用的。非物质文化遗产促生物质文化，反映非物质文化遗产的特点，而物质文化遗产促进非物质文化遗产的传承与传播，是一些非物质文化遗产存续的重要支撑。从理论上将文化遗产分为物质文化遗产和非物质文化遗产是可行的，但实际操作中，两者是交织在一起的，在保护实践中应二者兼顾，不可顾此失彼。

其二，物质文化遗产与非物质文化遗产共同反映着人类社会的进步状态和文明发展程度，是世界文化多样性的体现。一个民族的非物质文化遗产蕴含着这个民族特有的精神价值、思维方式、想象力和文化意识，是实现区域群体文化认同，维护社区、群体或个体的文化身份和区域文化主权的基本依据，对一个地区或一个国家而言，二者相辅相成，缺一不可，它们共同构成了民族文化或区域文化的整体形态。

---

① 文化构成的划分一般有二分法、三分法和四分法等。二分法分为物质文化和精神文化；三分法分为物质文化、精神文化和工艺文化；还有物质文化、精神文化、制度文化；四分法认为文化可以分为物质文化、精神文化、制度文化和行为文化。

（二）二者的差异

作为人类的文化创造，物质文化遗产和非物质文化遗产共同组成了人类文化遗产，二者共存于人们的生产生活中。虽然都是人类的文化创造，皆是人类的文化遗产，但二者之间在形态、保护主体、保护方式等很多方面都存在很大差异。

首先，二者形态上的差异是最显著的。物质文化遗产是有形的，看得见、摸得着，能被触觉和视觉感知的。如长城从西到东，蜿蜒绵长，延续万里，几千年来，静静地卧在祖国的怀抱中，人们登上长城可以感受其雄伟和壮阔，不管人们留不留意，它都是客观的物质形态存在；而非物质文化遗产是触摸不到的，不能被触觉所感知的。如古琴艺术、民歌艺术、舞蹈、民俗等，这些项目存在于人们的精神领域，当其展演时，我们能看到的是人们对这些艺术如何操演，当其不进行操演时，我们就看不到，而不是像长城那样的实体存在。有些非物质文化遗产也涉及一些物质，如古琴虽是古琴艺术存在的必需，但不是古琴艺术的实质内容，如何弹拨古琴及其演奏心法等才是非物质文化遗产。

其次，保护方式上，二者也存在巨大差别。由于传统物质文化遗产是实体的存在，可以通过博物馆收集、保护或保护区建设，或确定文物保护单位，划定保护区，增列历史文化名城等方法，使文物或遗产项目获得较为有效的保护。如泰山，作为实体存在有一定的分布范围，根据联合国教科文组织世界遗产保护的相关规定，可以划定保护区域，对泰山进行区域规划、保护和一定程度的开发利用。

而作为人类文化创造的非物质文化遗产不仅是遗产，更是人类自身文化的重要组成部分，与群体物质生产生活相关联，与群众文化生活与精神需求相依存。在对其进行保护，考虑其文化遗产属性的同时，更要注意其文化属性，充分考虑其作为人类文化创造的组成部分，是人类生活方式的一部分，是人类对客观世界目的性的表达或表达形式，是活态的、不断发展的文化生态系统的组成部分。另外，非物质文化遗产的载体不能脱离社会发展存在，其载体在社会生活中具有基本的生存权、发展权等权利。作为活态文化现象，非物质文化遗产的保护就不能像传统物质化保护那样，将文化遗产项目送入博物馆，或划定文化保护区，非物质文化遗产保护在以遗产角度进行这些工作的同时，也要以文化的角度，考虑地域文化系统对项目的影响和文化系统内其他文化对项目发展、变迁、传承及延续的影响。因此，从文化的系统性角度审视活态文化的保护是必要的，也是必需的。物质文化遗产保护要求的是原样保护，是"死"的保护；非物质文化遗产保护中还要使文化遗产项目继续发展，是一种"活"的保护。

再次，在保护主体上，物质文化遗产保护的是物质文化遗产本身及与之相关的生存环境。如故宫、泰山、殷墟遗址、平遥古城、丽江古城等文化遗产，对这些文化遗产保护时，这些遗产的物质形态既是遗产本身，也是保护的主体，对它进行的各种工作能够实现遗产主体和保护主体的统一；而非物质文化遗产看不见，摸不到，其传承和延续靠的是人的接力，依托社会化个人的代代传承实现活态文化的代代传承。因此，要保护非物质文化遗产，就要保护好非物质文化遗产的特殊载体——社会化的人。如京剧艺术、年画、南音等非物质文化遗产，对这些非物质文化遗产进行保护时，首先确认传承人，通过对载体——传承人的保护实现对非物质文化遗产保护。只有实现对其传承人保护才能实现对非物质文化遗产的保护，非物质文化遗产保护的遗产主体和保护主体不是同一的。这是物质文化遗产和非物质文化遗产的重大区别之一。

最后，物质文化遗产是不可再生的，一旦破坏或损毁就永远消失，具有不可再生性。如陶瓷器不小心摔碎,书画作品被烧毁,漆木器被腐蚀,丝织品变质等,这些物质文化遗产一旦出现上述问题都将结束生命而消失,其一般不具有可恢复性,有些器物虽然可以通过技术手段进行修复,但艺术性、观赏性和价值都大打折扣。如 2000 年,北京市东城区人民检察院指控被告人靳某于 2000 年 1 月 15 日 21 时许,在北京市东城区天安门城楼驾驶白色昌河面包车,欲由北向南驶入长安街。当该车行至金水桥主桥北侧桥头时,撞上主桥北端拦挡行人的防护绳(绳子拴在桥北端东西两侧汉白玉栏杆上),绳子两端各 2 块汉白玉栏板被拉倒,形成粉碎性破坏。经北京市文物鉴定委员会现场勘察鉴定:桥北端东西两侧长度各约 4 米的汉白玉石柱、石栏板和抱柱石各一块全部损坏,残破断裂数十块,已无法修补继续使用。该委员会认为对全国重点文物保护单位的文物建筑造成了不可弥补的损失。[①]

而非物质文化遗产不同于物质文化遗产,通过文献的记载和相关资料的借鉴,能够得以恢复,其具有一定的再生性。如山东寿光《齐民要术》研究会依据《齐民要术》的记载对黄河下游地区传统饮食文化进行了初步尝试性恢复,依据《齐民要术》记述的菜肴制作方法对记载的菜品进行了"古食今制",试制了 200 多道菜,冷、热、荤、素样样俱全,菜肴的烹饪方法涉及了《齐民要术》记载的饮食制作工艺的各种制法,如炙、炸、炒、煎、酱、腤、藏等多种制作方法。恢复试制各种宴席,有普通家宴、中档家宴、高档家宴;有春夏秋冬四季宴席;还有全鸡宴、全鸭宴、全鱼宴、全牛宴、全虾宴、全羊宴、豆腐席等多种实例。

[①] 参见《开车撞坏金水桥 法院判他两年半》,新浪网 http://news.sina.com.cn/society/2000-07-05/104240.html。

　　物质文化遗产和非物质文化遗产是人类文化遗产的两大组成部分，二者之间的差异是显而易见的，而对二者的辩证关系还需要在实践中进一步认识，尤其是在保护实践中，不能因为差异而将二者严格区别开来，不可将非物质文化遗产涉及的实物划在保护之外。对非物质文化遗产概念认识和理解，不论在国内还是在国外，都处于认识上的起步阶段，《保护非物质文化遗产公约》中的表述不会成为非物质文化遗产概念的最后表述，随着各国理论研究和保护实践的开展，必将会促进非物质文化遗产概念表述的深入，使其更趋于反映非物质文化遗产的本质特征，对非物质文化遗产内涵、类别和范畴的认识也将更深入、更细化。

第二章

博物馆参与非物质文化遗产保护的必要性

第一节　非物质文化遗产保护释义

　　20 世纪中期以来，联合国教科文组织及相关国际组织一直致力于推动文化遗产保护，并将文化遗产保护发展为全球性的共同行动和国家间的广泛互动。纵观国际社会文化遗产保护历程，其包含着两条线索的演进：一是文化遗产保护类型的演进，文化景观、工业遗产、非物质文化遗产等遗产类型的出现使文化遗产保护范畴越来越丰富，进而呈现多层次、多元化发展态势。二是文化遗产保护理念的演进，如从单体建筑保护发展到整体性保护，从静态保护发展到活态保护，从物质层面保护发展到精神层面保护等。面对文化遗产保护日益繁杂化的趋势和非物质文化遗产保护的特殊性，文化遗产保护工作者既要注意文化遗产保护内容的发展趋势，也应廓清非物质文化遗产保护与以往文化遗产保护的区别，尽快构建和完善非物质文化遗产保护理论体系。

一、两个《公约》与保护理念的分野

　　在文化遗产保护领域，联合国教科文组织早期重点关注自然遗产和物质文化遗产保护，先后通过多个文件推动自然遗产与物质文化遗产保护实践深入开展，《保护世界文化和自然遗产公约》（1972）的诞生成为联合国教科文组织推动该类遗产保护的里程碑。20 世纪 70 年代之后，随着文化遗产保护实践走向深入和一些国家在民俗文化、无形文化遗产保护领域取得成功，联合国教科文组织也逐渐重视并推动非物质文化遗产保护，《保护民间创作建议案》（1989）和《宣布人类口头与非物质遗产代表作条例》（1998）两个文件是该类文化遗产前期保护的重要文件，2003 年，联合国教科文组织通过《保护非物质文化遗产公约》，非物质文化遗产正式被纳入到世界文化遗产保护框架体系中来，对其保护也演变为全球行动。

上述两个《公约》都是联合国教科文组织主导通过的、旨在促进国际社会文化遗产保护共同行动的国际法律文书，也是各缔约国在国际层面开展合作和国家层面开展保护实践的行动指南。不可否认，《保护非物质文化遗产公约》的出台时间相对较晚，但其对国际文化遗产保护格局影响是巨大的，这种影响不仅仅体现在文化遗产类型的丰富与范畴的扩大，也使国际文化遗产保护理论体系呈现不同的发展方向：即在从物质文化遗产和自然遗产保护向更繁杂的精神文化遗产保护拓展过程中，自然遗产和物质文化遗产保护理论沿着原有路径继续深化发展，而非物质文化遗产保护理论则呈现与物质文化遗产保护迥异的发展方向。基于保护对象的不同，《保护世界文化和自然遗产公约》和《保护非物质文化遗产公约》分别构建的保护理论存在以下几点差异：

1. "保护"用词不同，保护行动具有不同的感情色彩。两个《公约》文件名中"保护"使用的英文用词不同，《保护世界文化和自然遗产公约》文件名中"保护"的英文对应词为 Protection，《保护非物质文化遗产公约》文件名中"保护"的英文对应词为 Safeguarding，之所以产生英文用词的差异源于保护对象的不同、保护指向的差异以及词汇本身体现的感情色彩。《保护世界文化和自然遗产公约》中"保护"主要使用 protect（protection），文件中还出现 conserve（conservation）20 次，出现 preserve（preservation）4 次，出现 safeguard 3 次，这些词对应的中文翻译都是"保护"，但其含义却不相同（表 2-1）。萨尔瓦多·穆尼奥斯·比尼亚斯在其所著的《当代保护理论》（*Contemporary Theory of Conservation*）一书中，详细区分了 conservation 和 preservation 的区别："保护"（preservation）指代狭义的保护，是"相对于修复而言的保持性的活动"[①]。"保护"（conservation）指代广义的保护，"包括狭义的保护、修复以及相关活动在内的行为的总称"[②]。在《保护非物质文化遗产公约》中"保护"一词主要使用 safeguard（safeguarding），同时，出现 protect（protection）6 次，频繁出现在《保护世界文化和自然遗产公约》中的"保护"（preservation）出现次数相对较少，conservation 则未出现，究其原因，其含义与被表述对象的保护要求不同。在 2002 年 8 月联合国教科文组织组织专家编写的词汇表（*GLOSSARY INTANGIBLE CULTURAL HERITAGE*）中，也提及这两个词汇在非物质文化遗产保护领域的适用性还有不足，因此，使用 safeguard 作为《保护非物质文化遗产公约》的关键词（表 2-2）[③]。在非物质文化遗产保护语境下，使用 safeguard 所指代的保护比 protect 指代的保护更为积极主动，更关注如何促进文化传承发展的过程和人本身。因此，非物质文化遗产保护者和遗产保有者（bearers or practitioners）相比物质文化遗产的保护师（conservator）在保护行动上

---

① ［西］萨尔瓦多·穆尼奥斯·比尼亚斯：《当代保护理论》，张鹏等译，同济大学出版社，2012 年，第 14 页。

② ［西］萨尔瓦多·穆尼奥斯·比尼亚斯：《当代保护理论》，张鹏等译，同济大学出版社，2012 年，第 13 页。

③ 其英文表述为：This notion may not be applicable to all aspects of intangible cultural heritage. Therefore, for the purpose of the future convention, the adoption of the term "safeguarding" is endorsed。

有更多的选择,在保护措施上也有更多的方法进行保护或恢复[1],这在《保护非物质文化遗产公约》的文本中可以得到更好的理解。

表 2-1 对保护涉及英文词汇的辨析

词汇	解释	备注
Protect	其英文解释一般为 defend from trouble, harm, or loss,[2]其中文含义为保护。	对情况被动的防守、防御。
Safeguard	其英文解释为 a precautionary measure warding off impending danger or damage or injury etc,[3]其中文含义为采取预防措施避免即将到来的危险、破坏和伤害等。	相对 protect 更为主动,更为积极。
Conservation	其英文解释为 the protection of natural things such as animal, plants, forests etc, to prevent them being spoiled or destroyed,[4]其中文含义为保存、保持和保护等。	其更偏重于保存。在文化遗产保护领域狭义的保护、修复以及相关活动在内的行为的总称。

---

[1] [西]萨尔瓦多·穆尼奥斯·比尼亚斯:《当代保护理论》,张鹏等译,同济大学出版社,2012年,第35页。

[2] *Collins English dictionary*, London: HarperCollins publishers, 2006, p464.

[3] 根据笔者找的不同词典,一些解释只体现了防卫的意思,文中的表述是较为符合文化遗产保护语境的解释,参见 https://www.vocabulary.com/dictionary/safeguard。

[4] 《朗文当代英语大辞典》,商务印书馆,2011年,第376页。

词汇	解释	备注
Preservation	其英文解释为 the activity of protecting something from loss or danger, to make something continue without change①，其中文含义也为保存、留存、保管、维护等，在文化遗产保护实践中，其所使用的语境多为现状或原样的维护。	更偏重对现状的维持、维护，偏保守。在《保护世界文化和自然遗产公约》中，往往与恢复（restoration）一起出现，偏重相对于修复而言的保持性的活动。

2. 保护措施不同。联合国教科文组织在两个《公约》中均给出了两类文化遗产的保护措施，根据《保护世界文化和自然遗产公约》相关条款②，"保证第 1 条和第 2 条中提及的、本国领土内的文化和自然遗产的确定、保护、保存、展出和遗传后代，主要是有关国家的责任"③。因此，自然和文化遗产的保护措施主要包括遗产项目的确定、保护、保存和展示与传播等；《保护非物质文化遗产公约》中，对非物质文化遗产保护有明确的概念解释，"保护"④指确保非物质文化遗产生命力的各种措施，包括这种遗产各个方面的确认、立档、研究、保存、保护、宣传、弘扬、传承（特别是通过正规和非正规教育）和振兴。⑤需要注意的是，对于自然和文化遗产的保护，更

① 《朗文当代英语大辞典》，商务印书馆，2011 年，第 1472 页。
② 联合国教科文组织：《保护世界文化和自然遗产公约》，1972 年。
③ 其英文表述为：The duty of ensuring the identification, protection, conservation, presentation and transmission to future generations。
④ 其英文表述为："Safeguarding" means measures aimed at ensuring the viability of the intangible cultural heritage, including the identification, documentation, research, preservation, protection, promotion, enhancement, transmission, particularly through formal and non-formal education, as well as the revitalization of the various aspects of such heritage。
⑤ 联合国教科文组织：《保护非物质文化遗产公约》，2003 年。

多的是专家和专业技术人员的参与，社区参与及社区对遗产可持续发展的意义则是在保护理论的后续发展中逐步补充完善的，而非物质文化遗产保护提出之时，社区的地位和作用就已经得到确认，成为非物质文化遗产保护各个环节不可或缺的力量。

表 2-2　两个《公约》中的保护

公约	保护对象	保护目标	保护指向	文件中的其他保护词汇
《保护世界文化和自然遗产公约》	文化与自然遗产	以防御性手段防止损害和破坏的发生，达到维持（Maintenance）或恢复（Restoration）原状的目的	文化和自然遗产的保存与维护，以及自然多样性的维护	主要使用 Protect（protection）。Conserve（conservation）出现 20 次，Preserve（preservation）出现 4 次，Safeguard 出现 3 次
《保护非物质文化遗产公约》	非物质文化遗产	致力于非物质文化遗产振兴、传承，采取积极主动的措施来激发项目的生命力（Viability）	关注文化尊重（Respect）与意识提升（Raise awareness）以及促进文化多样性	主要使用 Safeguard（safeguarding）。Protect（protection）出现 6 次。Preserve（preservation）出现 1 次，未出现 Conservation

3. 保护要求和保护逻辑不同。《保护世界文化和自然遗产公约》关注的是有形的、静态的物质文化遗产保护，《保护非物质文化遗产公约》则关注对无形的、动态的、精神领域的文化遗产进行保护。由于保护对象存在形态不同，保护要求也不相同。《保护世界文化和自然遗产公约》中，以强调突出普遍价值（outstanding universal value）、静态固化的物质文化遗产为保护对象的保护更强调以防御性手段防止损害和破坏的发生，达到保存、

维持（Maintenance）或恢复（Restoration）原状的目的；《保护非物质文化遗产公约》中，以强调自我表述、活态呈现、不断被传承和发展的文化遗产为保护对象的非物质文化遗产保护更强调采取积极主动的措施来激发项目的生命力（Viability）和可见度（Visibility），促进其存续与创新。在保护指向上，《保护世界文化和自然遗产公约》侧重消除威胁遗产的危险，保护文化和自然遗产的保存与维护，以及自然多样性的维护；《保护非物质文化遗产公约》则致力于遗产项目的振兴、传承，促进文化多样性（见表2-2）。

基于《保护世界文化和自然遗产公约》和《保护非物质文化遗产公约》文本构建的保护话语体系，并结合两大公约所对应的《操作指南》，我们可以总结出两类文化遗产保护的内在逻辑。对于物质文化遗产而言，其保护逻辑一般是从遗产项目到文化，再回归遗产保护，这里所说的文化是指研究、修复和保护遗产项目时必须对遗产项目文化背景和文化内涵进行考察，这种考察能为项目保护与研究提供更好的支持。对非物质文化遗产而言，其保护逻辑应是从文化到遗产项目，再回归文化。这里所说的文化包括两层含义：一是项目的文化内涵研究；二是社区的文化背景，非物质文化遗产项目须从社区文化中甄选出来，再回到社区文化中去实现生态保护与传承。这两种不同的保护逻辑外在表现为措施的差异，内在则体现为文化遗产与人群、社区与社会发展紧密程度，因此，不能将物质文化遗产保护措施简单施加在非物质文化遗产保护上，也不能用物质文化遗产保护的思维进行非物质文化遗产保护。

综上所述，虽然两个《公约》的中文翻译本中都可以将上述词汇翻译成保护，但在两类文化遗产的保护实践操作中，"保护"在不同的遗产话语体系中内涵不同，其参与的组织、人员也不尽相同，保护工作的侧重点和目的也不相同，保护期望和保护效果也不尽相同。

二、《保护非物质文化遗产公约》语境中的保护

长期以来，国际层面和国家层面文化遗产保护关注的重点是物质文化遗产保护，保护理论、工作内容和操作细则在实践中得到不断拓展和丰富。相较物质文化遗产，非物质文化遗产保护对象更为复杂化和动态化，涉及的范畴更广，与民众生活更为密切，且有跨民族、跨国界之复杂情况，加之其提出的时间尚短，保护理论研究还处于起步阶段，仍需不断深化。

（一）保护环节

联合国教科文组织做出很多努力以帮助人们理解非物质文化遗产及其保护。2002 年 1 月 22 日至 24 日在巴西里约热内卢召开的专家会议已经意识到制定一份有关非物质文化遗产词汇表的重要性，2002 年 8 月，联合国教科文组织组织专家编写完成的词汇表中进一步明确了与保护（safeguarding）有关的关键词[1]。2003 年 10 月，《保护非物质文化遗产公约》中明确给出了"保护"的含义："保护"指确保非物质文化遗产生命力（Viability）的各种措施：包括这种遗产各个方面的确认（identification）、立档（documentation）、研究（research）、保存（preservation）、保护（protection）、宣传（promotion）、弘扬（enhancement）、传承（transmission）（特别是通

---

[1] 参见联合国教科文组织官方网站：www.unesco.org/culture/ich/doc/src/00265.pdf。根据相关性，词汇表列出与保护（safeguarding）相关的关键词包括：conservation、documentation、identification、preservation、promotion、protection、revitalization、sustainability、transmission。与 2003 年《公约》相比，缺少 enhancement，多了 sustainability。

过正规和非正规教育）和振兴（revitalization）。^① 在这句表述中，联合国
教科文组织提出了非物质文化遗产保护指向——确保非物质文化遗产生命
力（Viability）和可见度（Visibility）的 9 个操作环节。相比 2002 年拟定
的词汇表，《保护非物质文化遗产公约》中还提到了研究（research）和弘
扬（enhancement）。因为"保护"（safeguard）一词具有的积极性、主动性
含义和保护对象的活态性特征，这些措施和操作环节要求社区、社会团体
和相关机构以更积极主动的姿态参与到保护中来。

（二）工作内容

《保护非物质文化遗产公约》阐明了保护所包含的环节和措施，但没
有对保护环节的参与机构和工作内容进行阐释。多次参与联合国教科文组
织非物质文化遗产保护相关工作的巴莫曲布嫫先生在 2016 年文化部举办
的《保护非物质文化遗产公约》培训班中对这一问题进行了解释：确认的
主要参与者为社区，社区确认是名录申报的重要前提；研究主要体现在学
术层面，参与者为研究机构，保护（protection）主要涉及立法层面，宣传
主要涉及文化部门，弘扬主要涉及大众传媒。由此可见，非物质文化遗产
保护（safeguard）的各环节有具体的行动主体、工作任务和目标指向，并
构成了相对完善的保护链，但目前的非物质文化遗产保护研究对其阐释不
足，未能给保护实践提供有效的理论支持和指导。

联合国教科文组织曾多次召开非物质文化遗产保护的会议，研究非物

---

① 联合国教科文组织：《保护非物质文化遗产公约》，2003 年。其英文表述
为："Safeguarding" means measures aimed at ensuring the viability of the intangible
cultural heritage, including the identification, documentation, research, preservation,
protection, promotion, enhancement, transmission, particularly through formal and non-
formal education, as well as the revitalization of the various aspects of such heritage。

质文化遗产保护实践中的理论问题，2002 年 8 月，联合国教科文组织组织专家编制的词汇表中或多或少可以看出各个环节的工作内容及主要参与力量（表 2-3）。

表 2-3　非物质文化遗产保护环节、工作内容及主要参与者[①]

环节	工作内容	主导者或参与者
确认 Identification	Technical description of a specific element constitutive often done in the context of a systematic inventory. 动态的清单制定中的一种技术描述构成	文化主管部门、社区
立档 Documentation	The recording of intangible cultural heritage in tangible forms. 以有形的形式记录非物质文化遗产	文化主管部门、社区
研究 Research	Research is work that involves studying something and trying to discover facts about it.[②] 参与研究和揭示事实	学界、研究机构
保存 Preservation	Ensuring that certain social practices and representations are maintained. 确保特定的社会实践和表现形式能被维持	社区、传承人
保护 Protection	Ensuring that certain social practices and representations do not suffer damage. 确保特定的社会实践和表现形式免遭破坏	文化主管部门

[①]　原词汇表中没有对研究（research）和弘扬（enhancement）进行阐释，其含义为笔者查阅后添加。

[②]　*Collins English dictionary*, London: HarperCollins publishers, 2006, p493.

续表

环节	工作内容	主导者或参与者
宣传 Promotion	Drawing public attention, in a positive way, to aspects of intangible cultural heritage. 以积极的方式唤起公共的非物质文化遗产保护意识	大众传媒、文化主管部门
弘扬 Enhancement	The enhancement of something is the improvement of it in relation to its value, quality, or attractiveness.① 价值、质量或吸引力的改进	社区、社会力量
传承 Transmission	Transferring social practices and ideas to another person or persons, especially to younger generations, through instruction, access to documental sources, or by other means. 通过授课、接触文献资源或其他方式，将社会实践和理念传递给他人，尤其是年轻一代	社区、传承人、文化主管部门
振兴 Revitalization	[If referring to practices developed by the cultural community:] Reactivating or reinventing social practices and representations, which are no longer in use or falling in disuse. 如果指社区保持的文化实践，重新激活或重新使用那些不再使用或衰落的社会实践和表现形式 [If referring to heritage policies:] The encouragement and support of a local community, developed with the agreement of that same community, in the reactivation of social practices and representations, which are no longer in use or falling in disuse. 如果指遗产政策，鼓励和支持社区重新激活或重新使用不再使用或正在衰落的社会实践和表现形式	社区、传承人文化主管部门

---

① *Collins English dictionary*, London: HarperCollins publishers, 2006, p164.

　　《保护非物质文化遗产公约》提及的保护措施和保护工作的开展进行都有一个前提：必须确保非物质文化遗产的生命力，即各项措施针对的项目必须还在民众生产生活中发挥作用，在民众文化生活中仍是鲜活存在的，而保护措施的实施必须是为了促进遗产项目的生命力，促进其弘扬和延续。联合国教科文组织在《保护非物质文化遗产公约》中进一步指出了各缔约国实施保护所应采取的措施，"为了确保其领土上的非物质文化遗产得到保护、弘扬和展示"，各缔约国应努力做到：

　　　　制定一项总的政策，使非物质文化遗产在社会中发挥应有的作用，并将这种遗产的保护纳入规划工作；

　　　　指定或建立一个或数个主管保护其领土上的非物质文化遗产的机构；

　　　　鼓励开展有效保护非物质文化遗产，特别是濒危非物质文化遗产的科学、技术和艺术研究以及方法研究；

　　　　采取适当的法律、技术、行政和财政措施，以便：

　　　　1. 促进建立或加强培训管理非物质文化遗产的机构以及通过为这种遗产提供活动和表现的场所和空间，促进这种遗产的传承；

　　　　2. 确保对非物质文化遗产的享用，同时对享用这种遗产的特殊方面的习俗做法予以尊重；

　　　　3. 建立非物质文化遗产文献机构并创造条件促进对它的利用。

　　同时各国应该制订宣传计划、教育计划和科学研究等活动，鼓励社区和个人参与到非物质文化遗产保护和振兴中来，促进非物质文化遗产的弘扬和传承。

综上所述，非物质文化遗产保护包含的几个环节内容不同，参与主体和主导也不尽相同，不容置疑的是，文化主管部门、社区和传承人在其中所扮演的角色最为丰富，责任也最为重大，这也恰恰符合这类遗产的存在特点和发展规律。

（三）项目开放度与保护参与度

在非物质文化遗产项目保护实践过程中，上述措施和工作环节围绕生命力的实现可以分为不同层次[①]，也需要不同的机构参与，社区、教育机构、研究机构、社会团体、文化主管部门、文化企业、传媒机构、图书馆和档案馆等文化事业单位等都有必要参与到保护措施的落实中来，且有时需要多个部门共同参与，联合行动，才能确保行动的有效性，这是非物质文化遗产保护的现实要求。而与物质文化遗产在保护管理上的相对封闭性不同（图 2-1），非物质文化遗产的开放性特征使得项目、传承人、保有者和社区与社会存在着紧密的联系，因此，

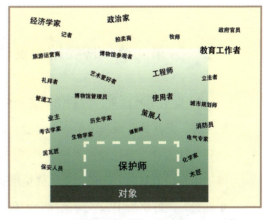

图 2-1　物质文化遗产保护师范畴边界[②]

---

① 参见王巨山：《非物质文化遗产概论》，学苑出版社，2012 年。

② 参见 [西] 萨尔瓦多·穆尼奥斯·比尼亚斯：《当代保护理论》，张鹏等译，同济大学出版社，2012 年，第 11 页。

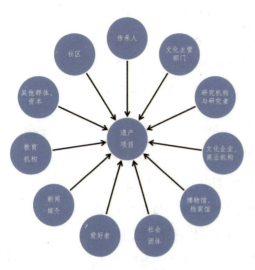

相对开放的存在状态使得相关机构或个人与项目联系相对直接，任何机构、团体、组织或个人都有直接接触非物质文化遗产项目的机会，可以参与到项目保护的各个环节中来（图2-2）。这在促进项目保护的同时，不确定的或模糊的参与边界一方面增加了保护的机会，另一方面也为非物质文化遗产保护带来更多的挑战。

图 2-2　相关机构或个人与项目关系示意图

第二节　博物馆职责的转变和当代使命

20世纪中叶以来，博物馆功能和职责也在不断发展的社会实践中不断拓展，尤其是新博物馆学诞生之后，博物馆工作理念从关注"物"的发展到关注人和服务社会的发展，并诞生诸多新的现代博物馆形态，"现代博物馆在价值取向上的最大变化就是推倒思想围墙，使博物馆勇敢地融入于社会发展的洪流中去，面向社会大众，表达他们在文化上的期盼；面向城市生活，展示文化的多样性；面向发展着的实际，不断地更新理念"[①]。

———————

① 　陈燮君：《博物馆——守望精神家园》，《人民政协报》，2009年9月14日。

一、博物馆的定义与职责转变

"博物馆一词源起于希腊语 mouseion，意即'供奉缪司（muse 是掌管学问与艺术等的九位女神）及从事研究的处所'。17 世纪英国牛津阿什莫林博物馆建立，museum 才成为博物馆的通称。"[1] 博物馆的出现是人类对自身文明进程认识和不断反思的结果，随着人类在对自身文化和客观世界的认识和反思中所积累的知识不断增加，各国和国际博协对博物馆定义、形式和功能的认识也在逐渐丰富。

20 世纪中叶以来，各国文化事业的发展也促进了博物馆事业蓬勃发展，人们对博物馆的认识也逐渐丰富和不断深化，其中对博物馆认识最为突出的表现就是对其定义认识的不断深化。

目前，各国博物馆的机构设置和分工日益细致和明确，所承担的任务和发挥的功能也比较明确，但世界各国对博物馆的定义到现在还没有形成一个统一的认识，不同国家对博物馆的定义有着不同的认识和理解。以博物馆事业较为发达的几个国家为例，美国现行的博物馆定义为："非营利的永久性机构，存在根本目的不是为组织临时性展览，享受豁免联邦和州所得税，代表公众利益进行管理并向社会开放，而是为公众教育和欣赏的目的保存、保护、研究、阐释、收集和展览具有教育和文化价值的物体和标本，包括艺术的、科学的（无论有生命的或是无生命的）、历史的和技术的材料。此博物馆定义包括具备上述必要条件的植物园、动物园、水族馆、天文馆、保存历史记忆的街区、古建筑和遗址。"[2] 韩国 1991 年 12 月

---

① 王宏均：《博物馆学基础》，上海古籍出版社，2001 年，第 36 页。

② 转引自宋向光：《世界各国和国际组织关于博物馆的定义》，《中国博物馆通讯》，2003 年第 8 期，第 20 页。

发布的《博物馆和艺术博物馆促进法》中将博物馆定义为："博物馆是收藏、保护、陈列有关人类、历史、考古、民族习俗、艺术、动物、植物、矿物、科学和工业的物品的机构，为文化、艺术和科研的发展以及一般民众的社会教育的目的而探查和研究这些物品。"①

比较上述两国对博物馆的定义，虽然表述不同，但对博物馆功能的认识基本相同，各国都以管理、保护、保存、研究、阐释为基本任务，但在博物馆定义表述上各不相同，其原因主要是国情的不同和文化背景的差异。由于各国文化发展历程、文化遗产的认识和保护进程都存在很大的差异，对文化遗产认识深刻，保护工作比较到位的国家，其博物馆定义中涵盖的内容比较多，对博物馆的功能和在社会发展中的作用认识也比较全面。以韩国为例，韩国对文化遗产的认识在19世纪60年代已经突破了物质文化遗产，提出了对"民族习俗"这类文化遗产保护，在制定《文化财保护法》时也包含了非物质文化遗产的保护工作，因此，在博物馆定义和博物馆工作内容的规定中，已经有现代文化遗产保护理念中的非物质遗产因素，这比其他国家的文化遗产保护理念先进了几十年。

国际博物馆协会（ICOM）成立于1946年，是促进国际博物馆事业发展和理论研究的专业机构，是代表博物馆和博物馆专业的学术性国际组织，肩负保护、延续和向社会传播世界的自然遗产和文化遗产、有形遗产和无形遗产的重任。② 在成立至2007年的60多年间，国际博协先后多次对博

---

① 转引自宋向光：《世界各国和国际组织关于博物馆的定义》，《中国博物馆通讯》，2003年第8期，第18页。

② 根据国际博物馆协会官方网站翻译。原文如下：ICOM is the international organization of museums and museum professionals which is committed to the conservation, continuation and communication to society of the world's natural and cultural heritage, present and future, tangible and intangible. http://icom.museum/mission.html。

物馆的定义进行了界定和修改 [①]：

1946 年，国际博协制定的章程中将博物馆定义为：博物馆是指向公众开放的美术、工艺、科学、历史以及考古学藏品的机构，也包括动物园和植物园，但图书馆如无常设陈列室者除外。

1951 年，国际博协对博物馆定义进行了修订：博物馆是运用各种方法保管和研究艺术、历史、科学和技术方面的藏品以及动物园、植物园、水族馆的具有文化价值的资料和标本，供观众观赏、教育而以公开开放为目的的，为公共利益而进行管理的一切常设机构。

1961 年，国际博协对博物馆又进行了新的定义：以研究、教育和欣赏为目的，收藏保管具有文化或科学价值的藏品并进行展出的一切常设机构，均应视为博物馆。在博物馆的定义之外，还有几条对博物馆的补充说明，其中公共图书馆和档案馆拥有的用于永久展出的艺术陈列室；向公众开放的历史纪念馆和历史纪念馆的部分机构或附属机构如宗教遗存、历史、考古学和自然遗址；植物园、动物园、水族馆和人工生态园，以及其他展示活标本的机构；自然保护区等都属于博物馆范畴。

1974 年，国际博协在哥本哈根召开第 11 届大会，其章程规定：博物馆是一个不追求营利、为社会和社会发展服务的公开的永久性机构。它把收集、保存、研究有关人类及其环境见证物当作自己的基本职责，以便展出，公之于众，提供学习、教育、欣赏的机会。国际博协对博物馆的定义进行了补充说明，在说明中除了 1961 年的四项补充说明外，还增加了科学中心和天文馆，这是博物馆定义的一次新发展，博物馆的内涵进一步丰富。

---

① 在国际博物馆协会官方网站上，描述博物馆定义前，有这样一段话：Since ICOM's creation in 1946, the ICOM definition of the museum has been evolving to reflect major societal changes and the realities of the international museum community.

1989 年，国际博物馆协会在海牙召开第 16 届大会，通过的《国际博物馆协会章程》第 2 条再次将博物馆定义修改为："博物馆是为社会及其发展服务的非营利性的永久机构，并向大众开放。它为研究、教育、欣赏之目的征集、保护、研究、传播并展示人类及其人类环境的见证物。"这次的定义描述与 1974 年相比，在对博物馆内涵的概括和功能及职责的界定上又有新提升。

1995 年，国际博协修改章程，在 1989 年博物馆定义的基础上，将博物馆定义为：博物馆是一个以研究、教育、欣赏为目的而征集、保护、研究、传播和展出人类及人类环境的物证的、为社会及其发展服务的、向大众开放的、非营利性的永久性（固定性）机构。博物馆定义的文字没有变化，只是对成为博物馆的补充说明变得比以前更加丰富，增加了"执行委员会经征求咨询委员会意见后认为其具有博物馆的部分或全部特征，支持博物馆及博物馆专业职员从事博物馆学研究、教育或培训的其他机构；从事与博物馆和博物馆学相关的文物保护、研究、教育、培训、记录和其他事务的非营利性机构或组织；符合前述定义的国际、国家、区域或地方性博物馆组织、负责博物馆管理的政府部门或公共机构"三个机构，这使得博物馆的内容变得更加丰富起来。

2001 年 7 月，在西班牙巴塞罗那召开的国际博物馆协会第 20 次会议上对博物馆的定义又重新修订，此次概念的修订总体上保持 1995 年的原样，只有对博物馆定义的补充说明中将用于保存、延续和管理有形或无形遗产资源的文化中心和其他实体纳入了博物馆的范畴，有形或无形遗产包含活的遗产和数字创造行为。这一范畴的纳入是国际博物馆协会适应国际文化遗产保护形势的发展，注意到非物质文化遗产的重要性和博物馆在非物质文化遗产保护领域所应有的作用的结果。

2007 年 8 月，在维也纳召开的国际博协会议上，博物馆的定义又有了新的发展：博物馆是以教育、研究和娱乐为目的而征集、保存、研究、传播和展示人类有形的和无形的文化遗产及其环境的、为社会及其发展服务的、面向大众开放的非营利性永久机构。[①]

从国际博物馆协会对博物馆定义的发展来看，国际社会对博物馆功能的认识也在逐渐加深，从博物馆早期定义看，博物馆主要功能是开放的收藏机构，到 20 世纪 60—70 年代，博物馆功能演变为收藏、保管和研究等；最新的博物馆定义则将博物馆的功能定位在征集、保护、研究、传播、展示等多重功能上，博物馆定义反映出博物馆功能的演变趋势是从单一向多元方向发展，从单一的收藏向征集、保护、传播、研究和展示等功能迈进，尤其是国际博协最新的博物馆定义中突出的传播功能，传播作为知识爆炸后的时髦用语，其包含了多方面的含义，不可否认以前博物馆的展示过程中也有传播的隐含功能，但目前把传播作为一项功能单独提出，在特定的环境下具有特殊的意义。

博物馆定义不断丰富的历程是和博物馆的类别不断丰富的过程相统一的。博物馆从美术、工艺、科学、历史以及考古学藏品的收藏机构逐步扩大到人类及自然环境的见证物保存和收藏机构，从动物园、植物园和水族馆到科学中心和天文馆，从收集有形藏品的展出馆到从事保护、传承和管理有形和无形遗产（活的遗产和数字创造性活动）的文化中心和其他实体，国际社会对博物馆的类型界定越来越详细，这是人类对自身遗产认识不断

---

① A museum is a non-profit, permanent institution in the service of society and its development, open to the public, which acquires, conserves, researches, communicates and exhibits the tangible and intangible heritage of humanity and its environment for the purposes of education, study and enjoyment.

加深的结果，也是对博物馆作用与功能不断延伸拓展和赋予博物馆更多价值期盼和要求的结果。尤其是 2001 年国际博协对博物馆的定义中，将从事保护、传承和管理有形和无形遗产（活的遗产和数字创造性活动）的文化中心和其他实体列入到博物馆范畴，说明国际博协认识到非物质文化遗产在人类文化遗产中的重要位置和所发挥的积极作用，尤其是其对促进世界文化多样性和区域内文化认同的重要意义，因此将非物质文化遗产也纳入博物馆的保护范畴，并多次以其为主题召开会议，探讨博物馆在非物质文化遗产保护中的作用和非物质文化遗产如何实现博物馆化保护的问题。2004 年的国际博协大会和国际博协亚太地区第七次会议的主题着重探讨非物质文化遗产及其保护问题，国际博协对非物质文化遗产保护发挥了重要的推动作用。

二、博物馆的当代使命

（一）圣地亚哥圆桌会议与博物馆角色的转变

博物馆定义随着时代的发展不断更新，博物馆的功能和职责[①]也被赋予新的意义，积极寻求功能和职责的突破，重新定位其在不断发展的社会中的使命。1970 年代以来，国际博物馆协会全体会议的主题已经突出博物馆原先的责任与使命（表 2-4）。1972 年，国际博协在智利首都圣地亚

---

① 功能指实际的工作与活动，职责则是指对民众与社区的义务与责任。[美]乔治·埃里斯·博寇：《新博物馆学手册》，张云、曹志建等译，重庆大学出版社，2011年，第 15 页。

哥召开会议,探讨和反思博物馆的社会作用,大会重点探讨的主题有四个:^①

1. 博物馆与乡村环境下的文化发展和农业发展(museum and cultural development in rural environment and the development of agriculture)

2. 博物馆与社会文化环境问题(museum and social and cultural problems of the environment)

3. 博物馆与科学技术发展(museum and scientific and technological development)

4. 博物馆与终身教育(museum and life-long education)

圣地亚哥会议形成了八个决议(resolutions)或文件,其中之一是有关整体博物馆原则文件(guiding principles relating to integral museum)"整体博物馆"概念(integral museum)的提出对博物馆功能拓展及新博物馆学发展都起到了积极的建设作用。圣地亚哥会议"为博物馆界作出了新的巨大贡献:对博物馆社会角色的思考,对博物馆在人口迅猛增长的城市中应起作用的探讨,以及对一个能够参与解决社会问题、推动社会发展的整体(或整合)博物馆的展望"^②。此后,国际博协全体会议主题越来越丰富,从国际博物馆协会全体会议历届主题和历年的国际博物馆日主题^③看,

① UNESCO, Final report of the round table on the development and the role of museums in the contemporary world, 1972.

② [巴西]曼纽里勒·玛利亚·杜阿尔特·甘迪多:《博物馆(记忆+创造力=社会变革):国际博物馆协会第23届大会主题阐释》,黄磊译,《中国文物报》,2013年3月20日。

③ 参见国际博物馆协会官方网站:http://icom.museum/activities/international-museum-day/。

1970年代后，会议主题越来越关注文化遗产保护和社区、社会发展，博物馆不再是单纯的文物收藏、展示和研究功能，而是逐渐成为"多元化、多功能"的文化机构，博物馆肩负起更多的功能、社会责任和文化使命。

表2-4　历届国际博物馆协会全体会议主题一览表

时间	地点	届	主题
1948	巴黎	1	/
1950	伦敦	2	多主题 [①]
1953	热那亚	3	多主题 [②]
1956	巴塞尔	4	多主题 [③]
1959	斯德哥尔摩	5	博物馆作为镜子：潜力与局限
1962	海牙	6	多主题 [④]
1965	纽约	7	博物馆人员培训
1968	科隆	8	博物馆与研究

[①] Exchange of collections and conservation personnel; inventory of scientific instruments; museums and education; problems of professional training.

[②] Problems of museums located outside; problems of museums in undeveloped areas; the architecture of museums and museums in modern town-planning.

[③] The museum in our time; the natural history museum in the modern world; the problem of history museums in our times; the planning and organization of the modern technical museum; Babel's Tower.

[④] Precautions against theft of art works; conservation of cultural property; the role of history and folklore museums in a changing world; observations on the museum profession; the objectives of the museum: research centres or exhibition hall; the educational role of museums.

时间	地点	届	主题
1971	巴黎	9	博物馆以人为本，现在与未来：博物馆的教育与文化角色
1974	哥本哈根	10	博物馆与当代世界
1977	莫斯科	11	博物馆与文化交流
1980	墨西哥城	12	世界遗产——博物馆的责任
1983	伦敦	13	博物馆致力于发展的世界
1986	布宜诺斯艾利斯	14	博物馆与我们遗产的未来
1989	海牙	15	博物馆：文化的创造者
1992	魁北克	16	博物馆：有无疆界？
1995	斯塔万格	17	博物馆与社区
1998	墨尔本	18	博物馆与文化多样性：古老文化，崭新世界
2001	巴塞罗那	19	管理变革：博物馆面临着经济和社会的挑战
2004	首尔	20	博物馆与无形遗产
2007	维也纳	21	博物馆与共同遗产
2010	上海	22	博物馆致力社会和谐
2013	里约热内卢	23	"博物馆（记忆＋创造力）＝社会变革"
2016	米兰	24	博物馆与文化景观

（二）新博物馆学及博物馆职责的转变

博物馆功能与使命的不断丰富和职责的转变与20世纪70年代博物馆学界兴起的一场运动——新博物馆学运动——有着密切的关系。像研究考古学发展史上不能回避新考古学运动一样，回顾博物馆学发展史同样也不能回避新博物馆学运动。新博物馆学运动兴起于 20 世纪 70 年代中后期，随着博物馆学理论和实践的不断发展，人们对传统博物馆的作用、功能、定位和目的等越来越不满意，20 世纪 70 年代末期，西方博物馆学界出现了对博物馆作用的反思，对博物馆功能和目的提出了新要求的思潮，因其对博物馆收藏、保存和展示理论、方法和侧重点等都与以往博物馆理论不同，因此被称为"新博物馆学"。新博物馆学侧重博物馆的社会功能，改造博物馆与社会的关系，因此，也称为"博物馆社会学"。

新博物馆学的主要理论基础是 1984 年发表的《魁北克宣言》，在《魁北克宣言》中，新博物馆学明确指出"文物鉴定、保护和教育已经是博物馆学的传统作用了，当今的博物馆学则需寻求一个远较上述目标深远的宗旨，以其使它的活动与人类社会及自然环境更加协调一致"[1]。《魁北克宣言》指出，新博物馆学包含生态博物馆学、社会博物馆学以及其他各种形式的现行博物馆学。新博物馆学的主要内容包括：以人为本、强调以观众为博物馆的导向；强调博物馆在终身教育中的独特作用；关注人类的可持续发展，提倡环境教育；主张博物馆陈列应该有贯彻博物馆功能的非常明确的主题，一切内容都是为了突出主题；要尽可能使用高科技的传播手段；反对单元文化，强调宣扬文化的多样性，保护原住民文化；主张博物馆博大精深，随着社会的发展，博物馆学的内涵将与更多的学科交叉，要加强博物馆工作人员培训，除提高学术水平外，更要重视个人的伦理规范。[2] 新博物馆学在博物馆的展示手法、发展策略和侧重点上都提出了不同于传统博物馆学的理论（表 2-5、2-6）。但是我们看到，虽然新博物馆学的许多

---

[1] 《魁北克宣言》，载《世界文物》，文物出版社，1988 年，第 61 页。

[2] 参见甄朔南：《什么是新博物馆学》，《中国博物馆》，2001 年第 1 期，第 28 页。

主张彰显了与传统博物馆学的不同，但追溯新博物馆学理论，很多在传统博物馆学中可以找到，它所宣称的很多理念与很多当代博物馆，特别是地区博物馆、艺术博物馆和自然历史博物馆遵循的理念有相同之处，一些理念是对这些博物馆原有理念的抽出和扩大。

新博物馆学的诞生促进了博物馆类型的丰富和形态的分化，尤其是生态博物馆大大不同于传统博物馆，有学者对其进行了具体的区分[①]：

■传统博物馆＝建筑＋藏品＋专家＋公众参观者

■生态博物馆＝区域＋遗产＋技艺＋居民

不可否认，新博物馆学思潮的出现是人类反思自身行为和博物馆工作者对博物馆在社会及发展中作用认识的提高，尤其是其主张保护原住民文化，以及生态博物馆、社区博物馆对文化风俗等内容的保护，恰恰是今天所要保护的非物质文化遗产的内容，当前和今后相当长的阶段，非物质文化遗产的保护也恰恰需要生态博物馆、社区博物馆等新博物馆学所包含的博物馆形式参与进来，促进非物质文化遗产的"活态保护"。

---

① Michelle L. Stefano, museums of the future: using the ecomuseum ideal to promote and safeguard intangible culture heritage, https://ja.scribd.com>document>stefano_Museums_of_the_Futre.pdf.

表2-5　传统博物馆学与新博物馆学的区别 ①

	传统博物馆学	新博物馆学
以何为本	物	人
侧重	方法、技术	目的、理论
理论基础	藏品管理、保存技术、陈列设计、历史学等	博物馆应为社会及其发展服务，除技术方法外，还要懂得自己专业外的政治学、社会学、教育学等
发展策略	学术研究、专家为主，精英主义	观众需求为主，大众主义、专家参与
使命	巩固主流文化、提升文化素养、改善社会行为	尊重文化的多样性、关注环保教育与社区、强调终身教育、提高观众素质
展示（陈列）手法	静态的，分类清晰，内容侧重过去，学术气氛浓厚，很少观众参与。一般认为展示是教诲式的，展出时间较长	动态的，采用主题单元展示。内容侧重现在与未来，采用高科技，尽可能让观众参与。展示为启发与激励式的，注意娱乐与休闲，除展示外，还有很多传播方式，强调七年左右更新基本陈列

---

① 转引自甄朔南：《什么是新博物馆学》，《中国博物馆》，2001年第1期，第26页。此为甄朔南先生在台湾师大罗欣怡1996年用图表解释传统博物馆学与新博物馆学区别的基础上整理而成。

表 2-6　新博物馆学与传统博物馆学理念主要区别 [1]

	传统博物馆学	新博物馆学
目标	保存和保护特定的物质遗产	关注群众生活，关心社会发展
基本原则	保护物质	广泛的和激进的公众定位，地域性
结构和组织	制度化，政府财政支持，博物馆中心建筑，专业队伍和梯队人才	小规模的制度化，通过当地资源获取财政，分散化，参与性，基于平等权利的团队协作
实现方法	脱离现实，学科倾向的限制，物的倾向性，对过去的倾向性	联系现实，多学科性，主题明确，将过去与现在和将来紧密联系，与当地组织合作
功能与职责	收集、存档、研究、保存、传播	收集、存档、研究、保存、传播、继续教育、价值评估

　　博物馆不断丰富的功能和职责是时代发展赋予博物馆的使命。现今，随着人类文化遗产观的深入发展，人类对文化遗产的认识已经突破了原有物质文化遗产限制，从物质层面上升到精神层面，非物质文化遗产已经被人们纳入视野，保存和拯救濒危非物质文化遗产是摆在人类面前的又一课题，博物馆作为专业文化遗产保护机构，有着丰富的物质文化遗产保护经验和文化研究、传播、教育功能，因此，博物馆无论在工作理念上还是工作对象上，应超越"围墙"，发挥自身优势，积极投入到非物质文化遗产保护中去，利用物质文化遗产保护中积累的经验，探寻非物质文化遗产的普查方法、保护方法和展示方法，将非物质文化遗产纳入到博物馆的收藏

---

[1]　笔者根据 Andrea Hauenschild, Ph.D, Claims and Reality of New Museology: Case Studies in Canada, the United States and Mexico 整理而成，http://museumstudies.si.edu/claims2000. htm。

体系中来，同时发挥自身的展示、传播的功能，将富有历史、文化和艺术价值的非物质文化遗产呈现在观众面前，促进非物质文化遗产的传承和传播。

第三节　博物馆参与非物质文化遗产保护的必然性

博物馆自诞生至今一直是文化遗产保存的重要机构，在现代博物馆三百多年的发展历程中，博物馆逐步从"精英"走向"平民"，从关注"物"拓展到关注人和社会发展，其角色和使命的不断变化是与时代发展紧密联系的，而伴随着非物质文化遗产的出现，被赋予更多功能和肩负更多职责的博物馆势必要将目光聚焦到该类文化遗产的保护上来。

一、专业组织的推动

2001 年，联合国教科文组织公布第一批"人类口头与非物质遗产代表作"后，作为文化遗产保护重要机构的博物馆界已经敏锐地意识到参与该类文化遗产保护的重要性。

国际博物馆协会（ICOM）1946 年成立于法国巴黎，是代表博物馆和博物馆专业人员的非政府组织（An organization created in 1946 by and for museum professionals），目前有 119 个国家委员会，30 个国际委员会，会员 3.5 万人，已经成为其主要任务的是：打击文化财产非法贩运、风险管理、文化和知识提升、保护有形的和无形的文化遗产。[1] 从成立至今，采取了一系列措施对推动物质文化遗产保护发挥了重要作用。非物质文化遗

---

[1]　参见国际博物馆协会官方网站。

产保护和研究提上日程后，国际博物馆协会对非物质文化遗产保护的推动也发挥了重要作用。2002 年 10 月 20 日至 24 日，来自 26 个国家、地区和国际组织的 150 名代表参加了在上海举行的以"博物馆、无形遗产与全球化"为主题的国际博物馆协会亚太地区第七次大会，大会签署了《上海宪章》(*Shanghai Charter*)，明确指出博物馆今后在非物质文化遗产保护中需要开展的工作。

　　作为保护人类非物质遗产建设性合作伙伴关系的推动者，博物馆应：
　　·确认亚太地区文化的丰富多样性，包括种族、民族、肤色、类别、年龄、阶级、信仰、语言、性别差异和地区性特点。
　　·创立跨学科、跨行业的方法，使可移动与不可移动、物质与非物质、自然与文化的遗产融为一体。
　　·迎接全球化带来的挑战与威胁，制定办法以最大限度地利用文化、技术和经济全球化所带来的机遇。
　　·制定全面开展博物馆和遗产保护实践活动的档案记录方法与标准。
　　·开展试点项目，为建立社区参与制定非物质遗产资源清单的方法做出示范。
　　·努力确保以符合地方特色的方式，真实地保护、展示、诠释遗产资源。
　　·制定符合重要遗产资源保护法、公约和法规的公众活动项目和游客管理对策，并尊重社区团体作为非物质遗产的保管者、监护者和看守者的规定和礼仪。
　　·鼓励不同文化之间的相互理解和有益交流，以促进和平与社会和谐。
　　·利用印刷品、视听、影视、数字化和电子通讯技术等各种媒体形式。

·评估并着手开展物质与非物质遗产统一管理所需的培训和能力培养。

·用恰当的语言提供全面解说,并尽可能聘用非物质遗产资源当地的保管人员。

·促进公共与私人部门的积极参与,以最大限度地利用当地的专家、资源和机遇,实现资源的多元化,从而有效地保护所有遗产资源。

·为博物馆和其他遗产机构建立一套物质与非物质遗产相结合的标准与方法。

·支持联合国教科文组织通过各种活动项目为保护与宣传非物质遗产所做出的努力,并强调在拟订国际非物质文化遗产保护公约过程中专业机构参与的重要性。

《上海宪章》的签署是以实际行动"支持联合国教科文组织通过各种活动项目为保护与宣传非物质遗产所做出的努力"[1]。《上海宪章》的签署宣告亚太地区博物馆开始了保护非物质遗产的国际联合行动,唤起亚太地区国家、社会和博物馆对保护非物质文化遗产的关注;启动了亚太地区博物馆保护非物质遗产的创新实践,提出了博物馆保护与保存非物质遗产的工作指南;落实了国际博协保护非物质遗产的战略部署,必将进一步推动亚太地区非物质遗产保护的实践。[2]《上海宪章》的签署也为中国和亚太国家文物博物馆界在制定文化遗产保护条例和保护机制等方面提供了指导原则。

---

[1]　国际博物馆协会亚太地区第七会议:《上海宪章》,2002 年。

[2]　参见苏东海:《〈上海宪章〉的意义》,《中国博物馆》,2002 年第 4 期。

2004 年，国际博协将 5 月 18 日的国际博物馆日主题确定为"博物馆与无形遗产"。2004 年 10 月在汉城（今首尔）举行的国际博物馆协会第 20 届大会主题也是"博物馆与无形遗产"。无形遗产是非物质文化遗产省略文化一词而成，因为人们发现除了非物质文化遗产外，还有自然的无形遗产，传统知识领域保护生物多样性就是保护属于自然的无形遗产。国际博物馆协会第 20 届大会通过了一系列的决议，其中第 1 号决议着重强调了非物质文化遗产的保护问题，决议敦促所有政府批准《保护非物质文化遗产公约》；敦促国家和地方当局通过并有效落实相应的地方法律、法规，保护非物质文化遗产；建议博物馆特别关注并抵制无形资产滥用的企图，特别是它的商业化；建议所有的博物馆培训项目强调非物质文化遗产的重要性并将非物质文化遗产的理解作为职业要求；决议最后"决定今后此决定定名为国际博物馆学会无形遗产汉城宣言"。

博物馆作为专业文化遗产保护机构一直致力于有形的物质文化遗产保护，这两次大会的召开表达了国际博物馆界对非物质文化遗产保护的关注，是专业文化遗产保护机构介入到非物质文化遗产保护领域并将其作为自己工作的重要内容，是博物馆界对自己肩负使命与职责的进一步明确。在具体行动中，2001 年《国际博协 2001—2007 年战略规划》和 2005 年《国际博协 2005—2007 战略规划》都重申了博物馆在保存、传播和交流物质和非物质文化遗产的历史使命。2016 年发布的《国际博物馆协会战略规划（2016—2022）》中表明国际博物馆协会的一贯立场：继续积极推进文化遗产，包括自然与文化遗产、物质与非物质文化遗产的保护。①

与此同时，非物质文化遗产保护也需要博物馆作为研究机构、文化遗

---

① 参见 ICOM: *Strategic Plan 2016–2022*, http://icom.museum/the–vision/strategic–plan。

产保护机构、展示与传播机构的积极参与。联合国教科文组织在《实施〈保护非物质文化遗产公约〉操作指南》中明确指出："研究机构、专业中心、博物馆、档案馆、图书馆、文献中心和类似实体，在收集、记录、建档和保存非物质文化遗产资料数据，以及在提供信息和提高对其重要性认识等方面，发挥着重要作用。"联合国教科文组织注意到博物馆的功能和职责可以在非物质文化遗产保护中发挥作用，因此，也积极鼓励博物馆等实体：[①]

A 让非物质文化遗产从业者和持有者参与组织关于其遗产的展览、讲座、研讨会、辩论会和培训的工作；

B 引入并发展参与式办法，展示非物质文化遗产是不断演进的鲜活遗产；

C 注重非物质文化遗产保护所需知识和技能的持续创新和传承，而非仅注重与之相关联的实物；

D 在适当情况下利用信息和传播技术，传播非物质文化遗产的意义和价值；

E 使从业者和持有者参与管理，将促进地方发展的参与性体系落实到位。

我国"以国家级博物馆为龙头、省级博物馆为骨干、国有博物馆为主体、民办博物馆为补充，类别多样化、举办主体多元化的博物馆体系初步形成"[②]。但各级博物馆实力参差不齐、能力大小不一，不能按照理想的目标对所有博物馆提出同等的要求，可以肯定的是，不同性质、不同类型、

---

① 联合国教科文组织：《实施〈保护非物质文化遗产公约〉操作指南》，2016 年。
② 国家文物局：《博物馆事业中长期发展规划纲要（2011—2020 年）》，2012 年。

不同规模的博物馆都可以在非物质文化遗产保护中发挥作用，但能发挥什么作用，承担多大职责还要区别对待。

二、学界的声音

非物质文化遗产的保护需要全社会通力合作，密切配合，不是单靠一个机构或一个职能部门就能解决所有问题，博物馆作为文化遗产的专业保护和保存机构应该在非物质文化遗产的保护中发挥自己的优势作用，为非物质文化遗产的保护探索新方法，提供新思路。为此，在博物馆的实践启动之时，博物馆学界和学者也发出了声音，从理论上支持实践的开展。

（一）博物馆在非物质文化遗产保护中的作用

国内博物馆学界对非物质文化遗产进入博物馆普遍是一种接受的和乐观的态度，认为非物质文化遗产进入博物馆为博物馆"注入了新活力"[1]，扩大了博物馆的收藏范围，"给博物馆的诠释带来新的视觉和生动的内容"，有学者明确地指出，博物馆在非物质文化遗产保护过程中应起的三个作用：启蒙阶段的居于倡导地位和应当发挥推动作用；博物馆特定组织者地位和社会各方面联系的"领头羊"的作用；博物馆在非物质文化遗产保护中的参与者地位和对物化载体的保护管理作用。[2]

（二）非物质文化遗产保护对博物馆工作影响

博物馆对非物质文化遗产的保护应肩负也必须肩负起保护的重任，但

---

① 甄朔南：《保护无形遗产给博物馆注入新活力》，《中国文物报》，2004 年 5 月 14 日。

② 参见王莉：《非物质文化遗产的载体化保护和博物馆的社会分工》，《中国博物馆》，2004 年第 2 期，第 4 页。

应该看到博物馆在非物质文化遗产保护的命题没有提出来之前，一直致力于有形文化遗产的保护，在保护有形文化遗产上积累了大量的经验，而非物质文化遗产与有形文化遗产有着本质的不同，二者分属不同领域，尤其是非物质文化遗产大部分"融"于民间和民众生活，对非物质文化遗产的保护在技术、方法和手段上势必要与有形文化遗产的保护不同。非物质文化遗产进入博物馆是必然的趋势，新的命题给博物馆工作带来的冲击和影响已经引起博物馆领域深刻的变革。"几乎与文化遗产理念的进化过程同步，博物馆正经历着从重'机构'到重'功能'转化。"①

对可移动文物的保护一般是在博物馆内进行。非物质文化遗产的鲜活性决定了非物质文化遗产保护方法的变革，如何将鲜活的非物质文化遗产在博物馆中进行保护？苏东海认为："博物馆接纳无形遗产从理论上到实践上还是一个新课题。博物馆必须在理论上把无形遗产与有形遗产从博物馆本质上统一起来，博物馆才能顺利地接纳无形遗产。"② 也就是说非物质文化遗产要转化为有形存在才能进入博物馆，也只有这样博物馆才能吸纳它。

非物质文化遗产记录后的有形存在不同于传统文物，这在管理和展示上对博物馆都提出了新要求。宋向光就非物质文化遗产保护对博物馆工作的影响进行了全面剖析，通过宏观（有形文化遗产与非物质文化遗产普适的性质和特点的认识）和微观（有形文化遗产与非物质文化遗产之间的差异的认识）两个方面对包容了非物质文化遗产保护的博物馆工作观念的变化进行了讨论；并详尽分析了非物质文化遗产进入博物馆产生的影响和变革，这些变

---

① 朱诚如：《文化遗产概念的进化与博物馆的变革——兼谈非物质文化遗产对当代博物馆的影响》，《中国博物馆》，2002 年第 4 期，第 11 页。

② 苏东海：《中国博物馆与无形遗产》，《中国博物馆》，2002 年第 4 期，第 21 页。

革不仅是博物馆工作体制上的，同时给博物馆工作方法带来了新气象。^①

　　博物馆对非物质文化遗产的保护也不是尽善尽美的，宋向光在《非物质文化遗产对中国博物馆工作的影响》一文中除了分析博物馆在保护非物质文化遗产方面的优势外，也指出"尽管博物馆可在保护非物质文化遗产中发挥积极作用，但我们也不能忽视博物馆对非物质文化遗产保护的负面影响"^②。负面影响体现在传统的博物馆工作观念和工作方式与非物质文化遗产保护存在很多不适应的方面，如藏品与其产生时空的分离、与其原生"语境"的分离、文物的孤立性、线性的展示方式，以及博物馆的历史感和消亡感在藏品上的映射。

　　也有学者认为目前博物馆在非物质文化遗产保护上应"有所为，有所不为"^③，"为"主要是对馆藏有形遗产内涵的发掘和提炼，对民间无形遗产进行收集、整理和保管，对社会各学界对非物质文化遗产研究成果进行征集和收藏；"不为"是指在专业人才资源没有补充完成之前，暂时淡化研究功能。这一观点是不无道理的，在做非物质文化遗产保护时，既要看到保护的迫切性，也要对保护进行理性的思考，要从科学的、规范的角度对非物质文化遗产进行研究。

　　在博物馆学家看来，在传统博物馆向生态理念的生态博物馆发展过程中，博物馆在非物质文化遗产保护的作用不止于此，英国博物馆学家米切尔·P. 斯蒂凡诺给出了传统博物馆到生态博物馆的发展过程中可以参与非

---

① 参见宋向光：《非物质文化遗产对中国博物馆工作的影响》，《中国博物馆》，2002 年第 4 期，第 47 页。

② 宋向光：《非物质文化遗产对中国博物馆工作的影响》，《中国博物馆》，2002 年第 4 期，第 47 页。

③ 胡欣民、胡学风：《"为"与"不为"》，《中国博物馆》，2002 年第 4 期，第 88 页。

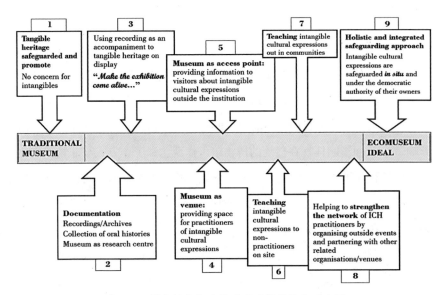

图 2-3　博物馆参与非物质遗产保护的行动空间

物质文化遗产保护的更多方式（图 2-3）。[①] 通过此图，我们可以看到文献与录音的记录、记录与实物结合的活态展示、社区外的教育、在地教育、网络展示的强化都是博物馆有发挥力量的空间。

三、政府的行动

　　博物馆是文化遗产保护与传播的积极力量。在当今社会环境下，博物馆也已经成为地区文化进步的积极力量，加强社会教育的积极力量，改善民众生活的积极力量，促进社会发展的积极力量。[②] 我国政府也采取多种措施积

---

① 　Michelle L.Stefano, Museums of the Future: *using the ecomuseum ideal to promote and safeguard intangible cultural heritage*, https://ja.scribd.com>document>stefano_Museums_of_the_Futre.pdf.

② 　参见单霁翔：《从"馆舍天地"走向"大千世界"——关于广义博物馆的思考》，天津大学出版社，2011 年。

极发展多类型的博物馆。2010 年，国家文物局、民政部、财政部、国土资源部、住房和城乡建设部、文化部、国家税务总局印发了《关于促进民办博物馆发展的意见》（文物博发〔2010〕11 号），政府机构对博物馆的重视无疑是因其在文化、教育、传播和娱乐方面所具有其他机构不能代替的作用。如何将教育、传播、娱乐等作用扩大，将博物馆的文化属性惠及民众？2008 年 1 月，中宣部、财政部、文化部、国家文物局等四部门联合印发《关于全国博物馆、纪念馆免费开放的通知》（中宣发〔2008〕2 号），对博物馆、纪念馆免费开放工作作了明确规定和全面部署。博物馆免费开放是博物馆事业发展史上的一次变革，它不仅符合国际博物馆发展的趋势，也是我国博物馆主动承担社会责任的体现，它大大提高了博物馆的公益属性、文化属性和群众属性，强化了博物馆服务社会发展的职责，使得博物馆更易融入社会和社区，更易走近广大群众，也使更多人走进博物馆。民众、文化、遗产、社区、城市与博物馆的关系也因此而日益紧密。

浙江是我国非物质文化遗产保护较好的省份。在前四批国家级非物质文化遗产名录申报中，浙江省所占项目位居前列。在非物质文化遗产保护实践中，积极推进非物质文化遗产展示馆建设。早在 2008 年，安吉提出建设生态博物馆的要求，并在随后付诸实践（图 2-4）。2010

图 2-4　中国安吉生态博物馆（山民文化陈列馆）

年，浙江省文化厅专题组织召开省非物质文化遗产展示馆建设现场经验交流会，推进非遗馆建设。随着博物馆事业和非物质文化遗产保护工作蓬勃发展，各类非物质文化遗产展示场馆建设成为"十二五"期间浙江博物馆建设的重点和增长点，杭州、宁波、湖州等地纷纷把非物质文化遗产展示馆建设与遗产保护、乡村文化生态建设和新农村建设等结合起来，并取得了重大进展。如杭州市新建改建各类非遗馆23处（座），湖州市安吉县就已新建非物质文化遗产展示馆32处。根据浙江省文化厅"十二五"期间非遗馆建设安排，浙江省文化厅计划重点扶持全省非遗馆100座，每年重点扶持20个场馆建设，争取打造10个在全国有重大影响的非物质文化遗产馆。到2014年，浙江全省市、县两级已经建成和正在规划建设的非遗馆共有443座。[①] 这443座非遗馆中，既有较为大型的综合性非物质文化遗产展示馆，也有单独的非物质文化遗产项目展示馆（展示厅、传习所），有政府投资，也有企业和个人投资，有公益性质，也有收取一定费用的，有以展示为主的，也有展示与体验相结合的。浙江非遗馆的建设与发展体现出"类型多样、主题多样、门类多样、功能多样"的特色。

《浙江省非物质文化遗产保护发展"十三五"规划》明确提出："立足建设文化强省，切实加强以非物质文化遗产展示馆建设为重点的基础设施建设，推动保护工作深入深化，使珍贵资料和实物得到有效保护、生动展示、活态传承、全民共享。根据非物质文化遗产保护事业发展及公共文化服务体系建设要求，加快探索全省非物质文化遗产馆建设的标准和规范，加快推进浙江省非物质文化遗产馆建设，全面推进市县综合非物质文化遗产馆

---

① 刘慧：《美丽非遗在身边：我省101个市县坐拥443座非遗馆》，《浙江日报》，2014年3月5日。

建设。"到"十三五"末实现："11 个设区市全部建成具一定规模的综合性非物质文化遗产馆，全省三分之一的县（市、区）建成综合性或专题性非物质文化遗产馆。建成民办非物质文化遗产馆、传习所 500 家。有条件的地方建设国家级非物质文化遗产名录项目展示馆（传习所）。"[①]

四、博物馆的使命

无论是国际博物馆协会这样的专业机构，还是博物馆从业人员与研究学者，他们都从多个角度表达了博物馆参与非物质文化遗产保护的可能性，"博物馆的资源从广义而言包括了人类的文化遗存，无论它们是有形的（物质的），还是无形的（非物质的）。博物馆工作的内容涵盖了整个文化遗产的信息体系和价值体系"[②]。而博物馆学的发展和博物馆形式的丰富也能为博物馆参与非物质文化遗产保护提供多元化的支撑，博物馆参与各类非物质文化遗产项目的保护主要有三方面的必然性：

一是博物馆功能和社会职责的转变促使博物馆不断地参与到社会及社区发展中来。随着国际博物馆协会和学者对博物馆功能和角色的深入思考，博物馆学专业委员会主席特丽萨（Teresa）指出博物馆未来面临着"五个方面的扩大：1. 博物馆概念的扩大，把博物馆看作一种现象而不仅仅是一种机构；2. 物品概念的扩大，超越人类'创造物'而包容了人类社会及自然环境之间的所有证据，收藏行为要作为发展的一个优先考虑。收藏不是手段，而是博物馆的一种最终目的；3. 遗产概念的扩大，超越了有形文化遗产，包含了文化的无形证据；4. 社会概念的扩大，包含所有人类群体平

---

① 浙江省文化厅：《浙江省非物质文化遗产保护发展"十三五"规划》，2016 年。
② 陈燮君：《博物馆——守望精神家园》，《人民政协报》，2009 年 9 月 14 日。

等地融入博物馆中；5. 发展与可持续性概念的扩大，21 世纪必须研究发展的多元模式共生的可能性、可持续发展的不同模式"①。与此同时，新博物馆学运动及新兴的各类博物馆要求参与到社会及社区发展中来，尊重文化的多样性。生态博物馆、社区博物馆等新型博物馆正是将上述要求作为自己的发展理念，积极参与社会及社区的发展，促进地区文化保护，维系社区的文化情感，促进共同体的文化认同，延续文化中蕴含的民族精神，进而实现文化的多样性。

二是作为传统的文化遗产保护机构，在长期的物质文化遗产收集、整理、保护和研究中积累丰富的经验，博物馆应充分发挥自身优势，将这些经验运用到非物质文化遗产保护中，实现非物质文化遗产的博物馆化保护，从而促进各类非物质文化遗产的保护、传承和传播。需要指出的是，博物馆参与非物质文化遗产保护要双向思维：一方面是博物馆如何沿用传统方式使非物质文化遗产走进博物馆，即如何为"活态"的文化遗产"赋形"，以适应非物质文化遗产保护与展示的要求。另一方面是博物馆如何采取多种形式走近非物质文化遗产，即博物馆形式增加，内涵丰富，通过博物馆文化遗产形式和保护理念的"进化"实现对非物质文化遗产的保护。

三是博物馆展示手段多元化为非物质文化遗产展示与传播提供支持。随着多媒体技术发展，博物馆的展示手段已经突破传统的文字和实物陈列，在多媒体技术支持下，声音、图像和影像都可以展示和呈现在观众面前。如顺益台湾原住民博物馆（图 2-5），对台湾原住民的展览分为人与自然环境、生活与器具、衣饰与文化、信仰与祭仪四个部分，每个展示部分既

---

① 转引自单霁翔：《从"馆舍天地"走向"大千世界"——关于广义博物馆的思考》，天津大学出版社，2011 年，第 28 页。

图 2-5　台湾顺益原住民博物馆网站

有对台湾原住民生产和生活实物的展示，同时也借助多媒体进一步展示器具的使用。另外，在"原住民生活百态"区域使用多媒体播放三部影片：《台湾原住民从哪里来》《台湾原住民现况》《台湾原住民传统》，每个影片 12 分钟，分中、日、英三种语言，观众可自己播放观看。馆内还建设了影像视听室播放原住民生活影片。通过互动的多媒体系统，观众可以进一步延伸阅览相关知识，对展览内容进行纵深拓展。博物馆不断发展的展示技术能够满足非物质文化遗产展示的需求和要求，借助这些手段，博物馆可以与非物质文化遗产走得"更近"。

"截至 2016 年底，全国登记注册的博物馆已达到 4873 家，比 2015 年度增加了 181 家，保持稳定增长的态势。博物馆体系更加健全，行业博物馆和非国有博物馆如雨后春笋般蓬勃发展。目前，文物部门所属博物馆 2818 家，其他部门所属行业博物馆 758 家，非国有博物馆 1297 家。全国共有 4246 家博物馆向社会免费开放，占全国博物馆总数的 87.1%。近年来，全国博物馆每年举办展览超过 3 万个，举办约 11 万次专题教育活动，参观人数约 9 亿人次，博物馆在传承中华优秀传统文化、弘扬社会主义核心价值观方面发挥的作用更加突出。"① 目前，国内博物馆的主流仍以传统博物馆为主，新博物馆类型正在兴起，生态博物馆在我国已经生根，在贵州、广西、云南、内蒙古、浙江等省、自治区都已经安家落户；数字博物馆、社区博物馆等相关理论也积极探索，我国博物馆发展正经历悄然的变革。同时，新的文化遗产保护理念也给博物馆带来了新的发展契机，自觉探索传统文化传播模式的博物馆多了起来，博物馆在自觉背起"载道"的责任。很多地方开始新建非遗馆，非遗馆同博物馆、图书馆一样，成为地级市的"标配"。很多传统博物馆开始探索中华大地上非物质文化遗产保护模式，希望能借助博物馆在物质保护方面的经验，尽快摸索出一条适合中国国情的行之有效的多种保护方式。②

基于非物质文化遗产保护和博物馆的现代转变，本课题主要围绕国内博物馆开展非物质文化遗产保护的实践情况，同时也会借鉴和列举国外典型博物馆，展开调查和研究，探讨多类型的博物馆介入非物质文化遗产保护的利弊，寻找博物馆参与非物质文化遗产传承与复兴的方式与方法等，构建博物馆与非物质文化遗产保护的"中程理论"。本研究不仅有助于丰富非物质文化遗产保护的理论，同时也可以进一步"诠释"出博物馆的当代职责和使命。

---

① 数据来源：国家文物局网站 http://www.sach.gov.cn/art/2017/5/19/art_722_140806.html。
② 参见崔波：《二○○五中国博物馆事业回首》，《中国文物报》，2006 年 1 月 20 日。

第三章

传统博物馆与非物质文化遗产保护

　　"博物馆"一词在我国出现的时间比较晚。根据陈建明的考证，以目前所见史料，汉语"博物馆"一词最早见于林则徐（1785—1850）主持编译的世界地理著作《四洲志》。《小方壶斋舆地丛钞再补编》第十二帙《四洲志》英吉利国（即英国）部分有"英吉利又曰英伦，又曰兰顿"，"兰顿建大书馆一所，博物馆一所"的记述。[①] 在美国部分亦有博物馆内容的记述。虽然在鸦片战争前就有了博物馆记述，但由于种种原因，博物馆理念没有推广。清末"坚船利炮"之后的"西学东渐"思潮和有识之士以"开启民智"为目的的一系列活动促进了西方科学和现代思潮的涌入。在此背景下，具有"公共精神、公共价值""以开民智而悦民心"的博物馆开始增多。1905年，最早由中国人自己自觉创办的博物馆——南通博物苑诞生，虽然其规模较小，却具有里程碑式意义，它确立了中国博物馆事业的开端，"为中国创造了第一座以服务社会为宗旨的使命型博物馆，实际上也是世界博物馆自觉服务社会的先驱"[②]。至1912年，民国政府在北京创建历史博物馆，成为中国第一家国立博物馆。自此之后，伴随西学东渐的影响，以"开民智而悦民心"为目的，北京、南京、天津、湖南等地纷纷建立陈列馆、博物馆。迄今中国的博物馆事业已经走过了百年，在百余年的发展历程中，论发展

---

① 陈建明指出：无论有无《四洲志》的1841年刊本，至迟在1842年的《海国图志》一书中，国人已经见到"博物馆"一词，而在日本1860年有人首次译出博物馆一词，但不流行，直至1873年才正式通用。陈建明认为博物馆一词在中国与日本之间存在一个"双程流传"，汉语博物馆一词由在华的西方传教士造出，但这时中国人不知博物馆为何物。接着，这个词传到了日本，日本人认识了这个词所指代的西方事物及其意义，并在实践中使其流通使用。中国人又从现代日语中认识了这个词的意义，并将其原封不动地搬了回来。参见陈建明：《汉语"博物馆"一词的产生与流传》，载中国博物馆学会编：《回顾与展望：中国博物馆发展百年》，紫禁城出版社，2005年。

② 苏东海：《南通博物苑诞生的历史性贡献》，载中国博物馆学会编：《回顾与展望：中国博物馆发展百年》，紫禁城出版社，2005年，第2页。

速度之快和取得成绩之大当属中华人民共和国成立之后。截至目前，全国共有各类博物馆超过 4000 家，类型涉及传统博物馆、生态博物馆、社区博物馆等多种形式，而传统博物馆在数量上占比达到 95% 以上，是博物馆建设的主流。主流博物馆如何处理、参与非物质文化遗产保护关系是博物馆不可回避的问题，同时也是非物质文化遗产保护实践的重要问题。[①]

第一节　传统博物馆参与非物质文化遗产保护的优势

随着新博物馆学发展，博物馆的形式不断丰富，博物馆也被划出两大"阵营"，即传统博物馆和新型博物馆。因相对新型博物馆的数量有绝对优势，传统博物馆也被称为主流博物馆。传统博物馆的特征也是在和新博物馆的比较中彰显出来的，根据学者的比较归纳，传统博物馆：建筑 + 收藏 + 专家 + 观众。法国博物馆学者雨果·戴瓦兰将传统博物馆的特征归为三点：建筑、收藏、展示。由此可见，传统博物馆有固定的建筑，以收藏实物为目标，定期举办展览；传统博物馆一切工作的中心为有形的实物；[②]说其传统，主要是从博物馆工作对象、工作内容和工作方法的传统性而言的，是与生态博物馆、社区博物馆等新型博物馆相对而言的称谓。虽然传统博物馆理念、工作方法等都为新博物馆学所"诟病"，但目前世界上传统博物馆的数量也是最多的，传统博物馆经过几百年的发展已经形成了相

[①] 在中国民俗学会发布的《联合国教科文组织非物质文化遗产项目评审工作团队的年度报告》中，提及非物质文化遗产保护的横向问题，其中之一保护措施就是"博物馆化"。参见朝戈金：《联合国教科文组织〈保护非物质文化遗产伦理原则〉：译读与评骘》，《内蒙古社会科学》，2016 年第 5 期。

[②] 关于传统博物馆的特征可参见上文新博物馆学与传统博物馆学的比较表。

对完整的工作体系和科学的工作方法，依旧在文化遗产保护工作中扮演着十分重要的角色。

正如前文指出，无论从非物质文化遗产保护的客观实际，还是博物馆本身功能的延伸拓展，非物质文化遗产保护的严峻形势要求博物馆参与到对其的保护中来，以实物为中心的传统博物馆在无形的非物质文化遗产保护中能够发挥怎样的作用？

一、文化遗产普查方法和经验的借鉴

经过一百余年的发展，我国博物馆事业和博物馆学获得了长足发展，博物馆的工作方法和理念也取得了巨大进步。1980 年代以来，我国博物馆学界积极参与国际博协的有关活动，传统博物馆工作与国际博物馆工作逐渐接轨，在相互交流过程中不断提高自身能力。目前，我国博物馆在文化遗产调查、保护、保存方面形成了一套完整的工作方法，对传统文化遗产保护积累了丰富经验，这些方法和经验对新形势下非物质文化遗产普查、调查和保护具有积极的借鉴意义。

目前，对非物质文化遗产普查主要借助民俗学、人类学、民族学等学科的方法。传统博物馆的文化遗产调查主要通过田野采集、民族学调查、社会调查征集等手段，这些方法与非物质文化遗产实地调查方法既有一定的差别，也有相同之处。虽然非物质文化遗产是无形的、不可触摸的，但这类文化遗产不是孤立存在的，它仍与一定的环境、实物联系在一起，一些非物质文化遗产项目在完成自身的表达过程中借助了大量的实物，而有些非物质文化遗产，尤其是传统技艺类非物质文化遗产项目在展演结束后也会生产出大量的手工艺品，而实物正是传统博物馆工作的内容，因此，将传统博物馆的相关工作方法引入非物质文化遗产的普查中来,与民俗学、人类学等学科方法结合,对非物质文化遗产进行从物质到非物质、从有形到无形的全方位、多角度的深入普查,能够更全面地了解和掌握该项非物质文化遗产的历史、文化、艺术等价值,凸显该项非物质文化遗产在不同学科研究中的学术价值。

二、"物"的保护、展示和研究

传统博物馆工作中心和工作重点是实物的征集、保存和保护,对实物工作的传统性是传统博物馆的优势所在,因此发挥传统博物馆优势,加强对非物质文化遗产涉及介质的收集、整理、保护和研究是传统博物馆参与非物质文化遗产保护能够做到的基本工作。举办展览、进行宣传教育也是传统博物馆工作的主要内容,在非物质文化遗产保护中,传统博物馆可以举办非物质文化遗产涉及的实物展览,通过展览对该项非物质文化遗产进行宣传,使参观者进一步了解该项非物质文化遗产的价值所在。

非物质文化遗产虽然是无形的,但有些项目是与一定的实物联系在一起,或依托实物、工具来实现自身的功能。因此,在进行非物质文化遗产保护时,对这些有着历史价值的实物和工具进行保护是必要的,也是必需的。传统博物馆也可以发挥自身以"物"为工作中心的优势,开展"物"的展示、研究和传播,以征集的实物举办展览,促进非物质文化遗产的展示和传播。同时,传统博物馆还可以围绕非物质文化遗产展演促生的手工艺品展开工作,对非物质文化遗产的"产品"进行收集、整理和展示,从"物"和"产品"的维度来展示项目的特色和价值,很多非物质文化遗产专题博物馆正是按照这一思路进行策展的,如龙泉青瓷传统烧制技艺入选联合国教科文组织"人类非物质文化遗产代表作名录"后，龙泉市专门拓建了青瓷博物馆，收集传承人的青瓷作品。龙泉青瓷博物馆总建筑面积1万多平方米，展示面积4000多平方米，总投资1.03亿元，博物馆集展示、收藏与研究功能于一体，2009年12月正式建成对外开放，共推出"青瓷的记忆""瓷海明珠""火与土的交响"等10余个专题展览。（图3-1）目前该馆为国内最大的青瓷专业博物馆，已成为龙泉青瓷文化的展示和研究中心。

图3-1 龙泉青瓷博物馆一角

2006年2月12日，"中国非物质文化遗产保护成果展"在国家博物馆开幕。来自全国各地的非物质文化遗产首次以近2000件实物、1500余幅图片的"物质"形式呈现在首都观众面前，这也是中华人民共和国成立以来首次全国性的"非物质文化遗产"展览。2006年2月10日至19日，入选2001年联合国教科文组织公布的第一批"人类口头与非物质遗产代表作"的昆曲在上海中信泰富广场时尚沙龙内举办了一场展览。展览共分四个部分：纪念"苏州昆曲传习所"成立85周年专题陈列，陈列85年来苏州昆曲传习所在传承昆曲文化方面的每个足迹；姹紫嫣红——昆曲图录展，展出昆曲表演历史上的精彩片断;戏台追踪——昆曲舞台模型展，实地展出昆曲演出的不同舞台模型；江

图 3-2　第四届中国非遗博览会展览一角

湖角色行当行头展示——昆曲服饰展，让人们近距离地欣赏昆曲的华美演出服。从上面两个非物质文化遗产展览看，虽然所要宣扬和推广的是非物质文化遗产，但展会现场既有传承人的现场展示，也有大部分实物展出。2016年9月，已经举办到第四届的中国非物质文化遗产博览会在山东济南舜耕国际会展中心举行，会展既有传承人的活态展示，更多还是非遗作（产）品的展示与销售（图3-2）。

三、"以人为本"与传承人参与

与物质文化遗产保护不同，对非物质文化遗产进行保护时，非物质文化遗产传承人是实现项目保护的关键因素，因为人的延续和发展才能促进非物质文化遗产保护、延续和发展，非物质文化遗产项目的生命力和活力也是建立在传承人的能力和数量之上的。博物馆工作中"以人为本"的理念和工作方式的拓展，并将其与非物质文化遗产传承人结合，对非物质文化遗产保护和博物馆的内涵拓展具有积极意义。

（一）博物馆与以人为本

人本主义（Humanism）最初是欧洲文艺复兴时期提出的一种反神权思想体系，其世界观的核心是人，人是生活的主人，提倡人权，反对神权；最根本的观点是肯定人的价值，极力维护个人尊严，讴歌、颂扬、肯定人的一切，追求人性的解放，颂扬自然界的美和人类的精神，反对宗教中以神为本的观念，宣扬人是宇宙的主宰，是万物之本，因此被称为"人道主义"或"人本主义"。20世纪60年代，现代理念的人本思想作为一种经济思想被提出来，它与经济发展中的以物为本相对立。这是因为在社会发展中，人与自然、人与社会、人与人关系的矛盾日益突出，人们深刻地认识到，人的价值的实现和全面自由的发展比物质财富的积累更为重要。

1949年以后，"为人民服务"是以人为本的重要体现，是各行各业的行为标准。1956年5月，文化部在北京召开的全国博物馆第一次工作会议上提出博物馆是科学研究机关、文化教育机关、物质文化和精神文化遗存或自然标本的主要收藏场所的三重性质和博物馆应该为科学研究服务、为广大人民服务的两项基本任务，简称"三性二务"。"三性二务"是为人民服务思想在博物馆工作中的新发展。

党的十六届三中全会指出"要坚持以人为本，树立全面、协调、可持续的发展观，促进经济社会和人的全面发展"。它突出强调了社会发展中人的地位和作用，强调了社会发展要尊重人、理解人、关心人，把不断满足人的全面需求、促进人的全面发展作为社会发展的根本出发点，将努力实现人的最高价值作为发展的取向。党的十六届四中全会提出构建社会主义和谐社会的重大命题后，2004年12月初召开的中央经济工作会议又提出了"坚持以人为本，努力构建社会主义和谐社会"的发展思路。如今"以人为本"思想已经深入到社会各个领域，成为新的行业服务理念和道德行为标准。作为教育民众、提供娱乐、充实人生、传播文化的博物馆将其与本行业的特点结合，形成了博物馆领域独特的人本思想。

由"为人民服务"到"三性二务",再到现代理念"以人为本",博物馆建设的指导思想内涵发生了巨大的变化,这是博物馆日常工作和研究深入的表现,是认识层次提高和工作力度加大的表现,是博物馆适应新形势,加强服务的针对性,与国际博物馆事业接轨的时代性变革。

博物馆工作中的人本思想是指博物馆工作要尊重人、理解人、关心人,把不断满足人的需求作为博物馆工作的根本出发点,将努力实现人的价值作为博物馆发展的最高取向。它包含两个主体:一个是针对馆外的观众工作,另一个是针对馆内工作人员的工作。传统观点的人本思想更多注重对馆外的观众工作,把如何搞好为观众服务看成博物馆人本工作的重点,这种观点有一定的局限,它只看到人本建设的一方面,忽视了博物馆内工作人员的人本建设。博物馆人本思想的两个主体是相辅相成、不可割裂的,是紧密结合,互为补充的,是辩证的统一体,二者的有机结合会使二者相互促进。如加强博物馆陈列的展示作用,实现博物馆展览水平的提高和展览的精彩,必须加强博物馆工作人员思想观念的转变和业务水平、综合素质的提高;而观念的转变、理念的更新、素质的提高、业务的精进必然会使博物馆的展览更加精彩,也必然吸引更多的观众来到博物馆,也能够更好地为观众提供服务,实现博物馆的良性循环发展。博物馆内部和外部环境不是一成不变的,新问题、新现象不断产生,如何解决出现的新问题,如何使二者有机结合还有很长的路需要博物馆工作者去探索,在实践中提高自己的认识。

(二)博物馆与传承人

在博物馆和传承人角色不断被自我与社会重新定位和非物质文化遗产成为博物馆重要工作内容的今天,博物馆以人为本的理念也需要不断进化,且在两个方面可以集中体现：

一是对博物馆工作人员而言，应积极思考自我的发展、对社会的关注和如何成为"一个在保护世界文化遗产和自然遗产方面令人尊重的声音"①。《上海宪章》和《汉城宣言》中都已经提及开展博物馆工作人员在非物质文化遗产保护和工作方面的培训。博物馆要参与非物质文化遗产保护，自身内部的认知水平提升是不可或缺的重要因素。因此，博物馆应积极开展内部培训，提高工作人员对新型文化遗产的认识、了解和重视程度，博物馆工作人员也需主动对接社会发展实际，主动提高自身的业务素养和知识眼界。

二是博物馆＋传承人。在非物质文化遗产背景下，博物馆的"以人为本"思想还应该拓展到传承人范畴，即如何让更多的非物质文化遗产传承人走进博物馆。对传承人而言，借助博物馆的定位、影响、优越的条件和良好受众，博物馆能够成为展演文化事项和产品销售的平台，提升项目的能见度。博物馆与传承人的互动可以归纳为：博物馆＋传承人模式。对于博物馆而言，结合自身的定位和主题，可以将传承人或其传承项目的产品纳入到博物馆中，为其开辟专门的传承与展示空间，传承人常驻或不定期在博物馆内举行文化展演，进而扩充博物馆的文化资源。可以预见，不久的将来，传承人和传承人作品将成为可以"展示"的稀缺资源、传统博物馆抢夺的重要资源，博物馆争取传承人和传承人作品"进场"无疑会成为博物馆的宝贵资源和垄断资源。

目前，国内有些地区已经开始尝试这种模式，如浙江湖州，湖州菱

---

① 单霁翔：《从"馆舍天地"走向"大千世界"——关于广义博物馆的思考》，天津大学出版社，2011年，第31页。

湖鱼灯市级非物质文化遗产传承人沈继昌走进湖州博物馆，现场展演扎制彩灯。湖北荆州地区建成非遗馆后，免费为传承人提供工作室，鼓励其传承与带徒。[①] 江苏南京还以博物馆为依托，重点建设传统技艺、传统美术、传统舞蹈、曲艺四类非物质文化遗产传承人工作室。[②] 在大理还有传承人自办的博物馆，如大理璞真扎染博物馆，传承人在博物馆内与参观者互动，指导扎染技艺（图 3–3）。

图 3–3　大理璞真扎染博物馆传承人现场指导，与观众互动

---

① 《湖北荆州将传承人请进博物馆》，《中国文化报》，2014 年 12 月 26 日。

② 《南京市选拔新一批市级非遗传承人》，中国文明网 http://www.wenming.cn/syjj/dfcz/js/201704/t20170428_4212305.shtml。

第二节　国内的实践：传统博物馆参与非物质文化遗产保护的实例

一、杨家埠木版年画与大观园展示传承

（一）杨家埠木版年画概况

年画是我国特有的一种绘画体裁，因供人们在过年时张贴，故名年画。根据王树村先生考证，"年画"正式命名起于清代，清代以前的画史论著中，因年画尚未定型，故无此名词。其实，早在宋代就有关于年画的记载，但宋、元、明时期没有使用"年画"一词来指代新年张贴的民俗画，直至清代道光二十九年（1849年），瓮斋老人李光庭著《乡言解颐》一书中有"扫舍之后，便贴年画，稚子之戏耳。然如《孝顺图》《庄稼忙》，令小儿看之，为之解说，未尝非养正之一端也"的记载。由此记述，王树村先生认为李光庭为我国绘画史中立下了年画这一名词，其定义由此延续下来，至今不衰。[①]

年画的制作和销售在我国分布范围很广，公认的三大年画产地为苏州桃花坞、天津杨柳青和山东潍县。除了上述三地外，还有山东东昌府年画、山东高密扑灰年画、河北武强年画、山西年画、陕西年画、河南朱仙镇年画、四川绵竹年画、三峡梁平年画、南通木刻年画、广东佛山年画、平度年画、隆回县滩头镇木版年画、漳州民间木版年画、台湾台南年画，等等。年画的种类约可分为版画、刻纸、纸绘三种。版画是以木刻图案，再按图

---

① 参见王树村：《年画史》，上海文艺出版社，1997年。

上色而成，这一类年画以天津杨柳青、山东潍县杨家埠、河南朱仙镇、苏州桃花坞及广东佛山镇最为著名。

　　杨家埠木版年画制作工艺几百年来一直植根潍县（现为潍坊市寒亭区），生存繁衍在以杨家埠为中心的地带，当地的自然环境和人文环境对杨家埠木版年画制作工艺的影响十分巨大。自然环境包括杨家埠村落的地理位置、土壤、气候和物候等情况；人文环境则包括杨家埠村落的民俗、风俗和居民信仰等信息。这两方面因素交织在一起，孕育了独特的区域文化，也塑造了杨家埠木版年画艺人的品格和精神风貌，进而影响了杨家埠木版年画制作工艺的发生、成长和年画的艺术风格。有形的自然环境和无形的人文环境相互交织，促进了杨家埠木版年画业的兴起和兴盛，成为了山东半岛上的一颗文化明珠，成就了中国民间艺术的一枝艺术奇葩。

　　关于杨家埠木版年画制作工艺起源问题至今仍没有定论，比较流行的说法有如下几种：

　　一是北京来源说，这一说法为民间传说。当地一位年画从业者所讲：清初年间，村里有一位村民从北京回来，带回一幅彩色门神，当时人们看了非常喜欢，从而就有人学习刻制，并逐渐发展为杨家埠村民很好的副业。此说不可信，依据现存的杨家埠木版年画木版《三代宗亲》判断，《三代宗亲》画面上部人物虽为清代人物帽饰，但有明显修改的痕迹，而画面下部的人物绘画具有明代风格，人物也为明代服饰，此木版已经确认为杨家埠木版年画早期的刻版，因此，此说不准确。而现存的明代印画作坊也是北京来源说中年代问题的反证。①

---

　　① 据《杨家埠村志》记载，弘治二年（1489 年）同顺堂画店刻制方贡笺木版年画，其画版至今尚存。对此观点，笔者并不支持，将其注出，供参考，不支持原因在后文列出。

　　二是学于东昌府，根据调查，杨家埠确有年画艺人曾到东昌府的年画作坊干活和学艺，但就此不能判定二者的前后源流关系，具体关系还有待于材料的进一步丰富。

　　三是天津杨柳青派裔说，有观点认为杨家埠木版年画属于天津杨柳青炒米店派裔[①]，而美术工作者根据两地年画风格的差异和用色的不同判断二者关系为"大相径庭，绝非近亲"。

　　四是四川梓潼迁民而迁技术，此说是流行较广的一种说法。唐宋时期，四川雕版印刷技术已经得到充分的发展，"祖居四川梓潼的杨氏先民素有雕版印刷技术，定居杨家埠后，仍操祖传的技艺，世代流传，在漫长的生活过程中，顺应山东的风土人情、生活需要创造出独具特色的杨家埠木版年画"[②]。原梓潼县志办的敬永金曾对此进行了专门考证，其从历史、艺术和技法等多角度对杨家埠木版年画和梓潼年画进行了比较，认为山东潍坊杨家埠木版年画和四川梓潼年画的雕刻、流行年画和民间习俗有着深厚的渊源。[③]这种认识可备一说。笔者认为，虽然四川梓潼雕版技术起源得很早，杨家埠木版年画和梓潼雕版年画在风格、技法上有些相似，但这不足以证明二者有必然的联系。作为同受汉文化影响，处于同一大文化圈内的

①　参见郭味蕖：《中国版画史略》，朝花美术出版社，1962年。

②　张殿英：《杨家埠木版年画》，人民美术出版社，1990年，第13页。

③　敬永金指出元末明初（1285—1371）的86年间，地处要冲的梓潼发生较大规模的战争有4次，造成四川人口大量逃亡。在这种历史条件下，梓潼杨氏经川陕道北上，辗转落户山东，自是情理之中的事情。在艺术、技法和内容上：两地年画的老凤、麒麟、彩云的绘法如出一辙；杨家埠的"男十忙"中的车马人物与梓潼出土汉砖的"车马图"俨然如一图；杨家埠木版年画人物与梓潼历代文物的人物均体现了"画是有形之文"的特点；杨家埠木版年画的人物均具四川特点。参见敬永金：《山东潍坊杨家埠木版年画与四川梓潼年画的渊源》，载杨家埠村志编撰委员会：《杨家埠村志》，齐鲁书社，1993年。

两个小文化圈，两地文化风格有相同之处亦不足为奇。而同是作为年画生产，很多地区的年画内容，甚至年画名称相同也不乏实例。另外，文化现象在流变过程中也势必因为人口流动、贸易等原因对文化的演变产生一定的影响，要说明两地文化现象的直接关系必须能够拿出直接证据。

杨家埠木版年画业走过了四百多年的历程，创造了辉煌的历史。沿着时间的轨迹，杨家埠木版年画制作工艺走到今天，其现状和发展形势却不容乐观。笔者对现有老艺人和正从事年画刻版学习的年轻艺人进行了走访，对杨家埠木版年画业，对杨家埠村落及周边村落进行了深入调查，总结杨家埠木版年画制作工艺的现状大致如下：

1. 从事木版年画制作工艺的艺人较以前大为减少。杨家埠木版年画产生之后，作为谋生手段是杨家埠村落居民补充农业不足的重要经济来源。随着杨家埠木版年画制作工艺的成熟，在产业结构不很完善的过去，其是一项很好的副业，因此，从事年画制作工艺的人越来越多。万历十年（1582年）"杨家埠已兴起恒顺、同顺堂、永和、吉兴、万增成、天和永等10余家画店"①，《杨家埠村志》记载乾隆十年（1745年）"村内画店作坊迅即兴起，达30余家"，到咸丰十一年（1861年）"村内画店减为60余家"，从万历十年到咸丰十一年之间，杨家埠木版年画画店的数量总体是呈增加趋势的，其增加的数量最少为50余家。民国十一年（1922年）"此间的画店一度发展到160余家"②，其画店数量还是呈增加趋势，增加的数量较咸丰十一年多了100余家，形成了"画店百家"的盛世。1949年后，华东军区文化部组织对杨家埠木版年画进行改革，"成立了100多户参加的16个年画

① 杨家埠村志编撰委员会：《杨家埠村志》，齐鲁书社，1993年，第14页。
② 杨家埠村志编撰委员会：《杨家埠村志》，齐鲁书社，1993年，第19页。

生产互助组".[1]，此时，杨家埠木版年画制作和生产仍具有一定的规模。随着改革开放和市场经济的确立，我国产业结构和经营模式逐渐完善和增多，作为副业补充，杨家埠村落居民有了更多的选择。依据笔者目前对杨家埠画店的统计，杨家埠现有生产能力的画店不足 10 家，[2]画店的数量在一定程度上能够反映从事年画制作艺人的多少，因此，从事年画制作的艺人数量从画店数量的变化中就可以看出现在和以前的巨大差别。

艺人减少还表现在现有年画的制作上，现有的年画艺人中会雕刻的很多，但能够熟练掌握雕刻技巧，做到"刀头俱眼，指节灵通"的雕版艺人少之又少。雕版之前的朽稿工作则是对杨家埠木版年画制作艺人的又一要求，并不是能够熟练进行雕版就能进行朽稿画样的。现有的杨家埠木版年画制作艺人中，掌握朽稿画样的艺人相对雕版艺人来说又是少之又少，杨家埠木版年画制作工艺中，迫切需要补充朽稿画样和熟练进行雕版的艺人。艺人是杨家埠木版年画创作和发展的基础，其艺术修养和雕版技艺的高低对杨家埠木版年画业的兴衰起着重要的作用。

2. 年画印刷质量较以前大大提高。在杨家埠木版年画的发展史中，年画的印刷工艺没有发生大改变，所发生的变化为颜料配制和画版、纸张的大小。所采用的颜料不再是以前自己熬制的颜料，而是工业颜料；所用的纸张为临朐宣纸，不再是以前的粉连纸。这些改变主要是因为杨家埠木版年画的用途发生重要变化，以前杨家埠木版年画的主要作用是增添节日喜

---

① 杨家埠村志编撰委员会：《杨家埠村志》，齐鲁书社，1993 年，第 18 页。

② 笔者对杨家埠村落居民进行走访调查时，对杨家埠街道两旁的从事年画经销店铺进行了统计，杨家埠街道两旁共有年画风筝店 47 家，而有能力进行年画制作和销售的画店不足 10 家，很多店铺都是销售少数几个画店印制的年画，而没有能力进行年画创作和生产。

庆气氛，现在年画的主要用途向装饰品和礼品方向发展。因此，印刷材料档次提高了，印刷质量也随着提高。

3. 年画用途的变化。以前的杨家埠木版年画部分是装饰房舍，增添节日的喜庆气氛，还有一部分年画的作用是满足群众的精神需求。目前的年画已经失去了过去的大部分功能，很少有民众为了张贴而购买年画，年画的装饰作用也在逐渐丧失，而精神需求的满足也随着人们认识的提高被人们逐渐放弃。杨家埠木版年画原有的功能在逐渐消退、丧失，在新环境下演变出一些新功能——审美功能和礼品功能。因此，杨家埠木版年画印刷后装订成册，走上包装路线，并逐渐形成一定的品牌。年画新用途的产生与其说是自身发展的选择，不如说是别无选择。

4. 木版年画销售不容乐观。杨家埠木版年画以前的主要用途是用于增添节日喜庆气氛，家家都通过张贴年画来渲染自家的喜庆气氛，因此其销售情况比较好，《村志》记载 1900 年"年画产量 2 万余令纸（约 7000 万张）"，而据统计，1989 年是杨家埠木版年画印刷数量最多的一年，印刷用纸 9000 令，销售年画 1350 万张。2000 年之后，杨家埠木版年画采用宣纸印刷，其用途已经不再是增加喜庆气氛，而是作为艺术品成为杨家埠村落发展旅游业的主打产品。

5. 年画的形式和内容逐渐减少。杨家埠木版年画的内容和形式整体上趋向萎缩。杨家埠木版年画在发展过程中形成了内容繁多、形式齐全的特点，能够满足消费群体的基本精神需求。内容上从神像到花卉，从生产生活到戏曲故事，形式上从门神到花纸，从炕头画到中堂，年画装饰了居民房屋的每个角落。目前的杨家埠木版年画受客观条件改变的影响，内容和形式逐渐萎缩，印刷的年画主要是原有精品，如门神、胖娃娃、美人条、财神等，其他内容的年画因为需求的减少已经不再生产，而年画的形式也只有简单的几种，门神、中堂画、炕头画等仍在生产，而花纸、窗旁等形式的年画已经不再印制。

6. 木版年画制作水平参差不齐。在杨家埠从事木版年画制作和销售的画店并不是处于同一水平线上。笔者对从事木版年画生产和销售的画店进行调查后认为，从事年画生产和销售的画店大致可以分为四类，第一类是能够进行朽稿画样，能够熟练刻版，能够自己进行印刷和烘货点胭的画店，其代表为杨家埠木版年画社、杨家埠大观园等。第二类不能进行朽稿画样，但能进行熟练刻版和印刷的画店；第三类是不能进行朽稿画样，也不能进行刻版的画店，其一般请第一、第二类画店刻版后自己印刷。第四类画店是不进行年画生产，通过销售前三类画店生产的年画维持运营。

几百年来，杨家埠木版年画艺人的技艺在创作中不断提高，经验在实践中不断积累，逐步成就了清末民初杨家埠木版年画业的辉煌。民国以来，由于客观环境的改变，战乱不断，杨家埠木版年画艺人处于颠沛流离的状态，有时都不能进行正常年画创作。抗战时期，国内局势进一步混乱，杨家埠木版年画艺人无法从事年画制作。1950 年代，杨家埠木版年画制作工艺受到文化部门的重视，文化部门开始组织对年画进行改革，虽取得一些成绩，但改革脱离农民画创作的实际，取得的成绩不大，反而影响了杨家埠木版年画原有的创作风格。"文革"十年的"破四旧"使杨家埠木版年画制作与销售受到严重的摧残，大量刻版被毁，很多艺人受到批斗，对刚刚恢复的年画业影响十分巨大。文化流失很容易，虽然文化可以恢复，但文化很难恢复到旧有程度。20 世纪 80 年代的改革开放和 90 年代市场经济的全面到来使杨家埠木版年画制作工艺备受冲击，很多艺人放弃了年画制作，木版年画制作工艺随着艺人的流失也逐渐在流失。

（二）杨家埠木版年画制作流程

杨家埠木版年画制作工艺历经四百多年的发展，制作工艺逐渐成熟，工艺流程基本定型，总结其制作工艺，老艺人将杨家埠木版年画制作工艺分为四道工序，即朽稿画样、雕刻木版、手工套印、烘货点胭，简要概括即为"绘、刻、印、画"四个字，各个环节都有一套独特的技法，结合在一起构成了山东半岛上的一枝艺术奇葩（图3-4）。

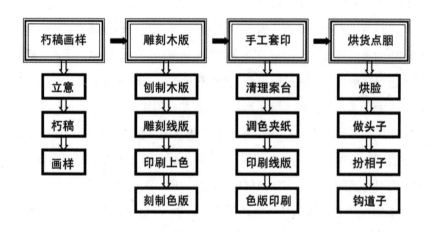

图 3-4　杨家埠木版年画制作工艺流程图

1.朽稿画样

朽稿即起草稿，早期杨家埠木版年画艺人使用香灰、柳木条等在纸上绘出年画的草稿。朽出的草稿并不是艺人的凭空想象，而是艺人根据自己生活经历和对客观世界的理解，定好主题、确定表现形象进行创作的过程，创作的内容不是没有根据和目的的。艺人的创作一般根据戏曲故事、传说、民间信仰或取材其他艺术形式，在这些艺术形式基础上，艺人根据自己的理解进行再创作，再创作中蕴含了艺人的理解和人生感悟。朽稿之后，艺人要使用毛笔将创作好的年画描绘出来，以使用其进行刻版，这一过程称"画样"。在"朽稿画样"过程中艺人还要拟好色稿。朽稿画样的内容除艺人自己选定外，也有根据客户的要求进行创作的。

明清时期，文学创作开始走向中下层，通俗小说和俗文学的创作达到了高峰，而发展成熟的雕版印刷术为通俗小说的普及提供了技术支持。通俗文学的普及和发展为年画创作提供了大量素材，而艺人也选取通俗文学作品中的形象来进行年画创作。另外，年画创作目的是为了销售，年画艺人在创作时也要充分考虑消费群的民俗、信仰和习惯等，对人物和画面的建构要符合区域的消费心理和审美要求。另外，杨家埠木版年画艺人也积极吸收中国其他绘画艺术的营养，借鉴全国其他地区年画创作，吸收画面内容，这也是年画创作内容的来源之一。

杨家埠木版年画的人物造型夸张，具有典型的农民画风格。1952年，华东文化部等单位对杨家埠木版年画进行改革时，忽视了杨家埠木版年画的生存背景，脱离了农民画的实际，其所创作的年画在青岛等地几乎均未被采用。这从一个侧面说明了杨家埠年画的内容、艺术特点和年画消费群的审美要求，也说明年画创作的立意和选题关系着年画销售。

清末以来，杨家埠木版年画日渐衰落，年画艺人减少，年画的创作渐入困境，这时的年画创作出现了两种新方法，一是"大搬家"，二是"旧瓶装新酒"。所谓大搬家就是将原有年画的一些形象根据新主题进行组合，从而形成一幅新年画，但所有的形象取材于旧年画，是对旧年画内容的"搬家"和移植。"旧瓶装新酒"是指以过去群众喜欢的旧年画为基础，换上新内容。以上两种年画创作方法的出现从侧面反映出了年画创作的衰微。

2. 雕刻木版

画版是年画印刷的基础，雕刻木版是朽稿画样之后的工序，也是杨家埠木版年画制作工艺四道工序中最重要的工序之一。朽稿画样之后，艺人则要选择合适的木板进行雕刻，木板原料早期为野生棠梨木，现在选择的木料为梨木。梨木细密，质地坚硬、耐磨。艺人在选定木板后还要将其在污水池中沤一个月左右，或用火慢而均匀地烤，烤至焦黄而不糊为宜，这样做的目的是置换出木板中的胶质，以防虫蛀和变形。沤好或烤好后的木板阴干后，经过刨平、用细砂纸打磨，即可贴样雕刻。为了节省木料或刻制大幅年画，有时需要将几块小木料接成大木料，这一程序中需要用胶水粘接，用铁线固定再进行水沤或烤、整平、打磨等工序（图 3-5 ）。

图 3-5　杨家埠木版年画刻版

杨家埠木版年画雕刻一般先雕线版，雕刻讲究"刀头俱眼，指节灵通"[①]。所谓"刀头俱眼"是指运刀准确和稳重，能将画面雕刻得比较细致，能准确表现画面的特点。"指节灵通"是指雕刻在稳重和准确的基础上，灵活运刀，转折起伏随心所欲。"刀头俱眼"保证了画面的准确，"指节

---

① "刀头俱眼，指节灵通"最早由明清时期徽派刻书业提出，"刀头俱眼，指节灵通，一丝末毫，全依削镂之神。人物故事，山水宫室，细纹密镂，栩然如真"。转引自徐学林：《明清时期徽州府刻书业》，载中国出版科学研究所编：《第二届全国出版科学研究优秀论文获奖论文集》，中国书籍出版社，1997 年。

灵通"保证了画面线条的流畅，二者结合便能雕刻出优质的刻版。但实际操作中，"刀头俱眼，指节灵通"是雕刻的一种意境，并不是所有的艺人都能做到，木版年画的雕刻技法学会很快，但能熟练掌握并能做到以上八个字的意境则是一些艺人的毕生追求。

杨家埠木版年画的雕刻技法艺人将其总结为"反正刀，开心法"。反正刀是指刻线版时，沿着线条稍倾斜刻一刀，然后再从相反方向离刀口不远处再刻一刀，形成一正一反两刀，再从正刀根部一角剔出刀口。开心法是指雕刻的顺序，线版雕刻的顺序为由上到下，由内向外，先刻主要部分，再刻次要部分。例如雕刻人物，先雕刻头部，再雕刻肢体；雕刻头部时，先雕刻眼睛、鼻子和嘴，然后是眉毛头发等外部轮廓，这样可以照顾重点，顾全大局。木版的雕刻既要忠于画样，同时艺人也可以根据自己对画面的理解进行改动，修改画样的不足之处。

"反正刀，开心法"雕刻的只是粗版，艺人还需要对其进行再加工，再加工包括裁线和剔空打版。裁线是指对线条的修整，艺人用自制的小刀沿着正刀刻好的线条向下顺整，使线条平滑连贯。剔空打版是指剔除木版中大的空白之处，挖刀剔空，平刀打平，对细致部位也用平刀进行剔版。裁线与剔版打平为粗活，一般由学徒操作，操作时亦不可粗心大意，否则极易破坏木版中较细的线条而使刻版报废。

雕刻线版之后要印刷几张线条画，然后在线条画上将拟好的颜色分至不同的线稿上。杨家埠木版年画的色彩有主色和补色之分，主色是指黑、黄、红、蓝、紫等颜色，补色是指金黄、粉脸等颜色。上色完成后，将所上颜色分解到其他线条画，然后将其贴于刻版上，进行色版雕刻。一种颜色一块版，一幅年画有几个颜色就要刻几块色版，黑色版可以与线版为同一块版。一幅年画所需刻版的数量即为色版数加线版数。

雕版所需的工具主要有立刀、裁刀、剔刀、锤子等，这些工具均为艺人自制。艺人根据雕刻需要使用旧钢条磨制自己需要的刀，也有专门请人加工。艺人的雕刻工具一般自己配制成套，一套工具有什么刀具则各不相同，但必须能满足刻版所需。常见工具及用途如下[①]：

立刀：分刀条和刀把两部分，刀口斜刃，刀尖较长，中间凹入，后部凸起，用刀尖刻线条，用后部凸起剔除刻下的木屑。

挖刀：状如木刻刀中的圆刀，刀柄为圆形铁棒，总长约 20 厘米，用于剔空挖版。

裁刀：状如平口小凿，长约 12 厘米，用于刻版后裁线。

锤子：梨木质，上为方形，下有握柄，打击挖刀或剔刀用。

除上述主要刀具外，还有扑钻、毛刷、尺子锯等辅助工具。

3. 手工套印

刻版之后的套印也是杨家埠木版年画制作工艺的一个重要环节。套印是指使用线版和色版局部逐一进行印刷的过程，其印刷顺序为先印线版，再印色版；色版的印刷顺序为先印小色块，再印大色块，目的是防止画面因为印刷面积过大而塌纸。

（1）印刷流程：

——清扫案面，打扫画版。

——夹纸，即将底页和浮页分别中折，然后在每页间加上报纸（使用宣纸印刷时才加）后整齐，夹于案台左侧的纸夹上。

——右手用纸捻子先在色缸中取色放入色盘中，然后持把子在色盘中墩打，把子蘸色均匀后在刻版上反复涂刷，使刻版上色均匀，湿度适宜。

---

① 　参见张殿英：《杨家埠木版年画》，人民美术出版社，1990 年，第 128—131 页。

——左手迅速抄纸翻于画版之上，用力均匀，保证画纸平铺于刻版上，右手执趟子迅速在画纸上趟一个来回，使刻版上的颜色均匀地印在画纸上。

——左手抄起画纸，观看画面印刷质量，如有问题则即刻补印，如没有问题，则将画纸翻至案台的风口处，进行下一张画纸的印刷。

印刷年画时，一般一人负责一幅年画，将年画的各个色版都印刷完。木版年画印刷包含很多技术要求，从颜色调配到对版印刷都有一定的技术要求。

（2）年画印刷中的技术

颜色调配。早期杨家埠木版年画印刷的颜色，红、黄、蓝为自己熬制，其他颜色则使用以上三种颜色进行调配。早期的红色使用红花熬成或苏木浸煮而成，清末逐渐为进口洋红取代，目前使用工业颜料碱性红。黑色一般为竹叶黑，方法大致为竹叶烧至炭化后焖死，研细，加水和胶调成。后改为胶和炭黑研细调和而成，现在多使用墨汁。绿色为国槐结的果实（俗称郎当豆）浸泡后砸碎，加碱和矾蒸制而成的色液。黄色则是用国槐的花进行浸泡，加碱和矾后放入铜锅煮沸。杨家埠木版年画有时需要加印金线，金线是采用云母片磨细，用黄色煮过，上色时使用浆糊蘸之即可。

对版，是杨家埠木版年画印刷过程中十分重要的技术。杨家埠木版年画印刷所用的宣纸上无任何标记，在印刷完线版之后，进行色版印刷前必须进行对版，即将色版与所要印刷的部位对齐。一般纸的位置是用夹纸器固定，所以只能通过调整刻版进行对版。线版按照年画的整体要求对版，以中折线为准反复校对；色版对版的方法是在案台大致位置上放置色版，然后将画纸铺在色版上，以手触摸色版边缘，估计偏差，移动色版，逐渐使之与线条对正。第一张浮纸对版，最后一张底纸校版。对版的精准性决定整幅年画的印刷质量，对版的精准性和快慢与印刷经验的丰富程度有关，对版技术需要在实践中反复练习才能熟练掌握。

印刷中的其他问题。跑色，俗称阴，主要是刻版上的颜料过多，版湿所致，处理方法是将把子上的水吸出，使其适合印刷，即可避免跑色。花白，即印刷时着色不均匀，原因有二：一是画版干或刷色不均；二是浆力小，色不挂版，印刷者稍加处理即可避免。沾版，即画面塌下沾在刻版上，其原因有三：一是抄纸时用力不均，纸没有平展于刻版上；二是色块间距过大，造成画纸塌下；三是色块过大。艺人目前刻版时已经考虑到印刷中可能出现的问题，在刻版时尽量缩小色块之间的距离，减小色块的面积，另外在年画刻版上加支子①防止画纸塌下。

图 3-6　画案（摄于杨家埠木版年画研究所）

印刷时使用的工具比较多，主要有案子、把子、趟子、色盘、色捻子、色缸等。（见图 3-6）

案子：即较大的长方形桌子，一般为艺人自制，长宽不定，根据工作室的大小和印画所需而定。早期印刷使用的案子较小，清末后，由于纸张和印刷方式的变化，案子逐渐变大。案子最左侧为夹纸的夹子，左侧 40 厘米处为风口，其作用是放置印刷完的年画。

---

①　支子有两种形式，一是防止画纸周围下塌的支子，由棕毛制成，放在画版边沿处，避免画纸接触有色案面；二是色版中大块空间雕刻时留下的小点状支撑点。

把子：圆形，棕毛制成，大小不定，用于给刻版着色。

趟子：长方形，棕毛制成，上装木柄，早期不用布包裹，使用宣纸印刷后，为防止破坏年画用布将棕毛包裹起来。趟子大小不定，主要用于给画纸上色。

色盘：盛放颜料的盘子，把子在色盘中取色，一种颜色一个色盘，盘中放置纸捻子。

色捻子：细长条形，多为布制，用于从色缸中取色，然后放置在色盘中，把子在纸捻子上墩打取色。

色缸：盛放染料的罐子，一种颜色一个罐子。

杨家埠木版年画的手工套印技术看似简单，实际上包含了很多细节，这些细节的处理直接影响年画印刷质量。杨家埠木版年画印刷者在长期实践中积累了大量经验，已经能够恰当处理印刷中各个环节出现的情况，这保证了年画印刷的质量，也是杨家埠木版年画业能够延续数百年的原因。

4. 烘货点胭

年画印刷完成后是以手工描绘和润色的装饰性工作，由早期手绘、扑灰年画制作工艺中延续而来，补充套印年画的不足，以求更生动地表现人物的韵味。不同的人物有不同的装饰部位，有的人物不需要装饰，如门神就不需要进行装饰；有的需要烘脸，如灶王；有的不仅需要烘脸，还需要对烘臂膀，如美人条、娃娃等；有的还需要画手足、扮相子、做头子、钩道子等。

点胭是指使用平头摆子（一般为毛笔剪平或小平头刷子）蘸粉色对画面人物进行装饰，如美人脸部、童子类的脸部和手臂部位，等等。点胭具有画龙点睛的味道，杨家埠年画艺人在给人物点胭后宣告印刷工作的完成，也宣告了一个生动形象的诞生。

早期杨家埠木版年画使用粉连纸进行印刷，因此在最后的烘货点胭时需要一些工序对纸进行整齐和裁制，现在杨家埠木版年画使用临朐宣纸进行印刷，印刷前，已经将宣纸进行了适当的剪裁，因此后期处理时省去了很多以前必不可少的环节。另外，扮相子、做头子、钩道子等相关装饰工序随着年画市场的萎缩现在已经很少见，或基本消失。这种消失现象普遍存在活态遗产保护中，这为遗产保护中原真性、整体性原则的实施带来了一定的困难。

作为第一批国家级非物质文化遗产代表作，杨家埠木版制作工艺承载了杨家埠村落，甚至齐鲁地区居民的部分文化传统，承载了地区的生产方式、生活方式、民风、民俗，蕴涵了区域的文化精神和文化性格，对促进区域文化认同和传承区域文化起过重要作用。

（三）大观园：杨家埠木版年画技艺的"再生地"

年画是杨家埠木版年画展演之后促生的产品，也是该项目进行生产性保护的重要因素。进入杨家埠村，已经形成了约 500 米的年画销售一条街，在这条街上分布着将近 60 家店铺，大多打着工艺礼品店的名义，少数打着画店和风筝作坊的名号，其中，能够独立进行年画木版雕刻和印刷的仅有同顺德画店、和兴永画店、恒兴义画店、万盛画店以及杨家埠民俗艺术大观园、杨家埠木版年画社等几家画店。根据媒体报道，仅西杨家埠村就有年画作坊近百家，从业人员 300 多人，每年 3000 多万张年画销往国内外市场。[①] 然而，在杨家埠木版年画的保护体系中，除了传承人的作坊和画店外，杨家埠民俗艺术大观园是杨家埠木版年画项目保护中不可忽视的

---

① 参见寒亭宣传网 http://www.wfhtxc.cn/news_view.asp?id=15406。

力量。

杨家埠民俗艺术大观园原
为杨家埠风筝厂，建于 1986 年
5 月。1993 年，杨家埠村整合资
源，建成了杨家埠民俗艺术大观
园（简称大观园，图 3-7）。大
观园是集年画展示、年画印制、
风筝制作和民俗旅游为一体的民
俗博物馆，集中了年画创作、刻

图 3-7　大观园正门（大观园提供）

版、印刷和销售等内容，在向参观者展示当地民俗风情的
同时，专门开设了木版雕刻室、年画印刷室、年画唱卖馆等，
向参观者现场展示如何刻制木版、如何印刷年画，将这项
非物质文化遗产生动地展现在参观者面前，参观者也可以
自己动手印制年画，提高了参观者的参与性，也增加了大
观园的收入。在旅游产业的发展和带动下，大观园成为杨
家埠年画传承和展示的重要窗口。

1. 大观园与杨家埠木版年画历史的展示

大观园对杨家埠木版年画历史展示主要分为两个部分：

一是杨家埠木版年画项目历史陈列。早在 1986 年，
杨家埠村就建立了杨家埠木版年画陈列馆，占地面积 6700
平方米，馆舍面积 550 平方米，分为三个展室：第一展室
主要陈列明清古版年画，第二展室展示传统年画（图 3-8），
第三陈列室主要展示创新年画。年画陈列馆陈列年画共
280 余种，刻版 1200 余块，介绍了杨家埠木版年画的产生、

图3-8　大观园展厅一角（大观园提供）

发展和种类等，成为展示杨家埠木版年画的重要窗口。杨家埠木版年画被列入国家级非物质文化遗产名录后，潍坊市寒亭区已经着手开始设计和建设杨家埠木版年画博物馆，每年斥资10万—30万元收集杨家埠年画古刻版，用于陈列和展示；收集和录制杨家埠木版年画传承人资料，在适当的时候进行展示和出版。此外，年画陈列馆还展示全国其他地区的年画，如桃花坞年画、杨柳青年画、朱仙镇年画以及台湾年画，以便于观众在对比中加深对杨家埠木版年画特征与特色的认识。

二是古画店的展示。除陈列馆外，杨家埠民间艺术大观园还保存有两座明清时期年画作坊：一是吉星号作坊，面积239.4平方米，二是德盛恒号作坊，建于清代乾隆年间，面积390.5平方米。这两处作坊也成为展示年画制作与张贴风俗的重要场所（见图3-9）。①

杨家埠大观园中的杨家埠年画陈列馆对参观者了解杨家埠木版年画制作工艺的发展历史和年画的艺术特色有一定的帮助。但从展品的数量、种类和质量上看，大观园对杨家埠木版年画的展示还有进一步提升的空间。

① 参见杨家埠村志编撰委员会：《杨家埠村志》，齐鲁书社，1993年，第270页。

杨家埠木版年画制作工艺本身是无形的，但制作工艺的实现需要借助一定的工具和实物，刻刀、案子、木槌等是刻版必不可少的工具，印画案子、刷子、把子等工具是印刷年画必不可少的工具。在杨家埠木版年画制作过程中，每道工序都需要借助一

图 3-9　大观园古画店正门（大观园提供）

定实物或工具才能完成，这些实物、工具与制作工艺本身密切相关，而这些工具和实物因为工艺的存在也具有一定的价值，这对研究杨家埠木版年画制作工艺的变迁和时代特点具有重要启示作用，是研究一定历史时期内民俗和经济生产活动的重要线索，对这些工具和实物的调查和征集则是传统博物馆工作的重要内容。运用传统博物馆在实物普查和征集中积累的经验、在传统实物工作中形成的工作方法对杨家埠木版年画制作工艺涉及的实物、工具和年画产品进行普查和征集，对促进杨家埠木版年画艺术的保护和研究都可以起到重要的推动作用。

杨家埠木版年画刻版是重点征集和展示的对象，其数量还需要不断的增加。而与年画制作工艺有关的各历史时期的工具、实物还没有成为收集展示的对象。杨家埠木版年画发展中的许多优秀刻版和年画或流于民间，或静静地躺在库房深处，对这些古刻版进行整理、保护、展示还有很多工作要做，这都需要传统博物馆参与进来，发挥自身

经验和技术，运用传统博物馆对实物的工作方法，帮助这些古刻版保存机构做好对年画制作工艺涉及对象的整理、保护和展示工作是传统博物馆在新文化遗产保护理念下义不容辞的责任。

2. 大观园与杨家埠木版年画的活态展示

传承人是非物质文化遗产保护的重点，没有非物质文化遗产传承人群，就没有非物质文化遗产的活态传承。大观园对年画项目的活态展示主要体现为传承人展示和项目"生产"流程的现场展示。在大观园中，年画刻版作坊和年画印制作坊对年画制作进行了"现场展演"，展示了年画从刻版到印刷的活态流程。在笔者对杨家埠木版年画进行调查时，颜克臣先生一直在大观园现场展示年画刻版，并授徒传艺。2007年6月，颜克臣被潍坊市文学艺术界联合会命名为首批潍坊市民间文化杰出传承人，其现为山东省工艺美术大师、杨家埠民俗艺术大观园雕版顾问。

年画制作作坊展示的是杨家埠木版年画手工套印环节，在这里可以看到传承参与人[1]（印画面工人）如何开展印制墨版、对版、颜色套印、点胭等年画制作工艺流程。生动性和活态性在年画雕版作坊和年画印制作坊得以生动展示，大大弥补了前面两个展示的不足（图3–10）。同时，在年画展示馆中未能呈现的各种雕刻工具、印刷工具都在这两个作坊中以"使用着"的方式进行了呈现。

除了大师雕版展示，在活态展示与传承上，寒亭区和杨家埠村加大对已有杨家埠民间艺术大观园的建设投入，建立了杨家埠木版年画培训与传承基地，招收一批高中毕业学生，进行刻版学习和训练。

---

[1] 在一些非物质文化遗产项目中，部分群体熟练掌握某一环节生产工艺和技术，对项目传承和展演具有重要支撑意义。但限于种种原因不能被评为传承人，因此，笔者称其为传承参与人。

在非物质文化遗产保护背景下，博物馆已经参与杨家埠木版年画的保护，发挥自身在传统文物保护工作中积累的经验，加大对木版年画制作技艺所涉及实物的征集、整理、保护、研究和展示的力度。从大观园作为博物馆角度来看，杨家埠木版年画制作工艺也已经进入和融入博物馆。这里的展示既有传统博物馆

图 3-10　大观园中杨家埠木版年画
"手工套印"现场展示

的展示手法，即杨家埠年画及刻版的展示；也有杨家埠木版年画制作工艺的"活态展示"，通过两种展示，参观者基本能够了解杨家埠木版年画制作工艺的发展历史、工艺流程和杨家埠木版年画自身独有的艺术特色。由此，博物馆对杨家埠木版年画及制作工艺的宣传、普及起了重要的作用。

"如果以进入博物馆作为分界线，民族器物的社会生命可以被分为两个阶段：第一个阶段是在进入博物馆之前的生产、流通、消费，置身于特定的社会关系之中；第二个阶段是民族器物脱离了其生成和流通的社会情景（context）而进入一个封闭的静态空间，被编织进入博物馆人为构造的新序列之内。第二个阶段原本是对器物社会生

命的截断……与之相伴的则是意义的重新赋予。"① 传统博物馆在杨家埠木版年画制作工艺保护中已经在发挥着自身优势，努力呈现给观众本土文化的脉络与面貌。而将年画的刻版、印刷现场搬入就地建设的杨家埠大观园也是对年画艺术保护的一个勇敢创新，其在尝试尽可能地将实物、情景、文化与意义进行整合式地呈现与展示，编织立体的文化形象以消弭观众与文化事项历史、区域环境的隔阂。由此可见，博物馆参与杨家埠木版年画制作工艺这类非物质文化遗产的保护是有一定的实践基础和理论支持的，这不仅是博物馆展示的长处，也是博物馆展示理念不断进步的结果。

二、"别具新意"的生活形态博物馆

在非物质文化遗产的提出和保护发展、博物馆建设理念和地方文化建设等多种理念与思潮的交织下，一些地方出现了"别有新意"的博物馆。这些博物馆突破了展示馆建设的思维，将生产、生活和文化展示融为一体，既能满足非物质文化遗产展示和产品销售的需要，也能满足博物馆所在社区的文化生活需求，当地称之为"生活形态博物馆"。这些"生活形态博物馆"大量出现在浙江松阳。

松阳位于浙江西南，瓯江上游，是丽水市下辖县，面积 1406 平方公里，总人口 24.06 万。松阳是国家历史文化名城，县内有 1 个国家历史文化名镇（西屏），71 个村列入中国传统村落保护名录，松阳是全国传统村落保护发展示范县、中国传统村落保护利用试验区和全国"拯救老屋行动"整

---

① 转引自安琪：《表述异文化：人类学博物馆的民族志类型研究》，《思想战线》，2011 年第 2 期，第 25 页。

体推进试点县。[①]松阳县现有 1 项国家级非物质文化遗产
名录项目，8 项省级名录项目，32 项市级名录项目和 105
项县级名录项目。近年来，松阳县提出"文化引领乡村复兴"
计划，在保护传统古村落等物质文化遗产同时，也积极探
索非物质文化遗产的"融合保护"。2016 年，松阳在全县
选点，开展乡村博物馆项目建设，兴村红糖工坊、平田农
耕馆、大木山茶房、松香博物馆、石仓风情文化民俗会馆
等项目都是乡村博物馆建设的重点项目。

　　在众多乡村"生活形态博物馆"中，最具代表性的是
兴村红糖工坊。该博物馆位于
村落的边缘，连接村落和田园，
从 2015 年开始筹划建设，2016
年 10 月投入使用，总用地面积
2883.1 平方米，占地 1309.41 平
方米。通过多重的功能叠加，兴
村红糖工坊已经成为传统工艺的
加工坊、非物质文化遗产项目展

图 3-11　兴村红糖工坊外景

示的博物馆、民众旅游的休闲购物地和村民的文化活动中
心（图 3-11）。

　　作为传统工艺的工作坊，工坊分为甘蔗堆放区、加工
区和体验区，加工区（图 3-12）共有 6 个灶台 36 口锅，
在甘蔗成熟的季节，民众可以在工坊内外全方位感受、体

――――――――――

[①]　参见松阳县政府官方网站 www.songyang.gov.cn。

图 3-12　工坊红糖加工区①

图 3-13　兴村红糖工坊展示传统红糖制作流程②

验"甘蔗种植—熬制—互动体验成品以及私人订制"的传统红糖文化。

作为非物质文化遗产项目保护的博物馆，兴村红糖工坊展示了传统的红糖制作技艺，在加工区四周设有围廊，民众可以在围廊里透过玻璃参观红糖加工过程。同时，在兴村红糖工坊内外的六面玻璃幕墙上，手工白描的《山水风景》《田园农耕》《甘蔗种植》《甘蔗运输》《古法红糖》五个篇章，展示传统红糖制作流程（图 3-13），与加工区的活态展示遥相呼应，通过文字、图画和场景的叠加，增强文化项目的传播力。在展示传统工艺的同时，村落的民俗文化、正在进行的生活和劳动场景在博物馆外生动地呈现，参观者在体验传承工艺同时，也体会和感悟孕育传统工艺的自然环

---

① 图片来源:《她在这里为红糖造起一座工坊，开启另一扇"乡村"的大门》，人民网 http://society.people.com.cn/n1/2017/0325/c1008-29168532.html。

② 松阳总工会:《田野中的工坊，古法做的红糖》，https://sanwen8.cn/p/444Dz5h.html。

境和人文环境。

　　作为民众旅游的休闲购物地，通过与旅游产业的叠加，村落和工坊辐射周边地市，成为民众旅游休闲的目的地，工坊"南面主舞台为可欣赏田园风光的生产区，北面的侧台作为体验区，利用了北部的树林景观，创造出丰富的体验"①。在村落里体验民俗文化，在工坊中体悟传统工艺，在田野中感受田园风情，工坊也建设了儿童游乐设施，涂鸦、钻隧道……工坊成为儿童释放天性的乐园。根据相关规划，工坊将进一步拓展功能和服务领域，未来村落与工坊将实现"吃、住、游、购、娱"一体化。

　　村民的文化活动中心。兴村红糖工坊不仅是工坊，也是一座剧场，在满足外部游客的文化娱乐需求的同时，也为村内文艺爱好者提供了表演的舞台，满足村民的文化生活需求。

　　以兴村红糖工坊为代表的新理念下的"生活形态博物馆"，既是博物馆，也突破了博物馆的围墙，工坊除作为博物馆建筑本身的意义外，还将生产、生活、文化遗产展示、休闲购物和民众文化生活有机结合在一起，构成了完整"链式"生存方式，在实现产业叠加的同时，也实现了文化生活与文化意义的叠加。

---

① 《她在这里为红糖造起一座工坊，开启另一扇"乡村"的大门》，人民网 http://society.people.com.cn/n1/2017/0325/c1008–29168532.html。

第三节　他者的经验：美国国立印第安人博物馆

一、国立印第安人博物馆的建立

（一）北美印第安人概况

考察美国历史和文化，印第安人部落是不可回避的部落族群。印第安人是美国的土著居民，1492 年，哥伦布等人开辟新航路时，误把美洲当地居民当作"印第安人"。[①]关于美洲印第安人的来源，有多种说法，有欧洲来源说、亚洲来源说和非洲来源说等。随着考古发现和科学研究的深入，学术界认为印第安人的祖先来自欧亚大陆。[②]在印第安人的历史中，15 世纪到 19 世纪，美洲印第安人锐减，疾病流行是主要原因，同时，殖民者和美国西进运动都对印第安人的生存和发展造成了毁灭性的影响，成千上万的印第安人被屠杀。目前，美国联邦政府正式承认 562 个印第安人部落，其中约 300 处印第安人保留地（reservations）处于偏远地带，78% 的美国印第安人生活在保留区之外，其中纯正血统的印第安人比混血印第安人更愿意生活在保留区内。根据美国人口统计局 2011 年统计，美国登记在册的纯血统印第安人为 2,932,248 人，约占全国人口比例的 0.9%，有着两种血统以上的印第安人为 2,288,331 人，合计 5,220,579 人，约占美国全国人

[①]　参见刘明翰、张志宏：《美洲印第安人史略》，生活·读书·新知三联书店，1982 年，第 1 页。

[②]　参见宋瑞芝：《走进印第安文明》，民主与建设出版社，2001 年。

口的 1.7%。①印第安人在美国分布比较分散，五十个州都有分布，其中人口最多的三个地方为加利福尼亚州、亚利桑那州和俄克拉荷马州，在阿拉斯加州人口中，印第安人所占比例最高，超过 15%。

随着越来越多的美国印第安人离开保留地和现代生活的挤压，美国印第安人保留的文化受到严重的冲击，印第安人的语言、文化、宗教等传统慢慢消逝，一些印第安人群体呼吁建立印第安文化机构以保护印第安文化的呼声越来越高。

（二）美国国立印第安人博物馆的建立背景

美国国立印第安人博物馆（National Museum of the American Indian）的建立是基于 1989 年国会通过的《美国国立印第安博物馆法案》(*National Museum of the American Indian Act*)，该法案注意到国立博物馆中没有关于印第安历史与文化的博物馆，而当时史密森尼博物馆协会和纽约海伊博物馆（Heye Museum）均有大量土著居民的收藏，而海伊博物馆也存在展示不充分和藏品过于"拥挤"现象，通过国家行为将二者合并建立国立印第安人博物馆，将有利于促进印第安人文化的展示、研究和传播。该法案明确鼓励印第安人博物馆的创建宗旨、法律依据、集资分配和分工管理等内容，基于该法案，美国国立印第安人博物馆成为美国史密森尼博物馆体系的第十六个博物馆。在定位上，基于 1989 年的法案，国立印第安人博物馆是印第安文化与传统的活态记忆（Living Memory）。②国立印第安人博物

---

① 《人民网记者走进美国最大的印第安人保留地》，人民网 http://world.people.com.cn/n/2013/0827/c1002-22714681.html。

② 根据法案表述：There is established, within the Smithsonian Institution, a living memorial to Native Americans and their traditions which shall be known as the "National Museum of the American Indian"。

馆的建立有四重目的：一是推进美国印第安人研究；二是收集、保存和展示具有艺术、历史、文学、人类学价值和科学价值的印第安人实物；三是为印第安人研究提供支持；四是为哥伦比亚、纽约州及其他合适地区开展上述活动提供支持。

美国国立印第安人博物馆分为三个主要展示地（three facilities），分别是纽约海伊中心（The George Gustav Heye Center in New York）、华盛顿国立印第安人博物馆（the Museum on the National Mall in Washington, D.C.）和马里兰文化资源中心（The Cultural Resources Center in Suitland, Maryland）。《美国国立印第安博物馆法案》通过后，位于华盛顿国家广场的国立印第安人博物馆开始兴建，前后历时 15 年，2004 年建成，总投资 2.19 亿美元，联邦政府出资 1.19 亿美元，民间募资 1 亿美元，其中超过三分之一的民间募资来自各印第安部落的捐赠。很多美洲各地的印第安人参与博物馆的设计和修建，其建筑风貌充分体现了印第安文化及传统特色。马里兰文化资源中心开馆时间较早，1999 年对外开放。而位于纽约曼哈顿的海伊中心最初缘起于 1916 年，1922 年建成开放，在整合后于 1994 年对外开放，主要负责拍摄、播出由印第安人创作的，或者是展现印第安文化的影视作品，并且还通过专门性的网站 "Native Networks" 举办以印第安文明为题材的影像节（Native American Film + Video Festival）。

美国国立印第安人博物馆是美国印第安人长期斗争争取权利和生存空间的结果，是后殖民语境下印第安人与国家的"妥协"与"合作"，无论是对美国博物馆发展、博物馆学发展，还是对印第安人的文化认同、社会认同与自我表达都具有积极意义。

二、国立印第安人博物馆与印第安文化的展示

（一）国立印第安人博物馆藏品与展览概况

对于国立印第安人博物馆的三个地点来说，位于华盛顿国家广场的国立印第安人博物馆是最重要的展示馆。该馆位于国家广场（National Mall）的黄金地段，紧邻美国国会山，与国家艺术馆相对。博物馆外层建筑是由产于美国中北部城市明尼苏达州的浅黄色石灰岩（Kasota limestone）构成，造型呈波浪状（图3–14）。博物馆分为5层，建筑面积约2.3万平方米，馆内主要收藏和展示了四类藏品：实物、图片、多媒体文件和报刊文献。其中实物82万件，图像档案32.4万件（从1860年代至今），影像文件1.2

图 3–14 国立印第安人博物馆外景（华盛顿）

万件（包括视频和音频文件），来自西半球的1200个不同土著文化的展品展示了印第安人1.2万年的发展史，这些藏品涉及美国、加拿大、中南美洲和加勒比地区。博物馆的藏品中，大约68%来自美国，3.5%来自加拿大，10%来自墨西哥和中美洲，11%来自南美洲，6%来自加勒比地区。55%的藏品来自考古发现，43%来自民族学调查，2%

是现当代艺术品。① 馆内还有影像室，常年开展面向学生和公众的项目。

2014 年，笔者先后两次对华盛顿国立印第安人博物馆进行了调查，根据当时调查了解的情况，国立印第安人博物馆的展览展示主要分布在博物馆的 1 至 4 层，第 5 层为博物馆管理机构办公室。博物馆分为以下几个部分：第一层主要分布为印第安人部落提供文化展演的空间（Potomac Atrium）、提供印第安食物的餐厅（Mitsitam Native Foods Cafe）和提供影视放映的剧场（Rasmuson Theater）。平时没有印第安人部落展演的时候，表演空间摆放一些印第安人代表性展品。第二层主要分布博物馆商店（Roanoke Museum Store）和回归原住地展览（Return to a Native Place Exhibition）。第三层主要分布"我们的生活"（Our lives）永久展览、一个临时展厅（Changing Exhibition）和儿童活动中心（Activity Center）。第四层分布两个展览："我们的世界"（Our Universe : Traditional Knowledge Shapes Our World）和"部落与国家"（Nation to Nation: Treaties Between the United States and American Indian Nations Exhibition），还有一个会议中心（Conference Center）。同时，第三层、第四层展厅的橱窗里还有印第安人的藏品展示（Window on Collections Exhibitions）。

（二）分层展览与印第安人文化的展示

1."三个空间"与印第安人文化展示

（1）文化展演空间（Potomac Atrium）

国立印第安人博物馆的主入口在东部，进入博物馆经过走廊就可以看到国立印第安人博物馆的文化表演空间。第一次去调查时，印第安人部落

---

① 参见 http://www.nmai.si.edu/explore/collections/。

图 3-15　表演空间的实物展示与"活态展示"

正在进行文化表演，圆形广场的四周和走廊里则有其他印第安人在展示和出售文化产品（图 3-15、3-16）。第二次去调查时，该空间被利用起来进行印第安人实物展示（图 3-15），可见该文化空间的用途是多样的。根据 1989 年《美国国立印第安博物馆法案》对博物馆的定位要求，该文化空间也是体现活态记忆的重要场所，是国立印第安人博物馆的"心脏"。同时，在设计时，该文化空间也被赋予了重要的象征意义，反映印第安人的文化：圆形、面向东方的设计来源于印第安人建筑形式，而地面上的黑色与红色圆圈也代表印第安人的至日和分日。

图 3-16　印第安人在博物馆内出售
其制作的手工艺品

（2）餐厅（Mitsitam Native Foods Cafe）

博物馆餐厅也是活态展示印第安人文化的另一个重要

图 3-17　博物馆商店一角

图 3-18　手工艺品及信息介绍

图 3-19　商店中的印第安人生活器物

场所。食物制作是一个族群或部落文化的重要体现。餐厅提供了美洲各地印第安人的传统餐食，博物馆参观者可随时进入餐厅就餐，体验用传统方法制作的印第安人食物。

（3）博物馆商店（Roanoke Museum Store）

国立印第安人博物馆第二层是博物馆商店（图 3-17），主要出售印第安人的当代艺术作品和手工制品，如首饰、陶器、服饰等，同时也有一些关于印第安人的艺术品、音像制品、书籍等商品。在出售的印第安人手工艺品上都有制作者的头像、艺术家编号、作品信息介绍等内容（图3-18）。

有声音批评博物馆的第一、二层过于商业化。在笔者看来，位于第一层的餐厅和第二层的博物馆商店不仅仅是商业，在提供博物馆的基本服务外，也是现代印第安人文化的一种展示途径（图 3-19），

在出售现代印第安人文化制品的同时，也在博物馆内将印
第安人的过去与现在，甚至印第安人个体的未来联系在一
起。

2. 三个展览与印第安人文化展示

笔者 2014 年 11 月去参观调查时，博物馆的长期展览
有三个：

（1）"我们的生活"（Our Lives）。展览主要聚焦于印
第安人在 21 世纪的身份认同问题，展厅门口的一块展板
明确写道：这个展览关注的是"当下我们是谁？"在这里
你可以直面感受美洲地区印第安
人身份认同的动力。展览主要涉
及八个印第安人部落。在展览的
入口，矗立着两个大屏幕，不同
的、行走的印第安人形象呈现在
大屏幕中，而对应的表述是："美
洲的任何地方，您可能正在和一
个 21 世纪的印第安人同行。"（图
3-20）

图 3-20　"我们的生活"展厅入口的肖像墙

展板中的文字进一步解释道：展厅的中央地区可以看
到影响身份认同的关键因素，例如定义、社会和政治意识、
语言、空间和民族自决。这些揭示认同不是一件事情，而

是一种生活体验。① 展览对身份认同提出很多思考，围绕身体与灵魂、本土化生存、艰难的选择、身陷现代化等主题提出很多问题，如：谁是原住民？谁决定？我的样子体现我的认同？我的血缘体现身份认同？我的认同体现在科学图表里吗？我的认同体现在文件里吗？我的认同来自过去冰冷的艺术品吗？数字是我的身份认同吗？我的认同来自政府吗？

整个展览大部分以文字和图片形式呈现八个印第安人部落的生活与精神世界，同时辅以多媒体展示和景观陈列方式展示一定的场景，使观众能产生比图片和文字更直观的认识。需要指出的是，文字在展览中扮演重要角色，展览需要突出的主题以较大的字体凸出（图 3-21），以实现主题表达的目的。

图 3-21　展览中文字对主题的凸显

透过各个部落的文化展示，展览由身份认同和面临问题聚焦到印第安人的生存焦虑。如何在当下环境中摆脱（breaking out）生存焦虑，展览中间的展板给出了进一步解释：生存不仅仅是存活，生存意味着尽你可能保持

① 展厅展板原文：The central areas of the gallery look at key elements that have affected native identity, such as definition, social and political awareness, language, place, and self-determination. These areas reveal that identity is not a thing but a lived experience。

你的文化，从自我的创造到政治行动的一切事物中寻找生存意义。①

对印第安人而言，展览始终在"提醒"印第安人的身份与文化。对其他观众而言，展览通过文字表述和图片引申，向世人阐述在当下的社会发展中，印第安人部落不再是封闭与落后的部落，而是已经与世界融为一体，且他们也需要与世界融为一体。

（2）"我们的世界"（Our Universe：Traditional Knowledge Shapes Our World）。本展览主要关注印第安人部落的世界观（包括世界观和生物与宇宙的哲学思考）以及关于人类与自然世界的精神联系。展览结合印第安人的太阳历，向观众展示了西半球印第安土著居民祖先在节庆、语言、艺术、精神世界和日常生活中的聪明智慧。②展览序言写道：

> 在这个展厅，你将了解印第安人如何理解他们与宇宙的关系和如何安排他们的日常生活。我们（印第安人）的生活哲学来自我们的祖先。他们教会我们与动物、植物、精神世界和周围的人和谐相处。在我们的宇宙观中，你将邂逅来自西半球的印第安人继续在仪式、节庆、语言、艺术、宗教和日常生活中表达这种智慧。将这种学说传递给下一代是我们的责任。那是保持我们传统存续的方式。

---

① 原文：Survivance is more than survival. Survivance means doing what you can to keep your culture alive. Survivance is found in everything made by Native hands, form beadwork to political action。

② 博物馆展厅门口的展板原文：In this gallery, you'll discover how native people understand their place in the universe and order their daily lives. Our philosophies of life come from our ancestors. They taught us to live in harmony with the animals, plants, spirit world and the people around us. In our universes, you'll encounter Native people from western Hemisphere who continue to express this wisdom in ceremonies, celebrations, languages, arts, religions, and daily lives. It is our duty to pass these teachings on to succeeding generations. For that is the way to keep our relations alive。

展览按不同部落分为不同小区域,展示其对宇宙和世界的认识与实践。在表达印第安人对自然、植物、动物的生活知识和生存观念时,展览图片、文字和实物相结合,并借助多媒体展示技术提供更多与展览相关的内容(见图 3-22)。

图 3-22 "我们的宇宙"对部落日常生活的展示

在展示印第安人部落对宇宙的认识时,展览采用了景观陈列的方式,以昏暗、神秘的方式进行呈现(图 3-23)。

(3)"部落与国家"(Nation to Nation : Treaties Between the United States and American Indian Nations Exhibition)。本展览以时间为经线,以重大事件和协议为纬线,编织了从殖民时期到现在印第安人部落、部落与部落、部落与政府、部落与其他殖民者之间错综复杂的关系。之所以将"条约"(Treaties)作为整个展览的主题词,是因为双方所达成的"条约"在协调

图 3-23　"我们的宇宙"展厅一角

双方关系上扮演核心角色，尤其是当下，一些协议仍在发挥作用，约定了美国政府和印第安部落的责任与义务。如今，这些历史和故事已经成为美国和印第安人的历史和文化遗产。在展厅内，很多的醒目文字表达了印第安人的主张：我们永不放弃（We never gave up）。

该展览展示了 1682 年、1790 年、1794 年、1851 年、1838 年、1851 年、1868 年、1945 年、1975 年、1978 年、1988 年、1990 年等各个关键时间点上，印第安人和殖民者、政府以及其他部落达成的"条约"，1945 年之前的"条约"展示内容较为丰富，包括《条约》缔约双方的观点争议（Viewpoint）《条约》简要内容、余波（Aftermath）以及《条约》的照片。历史上美国政府与印第安人各部落签订的《条约》超过 300 项（图 3-24），正是这些《条约》，美国印第安人逐渐丧失了大量的土地、地位和权利[1]，各部落生存空间、生

————————

[1]　参见李剑鸣：《美国土著部落地位的演变与印第安人的公民权问题》，《美国研究》，1994 年第 2 期。

图 3-24　展览对"协议"的解释

存权益不断被挤压，变得越来越小。因此，在展览中不时会看到印第安人发出的抗议，如对美国政府废弃 1800 年代达成《条约》（The Two-Row Wampum）的理念，《条约》在印第安人眼里成为"糟糕的废纸"（bad papers），其成为征用和掠夺印第安人土地的工具。展览不断有这样的文字出现（图 3-25），如：

> 伟大的国家信守诺言。（Great nations keep their word.）
> 我们绝不会放弃。（We never gave up.）

图 3-25　印第安人的心声

　　我们不会搬迁到别的地方……我们会一直居住在这里直到造物主改变这个世界，我们希望这些《条约》受到保护……我们将会和太阳一样永恒。（We are not going to move any place...My people will live there until the creator change the world and we would like to have our treaty protected...My people are still growing as long as the sun going.）

　　伟大的国家要像伟人一样,应该信守诺言。（Great nations,like great men, should keep their word.）

　　前面两个展览是基于印第安人历史与文化展示、发展思考和自我认同，而"部落与国家"的展览则将印第安人的思考和生存斗争提升到了新的高度，即作为弱势群体如何在当下国内环境中争取生存空间？这种生存包括原住空间的保留、文化的存续、族群内部认同、社会的认同，包括国家认同。

　　除三个固定展览外，国立印第安人博物馆中，也有小型临时展览。如在三楼走廊的展览"返回原住地"（Return to a Native Place : Algonquian Peoples of the Chesapeake）（图3-26），展

图3-26　博物馆利用走廊举办的小型展览

171

示了曾经住在切萨皮克湾（Chesapeake Bay）的印第安人部落的阿尔冈昆人（Algonquian）生活情况。整个展览分为返回原住地（Return to a Native Place）、切萨皮克的黑暗时代（Dark Days in the Chesapeake）、复兴（Revival）、认识世界（Knowing Earth: Chesapeake Native Identities）、坚持到底（Holding on: Strategies to Stay Native）、永远铭记（Forever Remembered: The Native Chesapeake）五个板块，展览只是利用博物馆楼层的走廊进行展示，因场地较小，展示内容以文字和图片为主，简介了切萨皮克湾地区原住民部落的历史、曾经的生活与现状。展览最打动人的一句话是：这个展览需要你用当地人的眼光看待切萨皮克。①

　　国立印第安人博物馆是印第安人展示原住民文化和自我表达的重要文化空间，这一文化空间的构建是在国家、博物馆专业机构和部落精英共同参与下达成的，它将印第安人纳入了国家历史、文化体系和"权力"中心中来，我们无法预测印第安人文化的未来，但至少在部分印第安人心中认为位于国家权力中心的印第安人博物馆是印第安人主体性的崛起，这里的展览在完成展示任务的同时，已经超越了博物馆一贯保有的认同作用，是印第安人通过博物馆这一文化展示空间进行的文化表述与生存表达，国立印第安人博物馆将印第安人的过去与现在联系起来，将印第安人的生存与发展联系起来，将印第安人的文化主权与国家政治联系起来，作为"接触地带"（contact zone）的国立印第安人博物馆，是印第安文化自我展示的"场域"，也是印第安人的"自我言说"，表达理解、需求、关注和被认同的"舞台"。

---

① 原文：This exhibition asks you to look at the Chesapeake through the eyes of its ingenious peoples。

三、国立印第安人博物馆的经验与启示

国立印第安人博物馆的工作范畴超越了传统博物馆收集、展示与研究的功能，成为印第安人部落与其他族群、社会和国家对话的重要场所。非物质文化遗产保护提出后，国立印第安人博物馆对印第安人文化的保存、保护和展示对非物质文化遗产保护具有启示和借鉴意义。

（一）"活态记忆"（living memory）核心理念的确立

1989 年，美国国会通过的《国立印第安人博物馆法案》已经对博物馆的定位进行了明确要求，要求国立印第安人博物馆成为印第安人文化的"活态记忆"。在纽约的海伊中心也曾在外部有一个匾额：国立印第安人博物馆不是只关注过去，当然也不是关注死去的或是正在死去的文化，它关注活着的文化。[①]

活态记忆理念的确立影响了博物馆展览和实践。印第安人文化在馆内和馆外都有"活态"展现：在馆内，博物馆中心的文化广场是印第安人文化活态展示的空间，在馆外，印第安社区的广泛参与和策展、互动，建立于此基础上的国立印第安人博物馆活动内容和陈列内容更新较快。

国立印第安人博物馆对于印第安人文化的活态展示还有一个非常重要的手段，即多媒体展示。多媒体展示的影片不限于过去的影像资料，主要为自制和面向社会征集有关印第安人新拍摄的影像资料，不断有更新的影视作品能够展示不同时期印第安人与时俱进的状态，这些影像资料不仅供博物馆内多媒体播放，同时也可以借给研究者使用。博物馆还有一个隆

---

① 原文：NMAI is not just about the past and certainly not about the dead or dying. It is about living. 参见 Marilena Alivizatou, *Intangible Heritage and the Museum*, Left Coast Press, Inc, 2012.p105。

重的盛会，1979 年到 2011 年，由纽约影视制作中心主办印第安人影视节（Native American Film + Video Festival），为西半球印第安人媒体和影视制作人讨论和研究印第安文化提供了绝佳的平台，也为博物馆发展起了重要推动作用。

国立印第安人博物馆的"活态记忆"理念与非物质文化遗产保护理念是相吻合的，国立印第安人博物馆展示和传播的主要内容也正是印第安人的风俗、舞蹈、信仰与生活方式等"活态遗产"。非物质文化遗产保护不是为了证明这个世界上曾经存在什么，而是为了保持和促进世界文化多样性，这就要求被保护的非物质文化遗产是活态的、正在传承的文化。理念上的契合使得印第安人博物馆的学者认为博物馆正在做的事情很好地保护了印第安人的物质和非物质文化遗产，保证了印第安人文化的连续性，而重要的是，在不断的历史发展中保持印第安人的身份认同与文化认同，这与非物质文化遗产保护理念是极其一致的。

（二）与社区的紧密互动

笔者观察到的与非物质文化遗产保护有关的传统博物馆中，国立印第安人博物馆与社区互动中做的内容相对较多，且效果最为明显。通过前面的介绍，不难发现博物馆的文化展演空间和餐厅是博物馆与部落、社区互动最为明显和紧密的地方，此外，稍有留意，我们就会在博物馆内发现一个有趣的现象：博物馆的展览基本是以印第安人为第一人称进行展示的，三个主要展览都是如此，"我们的生活""我们的世界""部落与民族"都是以"我们"（our）作为"故事"的讲述者，而来自社区的"主张"也在博物馆中得到展示和传播。

博物馆从建筑外观的设计到展览的设计与展品的诠释都离不开西半球

印第安人部落和社区的合作和帮助，虽然有时这些来自部落或社区的策展人（Curator）并不理解博物馆和展览是什么，但通过与博物馆的合作和自身的学习，担任策展人的印第安人出色完成了部落文化的"自我展示"。博物馆的展板上，非常明确标示出展览的策展人（图 3–27），这是博物馆对策展者的尊重，也是博物馆与社区互动的内容与成果。同时，展品的文化解释权也归属印第安人部落（社区），这种紧密互动避免了展品与社区文化和语境失去联系而停留在"文物"层面，与社区和印第安人文化联系在一

图 3–27 来自不同印第安人社区的
策展人（Curator）

起的展品能够为观众构建超越文化层面的意义。博物馆的活态展示理念和社区互动紧密观照的是印第安人的认同问题，从某种意义上说，博物馆与其说是纪念印第安人经历的暴力、文化的湮灭和消逝，不如说是印第安人表达身份认同的场所。[1]

当然，印第安人或相关社区的过度参与也易让人忧虑，如不熟悉传统博物馆概念、展示技术和方法的原住民会在展示和策划中让步吗？来自社区的策展人和博物馆、博物

---

[1] 参见 Marilena Alivizatou, Intangible Heritage and the Museum, Left Coast Press, Inc, 2012.p128。

馆专家的关系如何协调？来自社区的策展人虽然会与社区反复沟通，但策划展览对社区文化反映的真实度有多少？

在非物质文化遗产保护中，也特别强调社区①（对印第安人博物馆来讲，使用社群比社区更准确）的作用，如社区在项目确认、申报、保护、管理和其他决策中要发挥相应的作用。博物馆作为专业文化展示机构，要参与非物质文化遗产保护不可回避社区的作用，博物馆不能代替社区去解释社区的文化，不能将自己的概念体系和学术体系强加给参与展示活动的策划人，同时还要协调好策划人与社区的关系，把握好其对社区文化的代表性和解释的权威性。

（三）研究与公共教育功能的发挥

开展研究是博物馆基本功能。国立印第安人博物馆的重要使命之一是开展印第安部落相关问题研究，如藏品研究（Collections）、历史与文化研究（History and Culture）、艺术研究（Native Arts）以及相关文物返还问题（Repatriation）②。在博物馆的研究团队中，既有馆内专家，也有来自印第安人社区的印第安裔学者。国立印第安人博物馆经常举办讲座、研讨会，同

---

① 关于社区定义的探讨在前文非物质文化遗产定义和后文"社区博物馆"一节都有详细论述。前文主要讨论非遗语境下社区的内涵，后文主要探讨博物馆视角下社区的内涵。

② 1970年代，联合国教科文组织通过《关于禁止和防止非法进出口文化财产和非法转让其所有权的方法的公约》，1990年，美国通过了《印第安人墓葬保护与返还法》（Native American Graves Protection and Repatriation Act，NAGPRA），该法案适用美国国内印第安人的遗物、丧葬物品、艺术品和其他文化财产。1990年代以前，已有博物馆返还印第安人文化遗产的案例，1990年代之后，随着相关内容写入宪法和美国印第安人在学界和其他社会领域地位提高，有越来越多的返还案例。参见杜辉：《帝国主义与文物返还叙事》，《东南文化》，2013年第4期。

时有馆刊《美洲印第安人》(*American Indians*)的出版，纽约馆内的影像、音频等资源也向研究者开放。面向大众的公共教育也是国立印第安人博物馆经常开展的活动，具体的活动会在博物馆官方网站上进行预告。

第四节　非物质文化遗产保护语境下传统博物馆的变革

纵观国内和国外相关的传统博物馆与非物质文化遗产保护实践，传统博物馆在非物质文化遗产保护中能够也可以发挥积极的作用。这种作用不仅表现为传统"物"的普查、收集和展示，也可以突破工作的"围墙"和思想的"围墙"，超越文化。在非物质文化遗产保护日益发展和博物馆遗产保护理念与职责不断变化的今天，传统博物馆做好非物质文化遗产保护需要有一些转变，把自己转变为实物资料与工具"收集展示地"、传承人与作品"聚集地"和非物质文化遗产的研究"高地"。

一、以"物"为中心到以"文化"为中心的转变

非物质文化遗产呈现在传统博物馆中不仅仅也不应该是单一的"物"，虽然当下传统博物馆的优势仍集中在藏品的收集和展品的陈列与研究，但非物质文化遗产与以往的物质文化遗产和可移动文物不同，博物馆要参与非物质文化遗产保护，就应该也必须立足这类文化遗产的特征和保护要求，利用博物馆能提供的工具和手段，并创新展示思维来满足非物质文化遗产保护与展示的要求，把非物质文化遗产的陈列从"物"的范畴提升到文化的范畴，突破过去从藏品的"集聚"和"串联"来理解展示的文化事项，

实现从藏品与文化的两个维度来理解展示的文化事项，这不仅有助于反映非物质文化遗产的面貌，也有利于项目的保护和观众的理解。在展示活动中，传统博物馆对非物质文化遗产的展示不应限于静态陈列，也要加强文化活态的展示，将博物馆拓展为社区、传承人的活态展示空间和民众与非物质文化遗产"接触"的中间地带（contact zone），才能将非物质文化遗产展示与过去传统博物馆的展览有所区别，让民众真正体会到非物质文化遗产项目的独特性和内涵所在。在国立印第安人博物馆和杨家埠大观园这两个案例中，我们都可以看到族群文化和社区文化的活态展示，结合博物馆提供的其他主题陈列，观众更能从整体上了解和把握展示的文化事项。目前非物质文化遗产主题博物馆越来越多，且其建设模式依然与传统博物馆相似，但都增设了文化展演空间，如大理州非遗主题博物馆和松阳非遗博物馆都开设了专门的展演空间，定期或不定期开展项目展演活动（图3-28、3-29）。

图 3-28　大理州非遗馆展演舞台

图 3-29　松阳非遗馆展演空间

二、传统博物馆需融入民众生活

随着时代的发展,部分学者和民众也在探讨和质疑传统博物馆的转变,并基于博物馆的功能、职责、效能和其他"新变"提出"后博物馆""后博物馆时代"和"泛博物馆"概念。[①]"究竟是博物馆在变化还是对诡异的变化做出附和之声?博物馆能够改变吗?它们是否陷入时代的洪流,受到精英文化的限制?或者它们一直处在变化的过程中?"[②]显然,博物馆的转变和关注对象从"精英文化"到"大众文化"转向不是博物馆对社会发展的附和,而是社会发展对博物馆提出的必然要求和博物馆自我发展的必然选择。非物质文化遗产是大众的文化创造,是民众的文化生活方式,非物质文化遗产展示不是也不能是僵化的"物"的陈列,而要思考如何将传统博物馆的工作与民众生活结合,努力在博物馆中呈现民众的生活,使社区和民众在博物馆中看到自己的"镜像",使传统博物馆不仅成为知识的殿堂,也能成为民众生活的"第二精神家园",使社区和民众能在博物馆中寻找到自己文化的"根"与"叶"。

三、传统博物馆强化与社区的互动

传统博物馆已经成为当下社会发展中备受关注的文化空间,不同群体可以通过博物馆表达自己的声音,包括自我展示、文化表述、族群认同以及政治诉求等。在非物质文化遗产保护实践中,社区是当下博物馆参与保

---

① 参见陈同乐:《后博物馆时代——在传统与蜕变中构建多元的泛博物馆》,《东南文化》,2009 年第 6 期。

② 刘晓陶、黄丹麾:《关于后博物馆的思考》,《中国文物报》,2014 年 8 月 18 日。

护各个环节都要关注的对象。"后博物馆敏锐地聆听和对此做出反应，鼓励不同的部族成为博物馆对话中的活跃参与者，而不像过去那样灌输给大众参观者。"①

　　杨家埠大观园和国立印第安人博物馆与社区（社群）的互动值得深入研究，也值得博物馆工作者探究和反思。与社区（社群）的互动并不是生态博物馆和社区博物馆的"专利"，传统博物馆在非物质文化遗产保护和展示时，要积极吸纳社区（社群）的参与，吸纳社区学者和传承人参与博物馆展览的策划、决策和展示说明，这是对观众的尊重、对社区（社群）的尊重，也是对被展示文化事项的尊重。随着越来越多的传统博物馆介入到非物质文化遗产项目保护中，应该把握一个主线：博物馆如何与社区开展更为有效的互动？因为，无论是杨家埠大观园的综合展示还是国立印第安人博物馆的"活态记忆"，来自"工具"的驱动力量大于群体的自觉，来自社区和传承人的内在动力才是非物质文化遗产得以传承和延续的真正动力。

---

① 　刘晓陶、黄丹麾：《关于后博物馆的思考》，《中国文物报》，2014 年 8 月 18 日。

第四章

数字博物馆与非物质文化遗产保护

数字化技术应用到博物馆是博物馆适应现代化的主动变革，博物馆信息化建设和数字博物馆是数字化技术应用到博物馆领域的产物。作为博物馆领域的新事物，数字化博物馆全面实施和数字博物馆的出现为博物馆学及博物馆发展带来了新的生机和契机。

第一节　数字博物馆的概念与特点

一、数字化与数字博物馆

（一）数字化技术概念

1946 年，世界上第一台计算机（ENIAC）在美国诞生，由此开启了一个全新的时代。1993 年，美国总统布什在发表的国情咨文中首次提出"信息高速公路"概念，宣布了信息时代的到来。随着计算机与网络的普及，原有很多传统完全被颠覆，"信息高速公路"的提出带动教学、医疗、图书馆等多个行业发生了变革，人们足不出户就可以享受自己需要的服务。1998 年 1 月，美国前副总统戈尔在美国加利福尼亚科学中心发表了题为《数字地球：二十一世纪认识地球的方式》（*The Digital Earth: Understanding our planet in the 21st Century*）的演讲，最先提出了"数字地球"概念，全世界普遍接受数字化概念，发展至今，引出了"数字城市""数字图书馆"等各种概念。在三大馆（图书馆、博物馆、档案馆）中，图书馆率先迈开了数字化步伐，继图书馆之后，博物馆也开始了数字化变革。

信息领域中所谓数字化，是指利用计算机信息处理技术把声、光、电、磁等信号转换成数字信号，或把语音、文字、图像等信息转变为数字编码，用于传输与处理的过程。与非数字信号（信息）相比，数字信号（编号）具有传输速度快、容量大、放大后不失真、抗干扰能力强、保密性好、便于计算机操作和处理等优点。以高速微型计算机为核心的数字编码、数字压缩、数字调制与解调等信息处理技术，通常称为数字化技术。

数字化技术很早就已经应用到文化遗产保护领域，包括物质文化遗产和非物质文化遗产。2005 年，国务院下发《关于加强文化遗产保护的通知》，明确指出："要运用文字、录音、录像、数字化多媒体等各种方式，对非物质文化遗产进行真实、系统和全面的记录，建立档案和数据库。"① 在确保非物质文化遗产生命力的各项措施中，利用数字化手段开展非物质文化遗产抢救与保护几乎与非物质文化遗产保护同步进行。目前，国内运用数字化开展非物质文化遗产保护主要体现在两个方面，即非物质文化遗产影像数字化记录和非物质文化遗产传承人抢救性记录工作。

1. 数字化与非物质文化遗产影像记录

数字化记录是非物质文化遗产保护的重要手段。近十年来，围绕非物质文化遗产保护和记录，涌现了一大批非物质文化遗产题材影像作品，包括采用纪实手法、故事化叙事的非物质文化遗产题材电影和反映非物质文化遗产项目和传承人生存状况的纪录片。塞尔维亚贝尔格莱德国际民族电影节主席萨夏·斯雷科维奇指出民族电影和博物馆异曲同工，都有着进行视觉呈现和描述的先天优势，包含了更为丰富的信息，更便于记录文

---

① 国务院办公厅：《关于加强我国非物质文化遗产保护工作的意见》（国办发〔2005〕18 号），2005 年。

化风俗。①

　　非物质文化遗产题材电影忠于文化事项的基本事实，运用数字影像技术和手段，展开文化事项的记录与传播。非物质文化遗产题材电影大规模涌现是在 2007 年之后，如 2007 年浙江温岭投拍非物质文化遗产题材电影《皮影王》，2008 年河南省投拍非物质文化遗产题材电影《荞面旦》及其姊妹篇《骆驼旦》，2008 年反映新时期羌族传统文化生存与发展的电影《尔玛的婚礼》上映，2009 年反映旧时浙江宁绍地区婚俗的非物质文化遗产题材电影《十里红妆》上映，2010 年重庆市拍摄非物质文化遗产题材电影《摆手舞之恋》，2011 年云南省投拍非物质文化遗产题材电影《梅葛》，同年 4 月，北京国际电影季第 15 届北京放映活动中，反映现代化背景下皮影艺人生存与发展的非物质文化遗产题材电影《一个人的皮影戏》首映。此外《高甲第一丑》《爱在廊桥》《桃花庵》《鼓海舞天》《不肯去观音》等都是各地近年围绕非物质文化遗产纪录、传播创作拍摄的影片，不仅是当下传统文化保护的重要成果，也是现代影视传播的新亮点。

　　与此同时，非物质文化遗产题材纪录片也大量出现，如《留住手艺》《年轮·中国非物质文化遗产集粹》《传承》《京剧》《我在故宫修文物》《薪火相传——中国非物质文化遗产》，等等。另外各地在申报各级别非物质文化遗产代表作名录时也拍摄了大量申报片。无论纪录片还是非物质文化遗产题材电影，都是人们使用现代手段记录和保存优秀传统文化表现形式的重要手段，其优点体现为：

　　一是民族文化的记录、保存、交换与展示。2008 年创作的影片《尔

---

① 牛锐：《当"非遗"遇到电影，会产生什么？ ——"中国电影中的非物质文化遗产"论坛侧记》，《中国民族报》，2014 年 4 月 25 日。

玛的婚礼》是汶川地震前在四川汶川、理县和茂县等地取景拍摄的、反映现代化背景下羌族文化传承与发展的影片，整部影片民族文化色彩浓郁，不仅为观众全面展现了多元文化冲击背景下羌族村落的生产生活文化与独特的羌族婚俗，也将理县桃坪羌寨的自然风貌通过银幕进行了再现，羌族的传统音乐、传统舞蹈、婚俗、语言、生产文化、传统手工艺、传统服饰以及村寨自然风貌等在影片中交错呈现，这些影像为民众了解羌族文化提供了宝贵影像。

二是民族文化的跨地域和跨文化传播。纪录片和影像资料作为一种信息影像化的记录与存储媒介能够实现对文化信息的跨时空"搬运"、展示和传播。影片《梅兰芳》可以说是著名京剧大师梅兰芳先生的传记电影，该片在国内不仅取得了票房与口碑的双赢，也成功开拓了海外市场。作为中国唯一一部入围第 59 届柏林电影节的影片，它参与了最佳影片的角逐，最后虽未折桂，但站在世界电影传播与展示的平台上，成功宣传了中国的传统国粹，吸引了更多国际目光对中国传统文化的关注。

非物质文化遗产题材电影也从历史的角度对传统文化进行生动再现。如 2009 年上映的影片《十里红妆》是对旧时浙东地区婚俗的跨时代展示，"千工床，万工轿，十里红嫁妆"，对老宁绍人唤醒的是一段文化记忆，对新宁绍人展现的是一段跨时空民俗史。

虽然数字化记录和影像记录对非物质文化遗产保护具有积极作用，但也应该看到数字化技术在保存非物质文化遗产的同时，也对非物质文化遗产具有一定的负面影响，如数字化记录的凝固性与非物质文化遗产活态性的对立易成为观众认知非物质文化遗产的障碍，而纪录片或电影的编码与观众解码的差异也易引起非物质文化遗产的误读。这是数字化和媒介纪录手段在非物质文化遗产记录中不可回避也回避不了的问题。因此，忠实记录原则的运用和人类学纪录片创作经验的借鉴是非物质文化遗产数字化纪录的重要原则。不可否认，虽然数字化记录问题较多，但其仍是当下非物质文化遗产保护不可或缺的手段和措施。

2. 数字化与传承人抢救性记录工程

"截至 2015 年 1 月底，文化部公布的 4 批 1986 名国家级非物质文化遗产代表性传承人中已有 235 人离世，在世的国家级非物质文化遗产代表性传承人中超过 70 周岁的已占到 50% 以上，开展传承人抢救性记录工作已刻不容缓。"[①] 面对中国非物质文化遗产保护的严峻形势，抢救和保护传承人成为当下"留住"传统文化的重要手段。2015 年，文化部启动国家级非物质文化遗产代表性传承人抢救性记录工作，根据《文化部关于开展国家级非物质文化遗产代表性传承人抢救性记录工作的通知》，主要记录对象为所有国家级非物质文化遗产代表性传承人，优先记录年满 70 周岁以上的、不满 70 周岁但体弱多病的国家级代表性传承人。具体计划为："2015 年，启动 300 名年满 70 周岁以上及不满 70 周岁但体弱多病的国家级非物质文化遗产代表性传承人记录工作。2016 年，开展 70 周岁（以 2015 年到龄为准）以上的其他国家级非物质文化遗产代表性传承人记录工作。2017 年至 2020 年，开展 70 周岁（以 2015 年到龄为准，含 70 周岁）以下的国家级非物质文化遗产代表性传承人记录工作。"

抢救性记录工作要求各省采用数字多媒体等现代信息技术手段，全面、真实、系统地记录代表性传承人掌握的非物质文化遗产丰富知识和精湛技艺，并把抢救性记录工作与已经开展的数字化工作全面对接，抢救性

---

① 文化部：《关于开展国家级非物质文化遗产代表性传承人抢救性记录工作的通知》，2015 年。

记录成果要纳入各省（区、市）非物质文化遗产数据库，待国家非物质文化遗产数据库建成后，统一录入国家数据库。为保证该工作的顺利、有序开展，文化部制定了《国家级非物质文化遗产代表性传承人抢救性记录工作规范》，提供了基本的操作规程和标准，统一的规范格式和体例，以便于数据统一保存、传输和使用。规范要求的数据及格式如下：

照片：拍摄照片要求为清晰的数码图片，像素在 1000 万以上，放大至 12 寸后不模糊；格式一般要求为 JPEG，关键环节要求 RAW 格式；照片应保持原真性，不做任何修改。

摄影：摄影机应采用 1080p 的分辨率拍摄（或所用机型的最高分辨率），码率应为 50Mb 或 35Mb 每秒（或所用机型的最高码率），用 PAL 制 25 帧录制。画幅比例应为 16：9，如无此画幅比例，应设为 4：3。摄影应使用手动光圈、手动白平衡、手动对焦。

录音：应使用外接麦克风进行录音，最好选择领带夹式无线麦克风。摄影机在连接外界麦克风的同时，也要保留一路参考音。一般情况下，参考音应在一路，外界麦克风应接二路。每次访谈开始前，应调整录音电平，在 −12db ～ −16db 之间。如有条件，可考虑同时用一部数字录音机（录音笔）进行参考音录制，格式要求为 WAV 或 MP3。

在成果体现上主要为四大内容：文献片、综述片、工作卷宗及验收报告，其中文献片包括口述片、项目实践片、传承教学片三个影片。上述抢救成果一份由省非物质文化遗产中心留存，两份分别上交至文化部非遗司、国家非物质文化遗产保护中心。① 目前，越来越多的省份已经注意到非物质文化遗产数字化保护的优势和数字资源库建设的意义，在已见的各地文化"十三五"发展规划中，均可见到数据库建设的相关内容，数字化手段在未来的非物质文化遗产保护中也将发挥其他手段无法比拟的作用。

（二）数字博物馆

1.数字博物馆的概念

数字化已经成为博物馆发展的一大趋势，但博物馆数字化过程中存在很多问题，其中首要问题是两个概念的纠缠，即数字化博物馆与数字博物馆的概念之分。部分人认为数字化博物馆和数字博物馆仅有一字之差，概念上不会存在太大差别，在使用时，将数字化博物馆和数字博物馆混淆。其实不然，数字化博物馆和数字博物馆这两个概念存在很大差别，二者不能混淆使用。

博物馆数字化是博物馆工作的发展方向以及实现过程，数字化博物馆则是应用数字化技术对博物馆工作进行变革的成果。数字化博物馆有广义和狭义之分，广义的数字化博物馆是指利用数字成像技术、计算机技术、网络技术对博物馆的工作进行整合，实现博物馆各项工作的数字化，它包括博物馆藏品信息系统、楼宇智能化系统、安全防卫系统、博物馆网站和数字博物馆等方面内容。狭义的数字化博物馆是指博物馆基本工作的数字化，即馆藏实物信息系统和检索系统的数字化建设。

数字博物馆又可称为"虚拟博物馆"（Virtual museum）、"网上博物馆"（Web museum），数字博物馆目前没有确切的定义，学界大多数定义均为

---

① 参见《国家级非物质文化遗产代表性传承人抢救性记录工作规范》。

描述性定义：“数字博物馆具有实质博物馆的工具和目的，它将博物馆的建筑、人员及藏品数字化。数字博物馆更强调：展示、主动性、反映设计者的知识体系、教育性、吸引使用者的好奇心。”[①]“数字博物馆是一种拥有多种媒体、内容丰富的数字化信息资源的博物馆；是一个将收藏、服务和人集成在一起的环境，它支持数字化数据、信息和知识的整个生命周期活动，包括收集、发布、传播、利用和保护。能为观众提供方便快捷优质的服务。”[②]也有学者认为数字博物馆更为广义，“我们把凡是传播并展出人类及人类环境的‘数字化’物质及非物质遗产的网站都称之为数字博物馆。如数字化博物馆、虚拟博物馆、博物馆网站等”[③]。上述定义基本是将数字博物馆包含的因素及功能整合起来的表述，还不能完全表述出数字博物馆的本质。笔者认为数字博物馆是建立在数字化展品基础上，运用多媒体技术将可展示的博物馆数字化资源进行整合，依靠网络技术建成的面向社会超越时间和空间的虚拟信息展示系统。对于数字博物馆而言，其落脚点是博物馆，是实体博物馆维度之外的“展示空间”，因此，数字博物馆也必须有数字展品和主题展览，而以博物馆介绍和信息发布为主的博物馆网站并不能称之为数字博物馆。

2. 数字博物馆的特点

数字博物馆建设主要依托数字化技术、多媒体技术和网络技术，这些技术和方法与传统博物馆的实现基础和实现方式有着很大的差别，这也决定了数字博物馆自身的特点。

---

① 参见 http://www.db.pku.edu.cn/dl/。
② 郑芸菁等：《关于数字博物馆建设的思考》，《唯实》，2004 年第 1 期，第 86 页。
③ 张小李：《从社会发展及用户需求角度看数字博物馆的定义》，《东南文化》，2011 年第 2 期，第 97 页。

表 4-1　传统博物馆与数字博物馆比较 [①]

	传统博物馆	数字博物馆
时间	受限制	不受限制
地点	博物馆建筑	虚拟展示
管理	传统方式	计算机化
资源	独享	共享
参观	路线设计（线性）	随意（网状）
陈列展览	具体的实物	数字影像、虚拟影像
成本	高	初期高，后期低
观众参与性	低	高
工作效率	低	高
人才素质	专业知识	综合技能
信息量	有限	无限

　　从上面的列表可以看出，传统博物馆和数字博物馆之间差异非常明显。在参观方式上，数字博物馆超越传统博物馆在时间和空间上的限制，只要有能连接上互联网的一台终端计算机，就可以实现对数字博物馆的访问和参观，而不像传统博物馆，有工作时间和工作场地的限制。在展示空间上，数字博物馆脱离了传统博物馆对建筑与场地的依赖，依靠虚拟的空间将馆

[①] 本表的制定参考了张卫、宁刚：《数字博物馆概述》，《古今农业》，2000 年第 4 期；陈宏京、陈霜：《漫谈数字化博物馆》，《东南文化》，2000 年第 1 期；甄朔南：《正在兴起的数字化博物馆》，《中国博物馆》，1999 年第 2 期。

藏实物虚拟展示出来。在管理效率上，传统博物馆需要大量的人力去维持日常的工作和业务活动，而数字博物馆则只需要维护支持数字博物馆的服务器即可实现对数字博物馆的维护，而且，数字博物馆比传统博物馆降低了很多管理成本。在展示资源上，数字博物馆能够方便利用其他博物馆的藏品信息资源，而不像传统博物馆只能限制在自身博物馆资源条件上。在工作效率上，数字博物馆的展览布置方便快捷，比传统博物馆的陈列设计展示周期大大缩短，同时，数字博物馆在展览更换上比传统博物馆具有更强的便捷性。在人才需求上，数字博物馆需要的不仅是掌握文博知识的人才，同时也需要这些工作人员掌握计算机技术、多媒体技术等多种技能，它对人才的素质要求比传统博物馆对人才的素质要求要高。在提供的信息上，数字博物馆提供的信息量比传统博物馆能够提供给参观者的信息量多出很多，数字博物馆可以通过垂直式访问使参观者获得更多的信息量，而非传统博物馆所能提供的平行式参观。在参观感受上，数字博物馆应用多媒体技术虽然能够使影像达到逼真的程度，但传统博物馆的实物能够给参观者更大的感染力，参观者参观传统博物馆的直观感受比参观数字博物馆的感受更直接、更具体、更强烈。

虽然数字博物馆比传统博物馆具有更多的优势，但传统博物馆的很多特点是数字博物馆所不能取代的，传统博物馆是数字博物馆建立和发展的基础，传统博物馆的数字化进程也决定数字博物馆发展的前景。我国博物馆工作者应该认清数字博物馆与传统博物馆之间的关系，寻找二者之间的平衡点，忽视或夸大任意一方都是不可取的。

二、中国数字化博物馆与数字博物馆发展历程

随着计算机技术的发展，20世纪70年代，英国、美国、日本等国家一些博物馆开始藏品电脑管理系统的研制。我国博物馆数字化发展历程与数字化博物馆建设受客观条件限制，加之博物馆自身原因，整体起步晚，发展不均衡。

（一）博物馆藏品信息系统建设阶段（1985—2000）

1985年，受西方博物馆开发计算机管理系统的影响，我国博物馆也掀起了藏品管理计算机化的热潮，上海博物馆和中国人民革命军事博物馆率先购置了计算机及相关设备，但由于时机和条件的不成熟，这次浪潮的波及面小，仅限几家有实力的大型博物馆参与其中。

20世纪90年代中期，随着我国文博界与国际文博界的逐渐接轨，一些博物馆又展开了藏品信息化建设。1996年，中国文物研究所在中国文物基金会的资助下，装备了计算机系统，根据国家文物局的要求，开始对全国重点文物保护单位、历史文化名城、文物一级品档案资料进行搜集、整理，为建立中国文物档案信息管理系统奠定了基础。①

1996年，云南博物馆、云南华能高科技发展公司完成"博物馆藏品图文管理系统"科研项目，获得1996年度国家文物局文物科技进步四等奖。同年，秦始皇兵马俑博物馆、西安理工大学信迪高新技术开发中心、西安交通大学完成的"秦始皇兵马俑博物馆计算机多媒体文物管理系统"科研

---

① 参见国家文物局编：《中华人民共和国文物博物馆事业纪事（1949—1999）》，文物出版社，2001年，第818页。

项目，获 1996 年度国家文物局文物科技进步三等奖。^①

1998 年开始，藏品信息建设的标准制定被纳入日程，1998 年 8 月 17 日中国文物研究所在北京召开中国文物档案信息管理系统有关标准座谈会，与会者围绕不可移动文物和馆藏文物档案分类标准和档案内容的规范化等议题进行讨论。^②1999 年 5 月 19 日，国家文物局在河南郑州市召开博物馆馆藏文物信息标准研讨会，7 省 12 个博物馆和中国文物研究所的代表参加，与会代表讨论了《博物馆藏品信息标准》和《馆藏文物数据采集表》。^③同年，在国家文物局主导下，"政府上网"工程实施，全国文博系统先后有近百家单位建立了网站和网页^④，尤其是上海博物馆和故宫博物院走在全国前列。

博物馆藏品信息系统的建设是博物馆数字化和数字博物馆建设的基础，经过 20 世纪 90 年代的发展，我国博物馆藏品的分类和文物信息标准建设都取得一定的成绩，但由于我国博物馆实力和能力参差不齐，博物馆资金实力和技术水平对博物馆藏品信息化建设都有一定的影响，博物馆藏品信息系统的建设和信息标准的制定也只能满足对大多数博物馆数字化发展要求，我国博物馆藏品信息化建设仍任重道远。

（二）博物馆网站建设（2000 至今）

2000 年，国家文物局成立了信息化工作领导小组，2001 年底，国家

---

① 参见国家文物局编：《中华人民共和国文物博物馆事业纪事（1949—1999）》，文物出版社，2001 年，第 821 页。

② 参见国家文物局编：《中华人民共和国文物博物馆事业纪事（1949—1999）》，文物出版社，2001 年，第 857 页。

③ 参见国家文物局编：《中华人民共和国文物博物馆事业纪事（1949—1999）》，文物出版社，2001 年，第 878 页。

④ 《中国文物事业信息化建设的回顾与思考》，《中国文物报》，2006 年 2 月 8 日。

文物局又公布了《博物馆藏品信息指标体系规范（试行）》和《博物馆藏品二维影像技术规范（试行）》，其实施目的是促进藏品信息化建设，规范藏品信息处理和交换。由此开始，我国博物馆网站和藏品数据库建设掀起了高潮，一些具备一定资金实力和技术支持的博物馆纷纷建成了自己的门户网站，如 2000 年 1 月，中国历史博物馆联合联想冠群软件有限公司和清华朗清科技公司共同开发的中国历史博物馆网站（http://www.nmch.gov.cn）正式开通并对全球开放。2001 年 7 月，故宫博物院网站（http://www.dpm.org.cn）正式开通。2001 年 4 月，作为上海博物馆数字化博物馆建设项目之一的上海博物馆网站（http://www.shanghaimuseum.sh.cn）开通。以上是博物馆门户网站建设的代表，时至今日，博物馆门户网站建设方兴未艾。

博物馆的门户网站建设是数字化博物馆的一个重要内容，是博物馆数字化建设的重要步骤，实现数字博物馆建设的重要环节。与博物馆网站建设同步开展的便是数字博物馆建设。进入 21 世纪，国际博物馆的生存和发展趋势已经突破了传统博物馆地域、时间和空间的限制，各大型博物馆纷纷建立数字博物馆满足参观者的需求。我国博物馆界先前进行的数字博物馆讨论也进入了实施阶段。早在 2000 年，故宫博物院和日本凸版印刷株式会社在日本东京就签订了《故宫文化资产数字化应用研究》合作协议书，按照协议书在 2001 年到 2005 年合作期间，将成立"文化资产数字化应用研究所"，并相应开展利用数字化等技术进行故宫馆藏文物虚拟现实方面的研究，以实现让更多的人更快更好地欣赏故宫众多馆藏文物及宏伟建筑的愿望。

2003 年 12 月，中国博物馆学会数字化专业委员会正式成立。2004 年 2 月，中国数字博物馆正式立项，并通过了中期验收。在数字博物馆建设

中，高校博物馆已经走在数字博物馆建设的前列，2001 年 11 月正式启动
"现代远程教育网上公共资源建设——大学数字博物馆建设工程"，该项
目由教育部科技司主持，由中山大学、北京大学、山东大学、四川大学等
18 所高等院校承担，2003 年 7 月至 8 月通过验收，初步建成了地球科学、
生命科学、人文学科、工程技术四类大学数字博物馆。"一期建设提出了
构建知识网络、个性化参观、标准化藏品信息、网络共享等博物馆建设理
念，针对一些关键技术进行了探索性的研究和开发，其成果对促进我国数
字博物馆的建设及相关技术进步具有很好的推动作用。"[1]

我国一些大型博物馆在建设博物馆网站同时，也开通了自己的数字
博物馆，如上海博物馆、故宫博物院等纷纷建成了数字博物馆，随着信息
化技术不断提高，数字博物馆包含的内容也在不断丰富。如故宫博物院，
2006 年 6 月，故宫博物院与国际商业机器公司（IBM）正式启动了"超越
时空的紫禁城"合作项目。该项目运用全球领先的交互式观众体验系统和
互动、实时的高科技手段，为实地和网络的全球观众提供超越时空的独特
体验。交互式观众体验系统是一种全新的观众导览方式，通过虚拟化的技
术与紫禁城的现实展览整合，为观众创造一个完全互动的、着重于教育的
文化空间。[2]

数字博物馆在我国方兴未艾，它是今后我国博物馆发展的一个重要方
向。数字博物馆是新生事物，它是在现代数字技术高度发达的基础上为适
应博物馆总的发展趋势，满足人们日益增长的文化需求的产物。

---

[1]　参见南京大学网站 http://dmcu.nju.edu.cn/introduction.htm。

[2]　参见故宫博物院网站 http://www.dpm.org.cn/China/phoweb/CoolPage/14/C6679.htm。

第二节　数字博物馆与非物质文化遗产的保护

联合国教科文组织无形遗产部主任爱川纪子（NORIKO AIKAWA）在《无形文化遗产：新的保护措施》一文中提出了目前无形文化遗产的两种保护方法："1. 将它转变为有形的形式；2. 在它产生的原始氛围中保持它的活力。"[①]爱川纪子所说的第一种方法被称为"记忆工程"，即通过录音、录像、文字记载等方式将非物质文化遗产加以记录存档，使非物质文化遗产能够长久得到保存。我国非物质文化遗产保护在经历十余年的实践后，也提出了多种适合我国国情的保护方式，如抢救性保护、整体性保护、生产性保护等，其中抢救性保护是针对濒危项目的重要保护方式，也是我国非物质文化遗产保护方针——"保护为主、抢救第一、合理利用、传承发展"——要义的体现。因此，数字化抢救手段的使用和数字博物馆展示与传播是保护非物质文化遗产的必要手段和重要措施。

数字博物馆工作的主要手段就是数字化技术，而目前的影像记录方式也主要为数字记录方式，二者的共性决定了数字博物馆可以参与到非物质文化遗产保护中来，并发挥重要作用。作为已经建好数字博物馆的机构和单位，可以利用团队优势、技术优势和数字博物馆的展示优势积极参与到本区域或与自身有密切关系的项目的记录、展示和传播中来。而掌握大量非物质文化遗产数字资源或建有非物质文化遗产数据库的机构或团体要合理、有效整合资源，有效地利用网络技术和新媒体技术，积极解决人才、资金和技术等方面遇到的问题，建设区域综合性或专题性或

---

① 　［日］爱川纪子：《无形文化遗产：新的保护措施》，载联合国教科文组织：《世界文化报告——文化的多样性、冲突与多元共存》，北京大学出版社，2002 年，第 163 页。

专项非物质文化遗产数字博物馆，促进非物质文化遗产记录、存储、展示、传播和研究。

一、数字博物馆对非物质文化遗产影像的数字化记录与存储

与传统博物馆需要藏品一样，数字博物馆的建设与发展也需要大量"藏品"和"库房"来实现其数字博物馆的展示，而数字化声音、图片和影像就是数字博物馆概念下的藏品和展品。因此，对相关影像资料收集、整理和加工是数字博物馆工作的重要内容。目前非物质文化遗产面临的境遇困难，对其进行"活保护"有一定的难度，因此，"记忆"保护或抢救性保护成为退而求其次的方法，数字化技术在濒危非物质文化遗产的保护中大有可为，通过数字化手段、多媒体技术将所需要保护的非物质文化遗产拍照、录音、录像，将其进行数字化存储，数字化存储保留了非物质文化遗产的部分图像、影像，将类似的非物质文化遗产项目都进行此项工作，将资料累积，建立该类非物质文化遗产的数据资料库，通过对资料的编排和组合实现该类非物质文化遗产的计算机化管理，便于利用者检索和查阅。同时，数字资源库是数字博物馆建设与发展的重要基础，也是进行虚拟陈列的重要支撑。

需要说明的是，传统博物馆或相关机构对濒危非物质文化遗产涉及的文献、实物或空间进行收集、研究与保存，再与前文提及的数字化记录资料相结合，能够对非物质文化遗产进行较为全面的记录，今后如有可能，可依据记录、记载进行恢复。①

山东潍坊杨家埠木版年画延续四百年多来,有"留版不留画"的传统,

---

① 物质文化遗产具有不可再生性，而一项传统文化表现形式中断后，可根据记载或记录进行一定程度的恢复，且恢复后传承一定的时间可申报非物质文化遗产名录。

即不留画样，但会保存刻版。因此，杨家埠木版年画传世的作品很少，而古刻版则相对比较丰富，但刻版的材质为木质，虽然棠梨木不易腐烂，但日久也会发生质变，而且目前这些刻版的保存地多为民间，保存方式和保存条件比较简单，甚至不经任何技术处理，直接放在库房内进行保存，笔者调查时发现部分刻版损毁现象十分严重。这些古年画和刻版是不可再生资源，一旦损毁，将会对我国民间艺术的保护造成巨大的损失，因此，着手对这部分年画和刻版进行保护刻不容缓。与此同时，杨家埠木版年画制作工艺面临的形势不容乐观，其传承已经出现断层，新一代的艺人对木版年画制作工艺的掌握也存在欠缺，尤其是对木版年画制作工艺的"伴生"工艺缺乏正确认识，只注重刻版技术，对传统颜料的制作工艺无人问津。

对杨家埠木版年画的保护，除传统博物馆对其开展普查、收集、保护与展示外，平面的年画、立体的刻版、静态的工具、动态的技艺以及富有活力的传承人等都是能够进行数字化保存的重要对象。对杨家埠木版年画传世作品、传世古代刻版和现当代年画精品进行数字化处理，对这些濒危工艺进行数字化记录，建立杨家埠木版年画作品数据库和古刻版数据库，对杨家埠木版年画传承人进行拍照、录像和口述史访谈，并以此为基础建立传承人数据库，综合以上数据库的建设，地方文化保护机构可以建设年画数字博物馆，在虚拟的网络世界中开办主题展览和多样化的展示。

数字博物馆对运用数字化技术对杨家埠年画工艺及相关技术、实物进行数字存储保护不是解决杨家埠木版年画工艺保护的根本途径。应该看到，数字化技术是一把"双刃剑"，在对杨家埠木版年画工艺及实物进行数字化存储的同时，也要警惕人们对数字博物馆及数字存储技术的依赖性，因为数字化只能实现对非物质文化遗产的"活化石"式保护，而不能实现"活保护"，要实现活保护，必须实现艺人的接力。

二、数字博物馆对非物质文化遗产的展示与传播

对非物质文化遗产影像资料的收集是数字博物馆对非物质文化遗产保护工作的初级任务。数字博物馆不仅具有资料数字化存储的功能，同时还具有展示、传播、教育等功能，通过数字化展示、虚拟展示、模拟该项非物质文化遗产的生存环境，对该类非物质文化遗产进行跨越时间和空间的展示。因为网络无界，所以，数字博物馆对非物质文化遗产的宣传和展示也是没有限制的，通过虚拟展示，观众也可以大致了解该项非物质文化遗产的内容、文化内涵和所蕴含的民族精神。网络传播能够在一定程度上使民众了解该项非物质文化遗产在民族文化发展中的地位和所起到的作用，进而增强民众的保护意识，在实现博物馆教育功能的同时，在某种程度上也实现了对该项非物质文化遗产的保护。

目前，全国已经出现大量非物质文化遗产数字博物馆，如中国非物质文化遗产数字博物馆、江西省非物质文化遗产数字博物馆、广东非物质文化遗产数字博物馆等，这些非物质文化遗产主题的数字博物馆包括项目文字介绍、图片和影像展示等内容，从网络展示与传播角度对非物质文化遗产保护具有积极意义。

数字博物馆对非物质文化遗产的保护有很多优势，但数字博物馆不是万能的，它的数字化技术在对非物质文化遗产保护的同时，也将具有"活态性"的非物质文化遗产进行了历史定格，参观者了解到的也只是固定在某一历史时期的非物质文化遗产，而不是活态的、变化的文化事项，这对参观者来说不能不说是一种遗憾。

三、数字博物馆参与非物质文化遗产保护的不足

当今社会已经进入日益变革的数字时代，在这样的背景下，无论是时代发展的推动，还是非物质文化遗产保护方式的选择，数字博物馆的建设是今后各地展示和传播非物质文化遗产的重要手段和重要工具。但作为一种工具和手段难免也会有缺点或不足。这些缺点和不足主要体现为三个方面：

一是文化体验的不足。数字博物馆展示和传播非物质文化遗产保护的基础虚拟藏品，无论与实地参观相比，还是与传统博物馆相比，虚拟总是无法与真实相比较，"身临其境地倾听、触摸与点击鼠标看照片、视频的感觉肯定是不一样的"[①]。而基于国内非物质文化遗产数字博物馆的建设现状，大部分数字博物馆以文字和图片为主，影像资料较少或基本没有，更降低了参观者的直观感受。传统博物馆有些手段可以弥补文化体验的不足，如通过景观陈列、复原陈列和增强观众与展示内容、展品的互动可以或多或少弥补文化体验的不足；而数字博物馆缺乏真实的文化体验是天然不足，且暂时也无其他方式有效弥补。

二是知识产权保护的不足。知识产权保护在传统博物馆工作中具有越来越重要的地位和作用，世界知识产权组织（WIPO）很早就注意到博物馆的知识保护（Intellectual Property，IP）问题，数字时代，知识产权保护与管理问题同样也是文化遗产社区面临的越来越严峻的问题。为此，2007年，世界知识产权组织发布《WIPO 博物馆知识产权管理指南》（*Guide on Managing Intellectual Property for Museums*），该文件出台的目的是提升会员国和相关研究机构参与文化遗产保存、发展和传播文化遗产时的知识产权

---

① 《"数字博物馆"折射"非遗"保护喜与忧》，新华网 http://www.hq.xinhuanet.com/bitf/2010–06/12/content_20052967.htm。

意识，文件包括前言、七个章节、附件和一些参考文献，主体的七个章节内容涉及知识产权界定、博物馆知识产权界定、博物馆知识产权管理、体验经济、博物馆的商业机遇和资源等内容。2015 年世界知识产权组织又发布了《关于博物馆的版权限制与例外的研究报告》(*Study on Copyright Limitations and Exceptions for Museums*)，指出博物馆是文化遗产的守护神，而"信息技术的出现带来了重大的技术和社会变革，如果博物馆希望在二十一世纪继续履行自己的社会和文化职能，它们目前也必须改造自己的传统方式并考虑使其藏品实现数字化并向公众传播"。因此，为完成博物馆的使命，"博物馆的版权例外"将为博物馆增强传播能力起到重要推动作用。

与此同时，国内博物馆学界也日益注意到知识产权保护的重要性，国内首份有关博物馆版权管理指南于 2012 年正式发布，为深圳市版权协会联合雅昌艺术馆、华·美术馆等发布的《博物馆、美术馆版权管理工作指南》，不少业内人士认为"指南能帮助博物馆在现实或虚拟展览中有关复制和发行的权利问题提供解决方法，将使博物馆能够驾驭互联网这一教育和通信工具"①。

数字博物馆参与非物质文化遗产的版权保护问题也非常突出。首先是博物馆在对资源进行采集和数字化时的知识产权问题，对其采集原始资料和非物质文化遗产事项要做好知识产权保护，而对利用他人作品和资料也要加强知识产权保护意识。国家版权局 1999 年曾颁布《关于制作数字化制品的著作权规定》，"在数据库建设中就要进行知识产权的再确认，以许

---

① 窦新颖：《国内首份博物馆版权管理指南发布》，人民网 http://ip.people.com.cn/GB/18026614.html。

可合同方式获得知识产权人的许可授权，合法、规范地开发信息资源"①。其次，知识产权具有专有性，而开放的数字博物馆展示具有开放性特征，且在相关机制还未健全的情况下，非法下载、复制和滥用成为当下监管领域面临的重要难题。尤其数字博物馆超越空间，全球共享，由于法律的适用性不同，知识产权保护有时很难维权。

　　三是非物质文化遗产数字博物馆建设条件的不足。非物质文化遗产数字博物馆定位于博物馆，而不是网页或网站，因此，其建设与发展需要具备虚拟的展品，需要策划主题展览，需要专家团队支持，需要专业管理团队和运营团队。同时，与传统博物馆一样，非物质文化遗产数字博物馆也要定期采集展品，也要定期或不定期更新陈列，一切工作的开展需要比传统博物馆更多的资金、更高的技术要求、更优秀的复合型人才。

第三节　非物质文化遗产数字博物馆建设列举

一、中国非物质文化遗产数字博物馆

　　中国非物质文化遗产数字博物馆（http://www.ihchina.cn/）网、馆合一，是中国非物质文化遗产网和中国非遗数字博物馆的统一，由文化部主管、中国艺术研究院主办，数字博物馆具体有首页、组织机构、法律文件、联合国名录、国家名录、传承人、申报指南、保护论坛和记忆非遗等板块构

---

① 罗宁：《论数字博物馆建设中的知识产权保护与限制》，《中国博物馆》，2006年第1期，第79页。

成（图4-1）。

图 4-1　中国非物质文化遗产数字博物馆首页

　　首页由公告栏、专题报道、新闻报道、国家名录、展演专栏、保护论坛等栏目构成；组织机构中设立了联合国教科文组织、文化部、文化部非遗司、国家非物质文化遗产保护专家委员会、中国非物质文化遗产保护中心、联合国教科文组织亚太地区非物质文化遗产培训中心六个机构的链接；法律文件板块包含中国法规文件和联合国教科文组织文件两大部分，其中中国法规文件又分为国家级法规文件、部级法规文件、地方性法规文件和其他相关法规文件四个部分；联合国名录板块自 2001 年以来联合国教科文组织发布的"人类非物质文化遗产代表作名录"，可按地区、国家、类型、申报方式和公布年份等条件进行检索；国家名录板块主要展示四批国家级非物质文化遗产代表作名录情况，第一、二批可按地区或类型检索，相比较而言，第一、二批做得更为细致、完善，每项名录项目可点开继续阅读相关内容，而第三、四批则直接将国务院的公布通知放置于此，只有名称，不可点击继续阅读内容。传承人板块则将国家级传承人全部进行收集、梳理，可按类别、批次、地区、关键词等条件进行检索，每个传承人信息包括编号、姓名、批次、性别、出生日期、申报单位、项目名称等，按类别进行展示，虽有照片位置，但无照片展示。申报指南包括国家名录申报指南、代表作申报指南和申报范本三块内容构成，收集公布了联合国教科文组织和国内有关非物质文化遗产项目名录申报的指导办法（指南）和各种不同项目的申报范本，可供下载和阅读。保护论坛板块则收集非物质文化遗产保护信息、专家观点和有关文章，更新内容较快。记忆非遗板块主要展示白族绕三灵、安顺地戏、苗族锦鸡舞和川剧戏班的情况，内容较少，更新较慢。

"中国非物质文化遗产数字博物馆"网站结构清晰，涵盖范围较广，但内容较为匮乏，主要以文字为主，缺少图片和影像资料。从网络中呈现的内容看，笔者认为其更偏重于网站，而非博物馆，不排除其后续会发展为数字博物馆，但从网站向博物馆转变，还有很多内容需要丰富和完善。

二、广东非物质文化遗产数字博物馆

广东非物质文化遗产数字博物馆（http://www.gdwh.com.cn/wsfyg/index.html）由广东省文化厅非遗处、广东省非遗中心和广东省文化艺术信息中心主办，由广东文化网承办。

该数字博物馆分五个展馆：地方馆、门类馆、传承人馆、作品展览馆和商品交易馆（图4-2）。作品展览馆分为石湾陶艺的类别与技法作品展、

"岭南风格"广佛肇传统工艺美术展、阳春根雕展等 6 个分展，其他展馆暂时无法点击进入。

图 4-2　广东非物质文化遗产数字博物馆首页

三、成都非物质文化遗产数字博物馆

成都非物质文化遗产数字博物馆（www.ichchengdu.cn）由成都非物质文化遗产保护中心和成都图书馆于 2005 年联合创办，2006 年 4 月对外开放，是宣传和展示成都非物质文化遗产项目的数字平台。该数字博物馆分为蜀风雅韵、新闻动态、政策法规、非遗论坛、古琴流韵、2009 中国非物质文化遗产传统技艺展、首届非遗节、第二届非遗节等板块。该数字博物馆"收集的批量图片和影音资料数字化容量达 500GB，川剧和蜀派古琴的音频、视频文件分别达 201 部和 154 部，是成都地区资源最全、信息量最大、专业化程度最高的非物质文化遗产资源中心，也是国内最早通过互联网展示和宣传非物质文化遗产保护工作的网络平台"①（图4-3）。

图4-3 成都非物质文化遗产数字博物馆首页

蜀风雅韵板块主要介绍了国际、国家、省级、市级等四级名录情况，每项均有大量文字介绍。新闻动态主要介绍全国各地非物质文化遗产信息和相关新闻，但更新较慢。政策法规板块主要包括各地非物质文化遗产保护法律法规，内容主要以文字为主。保护论坛板块主要收集发布了关于非物质文化遗产及有关项目的研究文章，供读者阅读。古琴流韵板块是2006年成都中国古琴国际艺术节专题活动展示，通过文字、音频和图片展示了2006年"成都·中国古琴国际艺术节暨文君文化节"的活动情况。2009年中国非物质文化遗产传统技艺展是"专题陈列"，通过文字、图片、视频展示参加该活动的项目基本情况。首届非遗节和第二届非遗节也是专题板块，介绍上述活动举办情况。

---

① 《成都非遗数字博物馆获文化部"创新奖"》，新华网四川频道 http://www.sc.xinhuanet.com/content/2009-11/19/content_18278890.htm。

该数字博物馆是网络上可以看到的少有的地区性非物质文化遗产主题数字博物馆，2009年曾获得文化部"创新奖"，并创造了多个"第一"：全国第一家以"非物质文化遗产"保护为主题的地区性数字博物馆、全国第一家免费开放的"非物质文化遗产"专题网站、全国公共图书馆第一家建立地区性完整名录体系并保存大量原始数据的"非物质文化遗产"多媒体数据库。[①] 该馆主题清晰，内容安排相对合理，有专题陈列，也有数字化资源支撑，但限于种种原因，该数字博物馆后劲不足，内容更新较慢，很多内容已经过期或需要新的内容进行替换，但都未进行有效操作。

除上述非物质文化遗产数字博物馆外，江西、贵州、江苏等地一些机构或部门都已经开展非物质文化遗产数据库的建设，并以此为基础建设非物质文化遗产数字博物馆，但限于多种原因，笔者在网上搜索到相关新闻报道，但未能搜索到进一步的实践成果。全国各地建设了很多非物质文化遗产网站，但主动称为数字博物馆的还很少，可见，建设的有关非物质文化遗产事项的网站不等于非物质文化遗产数字博物馆，非物质文化遗产数字博物馆的基础——非物质文化遗产数据库建设本身是件漫长而又艰辛的工作，而整合数据库，建设非物质文化遗产数字博物馆更非易事，一个完善的非物质文化遗产数字博物馆不仅需要资金支持，更需要强大的技术力量支持、数据库的支撑、博物馆的陈列理念和强烈知识产权保护意识。

---

① 《成都"非物质文化遗产"网站 包揽3个"全国第一"》，新华网四川频道 http://www.sc.xinhuanet.com/content/2009-11/28/content_18358113_1.htm。

第五章

生态（社区）博物馆与非物质文化遗产保护

　　20 世纪 70 年代兴起的新博物馆学强调人的因素，强调主体的参与性，强调为社会及社会发展服务等理念，都使得博物馆走出传统建筑，融入社会，突破了传统博物馆"教科书式"的说教，开始尝试将博物馆融入社会发展中来。新博物馆学关注的重点从单纯的"物"扩大到以"人"为中心，关注如何为社会及社会发展服务，如何协调人类与自然环境的关系，如何将历史与现在、未来衔接起来。新博物馆学运动的倡导者和支持者正努力为上述目标的实现而不断地实践着，并为此创新出很多博物馆形式。[①] 新型博物馆是相对传统博物馆提出的、涵盖多类型博物馆的一个统称，在国内外实践中主要是指生态博物馆和社区博物馆。

第一节　生态博物馆的兴起

一、生态博物馆的缘起

　　生态博物馆理念的兴起和发展有多种因素推动，但其思想直接源于 20 世纪 60—70 年代的环境问题。二战后，西方各国经过短期的恢复进入了工业时代，由于工业化的迅速发展，环境污染日益严重，成为当时困扰各国的重大问题。1971 年，国际博协领导人乔治·亨利·里维埃和雨果·戴

---

① 　以生态博物馆和社区博物馆为代表的新型博物馆实践早于新博物馆学理论，而新博物馆学理论的发展又促进了新型博物馆的实践。自 1960 年代以来，各种新型博物馆的名称花样繁多，如邻里博物馆（neighborhood museum）、社区博物馆（community museum）、生态博物馆（ecomuseum）、文化公园（cultural parks）、整体博物馆或综合博物馆（integral museum）、活态历史博物馆（living history museum）等等，有些只是名称的不同，有些则确实是形式的不同。

瓦兰向法国环境部长介绍博物馆发展动向时，第一次使用"生态博物馆"一词：

> 1971 年春天，乔治·亨利·里维埃（国际博协前任秘书长和现任终身顾问），Serge Antoine（环境部长顾问）和我（时任国际博协秘书长）在巴黎 Segur 街的 La Llambee 餐厅共进工作午餐。我们要讨论国际博协第九次全体大会的有关事宜，该大会将于同年 8 月在巴黎、第戎和 Grenoble 举行。
>
> 我们谈到第戎的会议日程，那一天，第戎市市长暨法国首任环境部长 Robert Poujade 将致欢迎辞。我们讨论的问题之一是部长（市长）致词的意旨，乔治和我希望在这个重要的国际会议上第一次由一位重要的政治家公开地将博物馆与环境联系起来，这将开启博物馆学研究的新领域，尽管该领域刚开始被重视，但却是来年在斯德哥尔摩举行的联合国组织会议的重要议题。
>
> Serge Antoine 对此持保留态度，他认为博物馆不能在这个领域作任何创造性的事情，考虑到博物馆与历史有着如此紧密的联系，谈到博物馆为环境服务的功能只会引起人们的哄笑。否则为了传递这样的信息，我们不得不完全抛弃"博物馆"这个词。Poujade 肯定会关注博物馆的教育功能，并视之为实现其保护自然运动的辅助手段，但在正式演讲中使用"博物馆"一词将是错误的。乔治和我徒然地试图说服 Antoine 相信博物馆及其功能的生命力。最后，如同是开玩笑，我说："抛弃这个词（博物馆——译者注）是荒唐的，改变它的商业品牌形象可能是可取的，……我们可以试着根据博物馆一词来构造一个新词汇。"于是，我试着将"生态"（ecology）与"博物馆"（museum）缀合在一起，在第二次或第三次尝试时，我拼出了"ecomuseum"。

环境部长 Poujade 在几个月之后使用了生态博物馆（ecomuseum）一词。1971 年 9 月 3 日，他在第戎对来自世界各地的 500 多位博物馆学者和博物馆工作者的讲话中说："我们正在向一些人所说的生态博物馆方向发展，这是一个动态的路径，通过它，公众，首先是年轻人将能够重新认识人类、人的占有物及人的环境的基本原理的演变。"[①]

其后，生态环境科学的系统性和整体性原则引入到博物馆经营中，法国率先在世界范围内建立起了"法国地区自然公园""克勒索 – 蒙特梭煤矿社区生态博物馆"等一批生态博物馆。[②]

生态博物馆的兴起首先在法国，需要注意的是，"对于英语前缀'eco'用于生态博物馆（ecomuseum），既不是经济（economy），也不是泛指的生态学（ecology），其本意是指社会环境均衡系统：社区或者社会，人是其中存在的核心部分，人类的活动以及进程。或者至少它们应该是……这是 70 年代'发明'生态博物馆理论的原意"[③]。早在生态博物馆定名前，法国乡村地区已有类似的实践，1960 年代地区自然公园（regional nature park）和瑞典的斯坎森户外民俗博物馆都是生态博物馆未诞生前的实验，这种实验也被称为"第一代生态博物馆"。生态博物馆正式提出后，法国第一座生态博物馆"克勒索 – 蒙特梭煤矿社区生态博物馆"诞生被看作"第二代

---

① 转引自宋向光：《生态博物馆理论与实践对博物馆学发展的贡献》，《中国博物馆》，2005 年第 3 期，第 64—65 页。

② 参见［法］雨果·戴瓦兰：《生态博物馆概念的起源·可持续发展》，《中国博物馆通讯》，2005 年第 7 期。

③ 参见［法］雨果·戴瓦兰：《生态博物馆和可持续发展》，张晋平译，载中国博物馆学会编：《交流与探索：2005 年贵州生态博物馆国际论坛论文集》，紫禁城出版社，2006 年，第 84 页。

生态博物馆"的代表，此后十几年间，新的理念和方法在生态博物馆建设中不断实践，法国境内建立了 26 座生态博物馆。1985 年之后，在经济上和管理上具有相对独立地位的博物馆被称为"第三代生态博物馆"。[①]

在第三代生态博物馆的"进化"中，生态博物馆呈现的内容、观众的角色和博物馆的功能等都在不断进化，这种进化和推动既有生态博物馆自身建设经验的积累，也有新博物馆学运动的推动因素，尤其是新博物馆学"激进"的理念是生态博物馆取得丰硕实践成果的重要因素。新博物馆学不满传统博物馆过多关注如何经营博物馆的方法（method），而不注重博物馆"为谁""为什么"而存在，而新博物馆学则是有关博物馆目标（purpose）的科学，它关心博物馆过去的发展背景，当前博物馆的社会脉络，以及未来可能的走向；它尝试采用一种与传统博物馆不同的进路，改造博物馆与社会的关系，缔造一种大众化的、整合性的、行动的新博物馆。[②]新博物馆学运动宣扬的诸多理念逐渐被社会所接受，很多主张也被付诸实践，尤其是生态博物馆被新博物馆学运动吸收后，被赋予了很多新内容，成为新博物馆学运动者大力提倡和推广的新博物馆形式。

生态博物馆的实践走在新博物馆学之前，20 世纪 70 年代其与新博物馆学"合流"后日益壮大。对于新博物馆学的兴起，其亲历者、推动者，前国际博物馆协会秘书长雨果·戴瓦兰将其归结为前殖民主义国家的独立、非洲裔、拉丁美洲裔和印第安纳后裔掀起的争取公民平等权利斗争和寻根、

---

① 参见张誉腾：《生态博物馆——一个文化运动的兴起》，台湾五观艺术管理有限公司，2004 年。

② 参见张誉腾：《台湾的博物馆事业：历史回顾和现状观察》，载甄朔南、楼锡祜主编：《海峡两岸博物馆学人与全球化的对话论文集》，中国自然科学博物馆协会，2003 年。

1968 年欧洲的学生运动、重新发现部落文化和社会价值以及雷同化的传统博物馆中观众群体为社会精英和组织者组织来的观众等背景[1]，由于复杂的历史与文化背景，生态博物馆在兴起之后，也被寄予了不同的使命和目的，如扶贫、文化记忆以及其他的政治和社会目的。正如里维埃感慨："生态博物馆运动有如一部疾驰的列车。从一方面来说，它们确实导致博物馆若干的进步，从另一方面来说，却也有一些人跳上这部时髦的列车，企图从自己的观点将整个运动改头换面。生态博物馆的观念是如此丰富壮丽，这些人趋之若鹜也是势在必然的。"[2]

生态博物馆诞生至今已近半个世纪，但目前对生态博物馆仍没有一个统一的定义，1980 年生态博物馆的创办人乔治·亨利·里维埃对生态博物馆进行了定义，这个定义至 1985 年才被发表出来，全文如下：

生态博物馆是由公共权力机构和当地居民共同设想，共同修建，共同经营管理的一种工具。公共机构的参与是通过有关专家、设施及机构所提供的资源来实现的；当地人民的参与则靠他们的志向、知识和个人的途径。

生态博物馆是一面镜子，在这面镜子里，当地的人民为发现自己的形象观察自己，寻找对该博物馆所处的土地及该土地上以前的居民的解释。这些不是以时间就是以代与代之间的持续为限的。生态博物馆是一面当地人用来向参观者展示以便能更好地被人了解，使其行

---

① 参见［法］雨果·戴瓦兰：《二十世纪 60—70 年代新博物馆运动思想和"生态博物馆"用词和概念的起源》，载中国博物馆学会主编：《2005 年贵州生态博物馆国际论坛论文集》，紫禁城出版社，2006 年。

② 转引自张誉腾：《生态博物馆——一个文化运动的兴起》，台湾五观艺术管理有限公司，2004 年，第 16—17 页。

业、风俗习惯和特性能够被人尊重的镜子。

生态博物馆是人类和自然的一种表现。它将人类置于其周围的自然环境之中，它用野生、原始来描绘自然，但又被传统的和工业化的社会按照其自身的设想所加以改造。

生态博物馆是时间的一种表现，在其所覆盖的时间范围内，各种各样的解释可以追回到人类出现以前，可以追溯史前及有人类生活最终至出现现代人的历史进程。它还可以产生对自然界的一连串的追忆，而对于得出的结论，对在这些结论之上进行报告和进行批判分析的作用却没有丝毫的矫饰。

生态博物馆是对空间——可以在里边停留或游览的特殊空间的一种解释。

就其为研究本地区居民过去和现在及其周围环境提供资料，促使本领域专门人才的培训，以及与外界的研究机构进行合作来说，生态博物馆也是一所实验室。就其有助于保存和发展自然的和人的文化遗存而言，它还是一个资源保护中心。就其在人类的研究和保护工作中涉及人和鼓励人们更清醒地掌握自己未来而言，生态博物馆又是一所学校。

这个实验室、资源保护中心和学校是以共同的原则为基础的。以其名字而存在的文化将在最广泛的意义上为人们所了解，它们关系到培养人类的尊严和艺术表现形式，不管这些文化来源于哪一个人口阶层。生态博物馆的差异极大，故其中的各个组成部分从这种标本到另一种标本也极不相同。这种组合不是自我封闭的：它又接受又给予。[①]

---

① ［法］乔治·亨利·里维埃：《生态博物馆——一个进化的定义》，《中国博物馆》，1986年第4期，第6页。

国际博协自然历史委员会对上述定义不表示赞同，其给生态博物馆进行了如下定义："生态博物馆是这样一个机构，通过科学的、教育的，或者一般来说的文化的方式，来管理、研究和开发一个特定社区的包括整个的自然环境和文化环境的整个传统。因而这种生态博物馆是公众参与社区规划和发展的一个工具。因而生态博物馆在管理上使用所有手段和方法来准许公众的一种自由的和负责的态度来理解、批评和征服它面对的问题。本质上，生态博物馆为了达到其意愿的变化，使用工艺品、真实的日常生活和具体的环境作为它的表现手段。"[①]

法国政府也对生态博物馆进行了定义："生态博物馆是一个文化机构，这个机构以一种永久的方式，在一块特定的土地上，伴随着人们的参与，保证研究、保护和陈列的功能，强调自然和文化遗产的整体，以展现其有代表性的某个领域及继承下来的生活方式。"[②]

国内学者对生态博物馆也有自己的认识，苏东海对生态博物馆进行了如下表述：生态博物馆是对自然环境、人文环境，有形遗产、无形遗产进行整体保护、原地保护和居民自己保护，从而使人与物、与环境处于固有的生态关系中，并和谐地向前发展的一种博物馆新理念和新方法。[③]

国际文博学界对生态博物馆的定义仍在讨论中，正如苏东海所说，对生态博物馆的多种描述"表明生态博物馆思想及其内涵仍在不断发展中。

---

① 转引自苏东海：《国际生态博物馆运动述略及在中国实践》，《中国博物馆》，2001 年第 2 期，第 4 页。

② 转引自苏东海：《国际生态博物馆运动述略及中国的实践》，《中国博物馆》，2001 年第 2 期，第 4 页。

③ 参见苏东海：《国际生态博物馆运动述略及中国的实践》，《中国博物馆》，2001 年第 2 期。

我们的结论是没有稳定的、统一的定义，正是生态博物馆发展中的一个特征"①。虽然上述定义都没有取得普遍的认同，但通过对三个定义的比对，可以分析出三个定义"不同而和"之处：即当地人的参与性、人与自然关系的和谐、文化记忆。生态博物馆的定义虽然没有统一，但国际社会对生态博物馆的形式都已普遍接受，而且生态博物馆在世界范围内已经逐渐普及开来。截至 2015 年，世界范围内共有 300 多座生态博物馆，我国有包括贵州堂安侗族生态博物馆、内蒙古自治区敖伦苏木蒙古族生态博物馆在内在建和拟建的生态博物馆 80 余座。②

二、生态博物馆的建设原则与使命

生态博物馆的诞生与生态平衡、环境恶化和地区的文化保护变革有着直接的关系，它最开始只是在法国产生的博物馆革命，新博物馆学并非是生态博物馆的思想来源，而生态博物馆则是新博物馆学的思想来源与实践支撑。1980 年代之后，新博物馆学的发展与生态博物馆的发展相辅相成，新博物馆学的部分思想和内容来源于生态博物馆，而生态博物馆在新博物馆学运动的推动下，逐渐走出环境主题，关注人与环境、生态、社会等多方面的内容，关注的范围和层次比刚刚诞生时宽泛了许多，也深入了许多。

生态博物馆从 1971 年诞生到现在，在世界范围内已经发展到 300 余家。虽然生态博物馆还没有统一的定义，但从发展和普及速度看，这种文化遗产保护形式已经得到世界各国的认可，这是因为生态博物馆的理念"文化

① 苏东海：《论坛小结》，《中国博物馆通讯》，2005 年第 7 期，第 15 页。
② 潘守永：《中国生态博物馆现况扫描》，《中国文化报》，2015 年 7 月 16 日。

的原生地保护文化,并且由文化的主人自己保护"①符合当今世界文化遗产保护发展的趋势和要求。生态博物馆理论的创立者与实践者雨果·戴瓦兰曾指出,生态博物馆遗产"教育的最重要意义是当地居民懂得了他们自己所肩负的责任"②。

尽管生态博物馆的提出有故事化色彩,但生态博物馆显然不是偶然的思想火花,其有着长期的思想酝酿和前期实践基础。世界各国的国情不一样,文化成长环境也不一样,对如何建设生态博物馆的原则也不一致。生态博物馆的重要发起者和参与者之一乔治·亨利·里维埃归纳了生态博物馆的七个共通原则③:

一、地方族群与主管机构的合作。

二、以时间和空间为基础的"主题式"进路（thematic approach）。

三、地方族群是方可从事"文化观光"（cultural tourism）的一面镜子。

四、所在环境因子,如人、自然与工业的整合。

五、一座"联合式学校"（associative school）。

六、一座研究和批判分析中心。

七、一座以科技整合方式来探索和解释其所领域的场所。

---

① 苏东海:《论坛小结》,《中国博物馆通讯》,2005 年第 7 期,第 15 页。

② 参见［法］雨果·戴瓦兰:《生态博物馆和可持续发展》,张晋平译,载中国博物馆学会编:《交流与探索:2005 年贵州生态博物馆国际论坛论文集》,紫禁城出版社,2006 年,第 84 页。

③ 转引自张誉腾:《生态博物馆——一个文化运动的兴起》,台湾五观艺术管理有限公司,2004 年,第 16—17 页。

曾任法国国家顾问的魁宁（Max Querrien）指出生态博物馆的特性或存在必要条件包括：地域性（territoriality）、社会实践性（social practice）、去博物馆化（de-museumification）、日常的文物（everyday objects）、文物资产的资料库（heritage data bank）、研究与相互训练中心（a center for research and mutual training）、实验性（tentativity）。[1] 因此，"生态博物馆的宗旨在于集体意识的酝酿与自我觉醒"[2]。

中国的生态博物馆从概念引入至今，理论与实践都已经完成了本土化。1998 年，中国第一座生态博物馆——贵州梭戛苗族生态博物馆诞生，2005 年全国建有 7 座生态博物馆。同年，在贵州召开的"贵州生态博物馆群建成暨生态博物馆国际学术论坛"上，进一步明确我国生态博物馆发展的"六枝原则"[3]，这是我国生态博物馆建设中总结出的符合我国国情的理论和原则：

一、村民是其文化的拥有者，有权认同与解释其文化；

二、文化的含义与价值必须与人联系起来，并应予以加强；

三、生态博物馆的核心是公众参与，必须以民主方式管理；

四、当旅游和文化保护发生冲突时，应优先保护文化，不应出售文物但鼓励以传统工艺制造纪念品出售；

五、长远和历史性规划永远是最重要的，损害长久文化的短期

---

① 参见张誉腾：《生态博物馆——一个文化运动的兴起》，台湾五观艺术管理有限公司，2004 年，第 72—74 页。

② 张誉腾：《生态博物馆——一个文化运动的兴起》，台湾五观艺术管理有限公司，2004 年，第 75 页。

③ 参见［挪］达格·梅克勒伯斯特：《六枝原则》，《中国博物馆通讯》，2005 年第 7 期，第 10 页。

经济行为必须被制止；

　　六、对文化遗产进行整体保护，其中传统工艺技术和物质文化资料是核心；

　　七、观众有义务以尊重的态度遵守一定的行为准则；

　　八、生态博物馆没有固定的模式，因文化及社会的不同条件而千差万别；

　　九、促进社区经济发展，改善居民生活。

"六枝原则"已获得国际博物馆学界的广泛认可，为世界范围内开展生态博物馆建设提供了经验借鉴，为民族民间文化的生态化保护提供了借鉴。

不论生态博物馆是镜子、窗户、展柜[①]，还是现实，总之，今天的生态博物馆代表着一个过程，一个现象，一个行动者，它的理念和使命包括保护和确认当地有价值社会文化传统；保护和再现与无形遗产有关的集体记忆，包括居民的特性，以及他们与当今社会的相互妥协；研究、调查和宣传本地区自然、历史和社会主题；利用自然和历史资源，应用社会遗产和各种资源，推动可持续经济发展和旅游经济。[②]

总而言之，生态博物馆不仅仅是博物馆发展的一种形式和理念，"而是在于努力探求人类文化未来的发展方式，包括如何阻止不同地方文化

---

① 　［挪］马克·摩尔：《生态博物馆：是镜子，窗户还是展柜？》，张晋平译，载中国博物馆学会编：《交流与探索：2005 年贵州生态博物馆国际论坛论文集》，紫禁城出版社，2006 年，第 113—114 页。

② 　［意］玛葛丽塔·科古：《生态博物馆和地方政府》，张晋平译，载中国博物馆学会编：《交流与探索：2005 年贵州生态博物馆国际论坛论文集》，紫禁城出版社，2006 年，第 132—136 页。

的退化，如何激发不同文化的原创力"①。"生态博物馆开展了'文化行动'（cultural action）前所未见的可能性，让我们看到一个地区的人民如何可以通过适当的新方式觉醒起来，同心协力去建构一个去中心化、完全不同面貌的博物馆。"②

三、中国生态博物馆的发展道路

从 1970 年代至今，国际生态博物馆发展已有四十多年的历史，而中国生态博物馆建设之路则比西方晚二十多年。1980 年代，《中国博物馆》杂志陆续开始发表有关生态博物馆研究的文章，1990 年代，生态博物馆在中国开始走上实践之路，始建于 1995 年的贵州六盘水市梭戛③苗族生态博物馆是中国第一座生态博物馆。此后在贵州、广西、云南、内蒙古等地陆续涌现大批生态博物馆，如贵州堂安侗族生态博物馆（1999 年）、贵州镇山布依族生态博物馆（2000 年）、内蒙古自治区敖伦苏木蒙古族生态博物馆（2000 年）、贵州隆里古城生态博物馆（2004 年）、广西南丹里湖白裤瑶族生态博物馆（2004 年）、广西三江侗族生态博物馆（2004 年）、云南西双版纳布朗族生态博物馆（2006 年）等。此外，全国还有一批民族文化生态保护村（区）项目，学者也将其归为生态博物馆范畴，如云南省实施的 60 个民族文化生态保护村（区）项目亦被归为生态博物馆之列。"在

---

① 方李莉：《警惕潜在的文化殖民趋势——生态博物馆理念所面临的挑战》，《民族艺术》，2005 年第 3 期，第 11 页。

② 张誉腾：《生态博物馆——一个文化运动的兴起》，台湾五观艺术管理有限公司，2003 年，第 6 页。

③ 也有写作梭嘎。参见段阳萍：《西南生态博物馆研究》，中央民族大学出版社，2013 年，第 71—72 页。

中国，这是一种最为成熟的生态博物馆类型，其'标准配备'是：完整的民族村寨（保留相对完整的民族传统、村寨有自己的民族特色等）+资料信息中心+活动。"①

对于我国生态博物馆的发展历程，苏东海先生将其分为两个阶段："中国生态博物馆从传统博物馆中走出来，在文化的原生地建立了第一代生态博物馆，突破了传统博物馆的局限性，弥补了传统博物馆的缺陷，实现了文化保护社区化和民主化的博物馆新理念。中国第二代生态博物馆在遗产保护社区化的基础上，正向遗产保护的专业化、博物馆化方向前进，使之可持续发展下去。这就是中国生态博物馆发展的路线图。"②第二代生态博物馆的代表为广西民族生态博物馆，其采用"1+10"的模式进行建设，所谓"1"是指广西民族博物馆，其主要发挥带动作用和业务指导作用；所谓"10"是指分布在广西各地的民族生态博物馆。相比较第一代生态博物馆，第二代生态博物馆加强了科学研究水平和展示传播水平。③

我国早期建设的生态博物馆大部分在比较偏僻地区，地域经济发展相对落后，自然环境保存较好，文化生活相对保守，地域发展受市场化的冲击不大，而且文化保有者多为少数民族，生态博物馆的居民在经过培训后能够实现文化自理，不需要外界太多的强制干涉，其属地居民对自身文化有着强烈的感情和文化认同。

进入21世纪，东部发达地区的古村落、古镇和城市社区也尝试建立

---

① 潘守永：《中国生态博物馆现况扫描》，《中国文化报》，2015年7月16日。

② 苏东海：《中国生态博物馆的道路》，载中国博物馆学会主编：《2005年贵州生态博物馆国际论坛论文集》，紫禁城出版社，2006年，第7页。

③ 参见苏东海：《中国生态博物馆》，紫禁城出版社，2005年，第17—19页。

这一类型博物馆,学界称其为"中国第三代生态博物馆"^①。2008年,在总结中国生态博物馆建设经验基础上,浙江安吉开始建设以社区发展和文化遗产保护为主要目的的安吉生态博物馆。安吉生态博物馆采取"一中心馆、十二个专题生态博物馆、多个村落文化展示馆"的框架结构,充分展示安吉物质文化遗产与非物质文化遗产。2011年,国家文物局将安吉生态博物馆作为东部地区生态博物馆建设的示范点。^②2012年10月,安吉生态博物馆建成开馆。

生态博物馆在中国的建设方兴未艾。2011年,国家文物局下发了《关于促进生态(社区)博物馆发展的通知》(文物博发〔2011〕15号),该文件指出:生态(社区)博物馆是一种通过村落、街区建筑格局、整体风貌、生产生活等传统文化和生态环境的综合保护和展示,整体再现人类文明发展轨迹的新型博物馆。对于当下生态博物馆的责任和使命,《通知》认为主要体现"调动全社会保护文化遗产的积极性,推动文化遗产的有效保护和传承发展,建设中华民族共有精神家园,增强民族自信心和凝聚力,延续中华文脉,促进文化与经济社会全面协调和可持续发展"。^③

2013年,国家文物局对2011年确定的首批生态(社区)博物馆示范点^④建设开展评估,评估的依据是《生态(社区)博物馆建设示范点评估

---

① 在生态博物馆的划分上,也有学者将生态博物馆分为政府机构主导型、民间机构主导型和学术机构主导型三种类型。参见段阳萍:《西南民族生态博物馆研究》,中央民族大学出版社,2013年。

② 参见浙江安吉生态博物馆网站 www.anjieco-museum.com。

③ 国家文物局:《关于促进生态(社区)博物馆发展的通知》(文物博发〔2011〕15号),2011年。

④ 首批生态(社区)博物馆示范点包括浙江安吉生态博物馆、安徽屯溪老街社区博物馆、福建福州市三坊七巷社区博物馆、广西龙胜龙脊壮族生态博物馆、贵州堂安侗族生态博物馆。

指标体系》和《关于促进生态（社区）博物馆发展的通知》。这里需要重点指出的是《生态（社区）博物馆建设示范点评估指标体系》，从七个角度对生态（社区）博物馆开展评估：发展规划、整体保护文化遗产的功能、教育服务功能、文化遗产保护与改善经济社会发展状况有机统一、可持续发展的管理运行机制、对于本省（市）其他生态（社区）博物馆的引领作用、进一步提升生态（社区）博物馆建设示范点水平的思路对策。该评估指标体系无疑总结了国内外生态博物馆建设的积极做法，吸收当下生态博物馆理论研究进展，并结合当下中国社会发展的实际，内容具体，指向明确，无疑会成为今后中国生态博物馆建设的指南。

第二节　生态博物馆与非物质文化遗产的保护

一、集体记忆：梭戛生态博物馆与社区文化保护 [①]

传统博物馆在保护文化遗产时，也使文化遗产与环境、所有者和其他文化事项脱离了关系。生态博物馆的核心理念是文化遗产的原生地保护，其强调原生地保护社区环境、文化遗产和集体记忆。

（一）梭戛生态博物馆与集体记忆

梭戛生态博物馆位于贵州省六盘水市六枝特区内。在六枝县和织金县交界地带居住着一支稀有的、文化独特的、以长角为头饰的苗族（图

---

① 　介绍梭戛生态博物馆的文献较多，其建设过程和基本情况在此简述。

图 5-1　梭戛长角苗少女①

5-1）——箐苗，族群人口约 4000 人，其常年居住在高山上，与外界联系较少，这支苗族分布在 12 个村寨，面积约 100 平方公里。他们有语言没有文字，以结绳记事方式来记录村寨中的重大事情，且为极少数人掌握。村寨由寨老、寨主和鬼司共同管理，职责不同，寨主是行政领袖，寨老是最高领袖，鬼司是精神领袖。根据梭戛生态博物馆建设的两位发起者苏东海和胡朝相的描述，之所以选择在此地建立生态博物馆，"我们的出发点就是选择最脆弱的地区、最脆弱的文化来保护，所以选择梭戛"②。"陇戛寨的自然环境、社会结构、经济状况和精神香火仍然保存在一种比较完整的文化生态中。"③因此，封闭、脆弱、文化遗产资源丰富成为生态博物馆得以建立在六枝梭戛的重要影响因素。

梭戛生态博物馆是中国建设的第一座生态博物馆，是按照早期西方生态博物馆理论建设的中国第一代生态博物馆。按照安来顺在《在贵州省梭嘎乡建立中国第一座生态

---

① 图片来源：六枝政府官方网站 www.liuzhi.gov.cn。

② ［美］倪威亮：《中国生态博物馆的反思与瞻望——苏东海先生访谈》，《中国博物馆》，2011 年 Z1 期（合刊），第 111 页。

③ 安来顺：《在贵州省梭嘎乡建立中国第一座生态博物馆的可行性研究报告》，《中国博物馆》，1999 年第 2 期，第 11 页。

博物馆的可行性研究报告》中的说法："这个文化体已经成为全世界文化遗产的一部分，具有很高的保存价值，建立一个生态博物馆把这个宝贵的民族文化加以保护并使其延续下去，必定会受到民族学家、人类学家、社会学家、文化学家、民俗学家等科学工作者的普遍欢迎，同时也必将为推动梭嘎社区的社会、经济发展，为苗族、为贵州、为中国乃至全人类文化遗产的保护作出贡献。"[1] 这段文字清晰表述了梭嘎生态博物馆建设的目的，从新博物馆学和生态博物馆学理念角度出发，观照社区和社会的发展，保存地方文化遗产，留存集体记忆。

文化传承的载体有三类：一是以文字为载体的文献；二是以文物古迹为载体的实物遗存；三是以口传心授为载体的非实物文化艺术传承。[2] 因此，"在操作中，生态博物馆包括两个重要组成部分：关于本社区的'资料信息中心'和'对本社区文化遗产尽可能原状的保护'"[3]。而对苗族无形文化的传承除了博物馆组织的活动外，更多依赖社区的自我意识和自我选择。

1. 文化遗产的整体保护

梭嘎生态博物馆将苗族 12 个村寨作为一个整体，整个社区就是一个生态博物馆。在梭嘎生态博物馆中，村落的自然环境、民居、景观、生产生活用具、音乐、舞蹈、手工技艺、传统婚丧嫁娶和节日礼仪等民俗文化和正在进行的生产与生活就是博物馆所要保护和展示的内容。

---

[1]　安来顺：《在贵州省梭嘎乡建立中国第一座生态博物馆的可行性研究报告》，《中国博物馆》，1999 年第 2 期，第 11—12 页。

[2]　参见郑培凯、李磷主编：《文化遗产与集体记忆》，广西师范大学出版社，2014 年，第 2 页。

[3]　安来顺：《在贵州省梭嘎乡建立中国第一座生态博物馆的可行性研究报告》，《中国博物馆》，1999 年第 2 期，第 9—10 页。

资料信息中心是生态博物馆的重要组成部分（图5-2），其兼具信息保存、物质文化遗产展示和博物馆工作场所。按梭戛生态博物馆建设者的构想，梭戛生态博物馆的资料信息中心兼具以下功能：[1]

图5-2　梭戛生态博物馆资料信息中心[2]

作为一个信息库，记录和储存着本社区特定文化的信息。如，录音记录下的口碑历史、文字资料、具有特殊意义的实物、文化普查的清单和其他属于本社区的遗产。这个信息库不仅为本地的居民保护和学习自己的文化提供了广博的知识资源，而且为外来的参观者和研究者提供了有关本文化的必要信息。

作为一个参观中心，它利用一个小型的展览向观众介绍即将参观的特定文化的基本情况，并告诉人们作为一名观众（或客人）的行为要求，以及他们将要看到和经历什么。这些工作可以通过视听媒介来完成。

作为博物馆工作人员的工作场所，为专职工作人员或志愿者提供必要的工作设施。

作为一个社会服务场所，提供餐饮、会议室等社会服务。

---

[1]　安来顺：《在贵州省梭嘎乡建立中国第一座生态博物馆的可行性研究报告》，《中国博物馆》，1999年第2期，第10页。

[2]　图片来源：六枝政府官方网站 www.liuzhi.gov.cn。

梭戛生态博物馆建成后，信息资料中心建在陇戛寨，占地面积1800平方米，建筑面积420多平方米，共7间房，包括长角苗文化展示中心、长角苗文化研究中心、长角苗文化传承人培训中心、专家工作站、陈列室、民族工艺品展销厅及办公用房等。梭戛生态博物馆的信息资料中心存储着社区民众的口述史资料、图片资料和文字资料，陈列着从社区民众中征集来的生产生活用具。博物馆工作人员还整理出版了《梭戛生态博物馆资料汇编》《长角苗非物质文化研究》《梭戛生态博物馆》等图书。

2. "箐苗记忆"工程

梭戛生态博物馆建立的目的之一主要是为了保护和展示社区文化遗产。1999年8月，梭戛生态博物馆进行第一次文化遗产调查和培训工作，并实施"箐苗记忆"工程，对有形的和无形的文化遗产开展记录保护，拍摄了1700多张照片。"所谓记忆，即梭戛社区的村寨历史、故事、传说、婚丧嫁娶等。"[1]此后，"箐苗记忆培训班"培训了10多名陇戛寨的村民，挪威专家约翰·杰斯特龙讲授了"箐苗记忆"的调查方法和分类，当地村民也积极参与到文化遗产的调查和记录中，获得调查资料40多盒。[2]

"箐苗记忆"工程之后，生态博物馆坚持进行文化记录工作和协调社区开展特色文化活动。随着非物质文化遗产保护的兴起，梭戛社区也积极开展非物质文化遗产申报工作，目前，六枝梭戛箐苗文化空间、梭戛三眼箫艺术和梭戛箐苗彩染服饰艺术入选贵州省省级非物质文化遗产代表作名录。

---

[1] 胡朝相：《贵州生态博物馆非物质文化遗产保护的问题》，《中国博物馆》，2002年第4期，第62页。

[2] 胡朝相：《贵州生态博物馆非物质文化遗产保护的问题》，《中国博物馆》，2002年第4期，第62页。

（二）梭戛生态博物馆与社区的变迁

建设一个生态博物馆不难，但让它存在下去比较难。[1]方李莉对梭戛生态博物馆进行了多次考察，也"描述"了生态博物馆建立前后的社区变化。1998年陇戛寨通电，社区通公路，此后自来水及现代化设施逐步走进社区。2001年，邵逸夫捐资兴建了梭戛完全小学。村落里的民众也走出村落，到外地打工，以求对自身境遇和生活的改变。随着旅游业的发展，经济因素对社区内部关系也产生了微妙的影响，人与人之间的关系变得不再"单纯"，"人情交换"转变为"货币交换"。建立在经济基础上的文化生活方式不断改变，社区传承已久的传统文化在年轻一代身上逐渐为流行文化所取代，从服饰、穿戴到生活用具无不开始有了时代的"痕迹"，生活方式悄然发生着变化。"新一寨"[2]和"新二寨"的建设也被专家认为破坏了村寨的整体风貌。隆重的民族文化生活从展演变为"表演"，原本要保存和展示的文化只保留了文化的形式，丧失了文化的灵魂，社区的信仰和文化认同慢慢消散。[3]"原本生态博物馆的首要关怀就是对地域集体记忆（collective memory）的高度重视，但目前对生态博物馆在理论上的混淆与实务上的分歧，却在再现人类忘却历史的惊人能力。"[4]

潘年英在前后两次考察梭戛生态博物馆后指出其调查时梭戛生态博物馆的"艰难"：原馆长退休后，新馆长长期不能到位，博物馆的信息资料

---

[1] ［美］倪威亮：《中国生态博物馆的反思与瞻望——苏东海先生访谈》，《中国博物馆》，2011年Z1期（合刊）。

[2] 新一寨和新二寨是指当地政府投资兴建的新住宅群落。

[3] 参见方李莉：《遗产：实践与经验》，云南教育出版社，2008年。

[4] 转引自张誉腾：《生态博物馆——一个文化运动的兴起》，台湾五观艺术管理有限公司，2003年，第9页。

中心房屋失修，各种硬件设施遭到严重破坏，长年关闭。过度旅游化使村民不再淳朴，商业气息浓郁。尤其是生态博物馆的管理从政府、专家委员会和当地民众的三方管理逐渐转变为政府单一管理后，博物馆逐渐远离当初文化保存的目标，经济目的越来越明显。[1]

　　生态博物馆建设与发展的艰难往往并不是来自生态博物馆形式的不成熟和内部机制的不完善，作为生态博物馆的主人，村民的自我意识提升、文化认同和参与度更是影响生态博物馆成败的关键因素。毛里齐奥·马吉在考察中国生态博物馆建设现状后指出："中国农村的社会是软弱的，同时它对面临的挑战缺乏规划的能力：一般来说，他们并未认识到自己所拥有的价值，在外力介入的时候，他们只能袖手旁观。"[2] 因此，生态博物馆要得以巩固和发展，村民必须从名义的主人回归到事实的主人，从文化代理回归到文化自主。[3]

　　2000 年到 2013 年之间，梭戛生态博物馆经历了跌宕起伏的艰难发展历程，可喜的是，梭戛生态博物馆没落后并没有一蹶不振。经过梭戛生态博物馆的创办者之一胡朝相多次努力[4]，贵州省对梭戛生态博物馆进行了整治和投入，陆续完善了生态博物馆的设施和人员配备，梭戛生态博物馆又重新走上了前进之路。

---

[1]　参见潘年英：《变形的"文本"——梭戛生态博物馆的人类学观察》，《湖南科技大学学报（社科版）》，2006 年第 2 期。

[2]　［意］毛里齐奥·马吉：《关于中国的报告——对中国生态博物馆的建议》，黄黎译，《中国博物馆》，2007 年第 3 期，第 26 页。

[3]　崔波：《生态博物馆：遗产保护的新思维》，《中国文物报》，2005 年 7 月 8 日。

[4]　参见胡朝相：《梭戛生态博物馆发展之路的探索》，《中国文物报》，2014 年9 月 30 日。

二、整体保护：安吉生态博物馆与非物质文化遗产保护

（一）安吉生态博物馆概况

安吉县处于浙江省北部，是湖州市下辖县，位于东经 119°14′—119°53′和北纬 30°23′—30°53′之间，面积 1885.71 平方公里，人口约 46 万。安吉自然资源丰富，被誉为"中国竹乡"，先后被命名为全国首个"国家生态县"、全国首批"生态文明建设试点县"、中国美丽乡村国家级标准化示范县、全国休闲农业与乡村旅游示范县、国家园林县城、省级森林城市，并荣获"联合国人居奖"。安吉县历史文化底蕴深厚，历史遗迹丰富，名人文化、竹子文化、孝子文化、邮驿文化、山民文化等是安吉文化的代表。^①

基于上述条件，2008 年 5 月，安吉县提出建设生态博物馆申请，当年 10 月获批并举行奠基仪式。2009 年，委托浙江大学编制完成《中国（安吉）生态博物馆总体规划》，2010 年 12 月，完成生态博物馆信息资料展示中心建设，2011 年，安吉生态博物馆被国家文物局作为东部地区生态博物馆建设示范点，2012 年 10 月，安吉生态博物馆正式开馆。^②

中国安吉生态博物馆由以下几个部分构成：1 个中心馆、13 个专题馆、若干村落馆和 1 个虚拟博物馆。中心馆主要有安吉生态文化陈列、安吉历史文化陈列、安吉出土铜镜专题陈列和临时展览。13 个专题馆主要包括上墅生态农业博物馆、天荒坪生态能源博物馆、安吉竹文化生态博物馆、上张山民文化生态博物馆、祖名豆文化生态博物馆、安吉白茶文化生态博物馆、安吉移民文化生态博物馆、郎村畲民文化生态博物馆（图 5-3）、

---

① 参见安吉县政府官方网站 www.anji.gov.cn。

② 参见安吉生态博物馆网站 www.anjieco-museum.com。

鄣吴竹扇生态博物馆、马村蚕桑生态博物馆（图5-5）、永裕现代竹产业生态博物馆、龙山古墓葬生态博物馆和安吉古军事防御生态博物馆。[①]

村落馆主要分布在安吉各乡镇，以展示村落地域特色文化为主，目前全县建有孝丰孝文化展示馆、龙王手工造纸文化展示馆、安吉古桥文化展示馆、松坑竹帚产业展示馆、尚书圩尚书文化展示馆、上舍龙舞文化展示馆、梓坊茶文化展示馆、桐杭军事文化展示馆等40座展示馆（图5-4）。

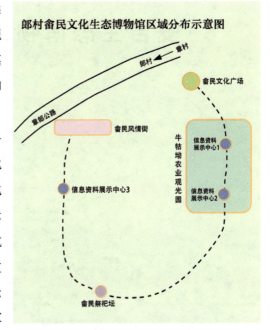

图 5-3　专题馆之一郎村畲民文化生态
博物馆示意图[②]

虚拟博物馆依托安吉生态博物馆网站（www.anjieco-museum.com），利用数字化技术和虚拟现实技术将中心馆、专题馆以及藏品进行虚拟展示，同时有电子书籍供浏览者阅读。

安吉生态博物馆的建设已经超越第一代和第二代生态博物馆的建设形制，并使中国生态博物馆的使命与时代发

———————————

安吉生态博物馆群分布图

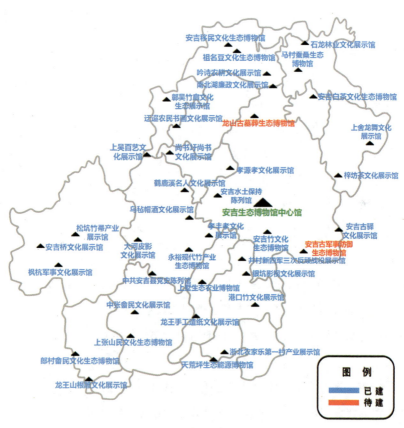

图 5-4　安吉生态博物馆群展示馆分布示意图①

---

①　图片来源：安吉生态博物馆网站 www.anjieco-museum.com。

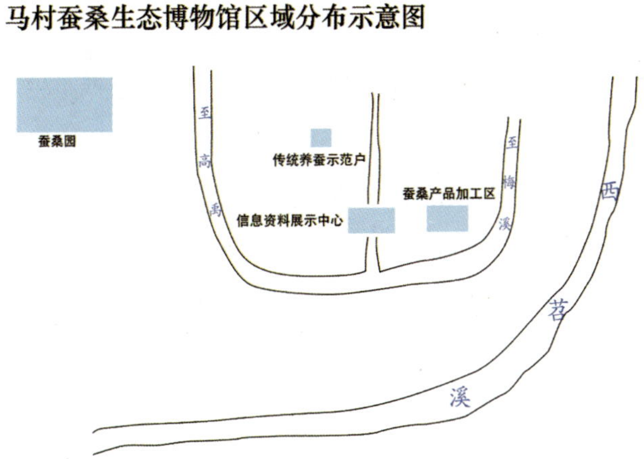

马村蚕桑生态博物馆区域分布示意图

图 5-5　马村蚕桑生态博物馆区域分布示意图[①]

展的要求贴合得越来越紧密。早期的生态博物馆具有促进社区经济发展和
改善民众生活（扶贫）、社区文化遗产（包括非物质文化遗产）保存与展
示以及唤起民众参与意识的使命，而现代生态博物馆的使命除继承上述使
命外，也进一步发展了生态博物馆的使命：社区营造与生态发展、经济与
社会的可持续发展以及连接过去、现在与未来的民众自我主导的文化发展
意识。

（二）安吉生态博物馆与非物质文化遗产保护

在《中国（安吉）生态博物馆总体规划》中对安吉生态博物馆的功能
定位明确提到：保护自然和文化遗产的记忆、记录自然和文化遗产的变化
轨迹、促进遗产研究的多方合作等。[②] 由此可见，在安吉生态博物馆建设中，

---

① 图片来源：安吉生态博物馆网站 www.anjieco-museum.com。

② 参见《中国（安吉）生态博物馆总体规划》，安吉新闻网 http://ajnews.zjol.com.cn/
ajnews/system/2010/07/14/012373819.shtml。

原地保存与展示优秀的社区文化成为建设的主旨之一。

1. 非物质文化遗产的保存与展示

保护和展示区域的物质文化遗产和非物质文化遗产是生态博物馆的重要使命。安吉生态博物馆建设过程中，无论是在《中国（安吉）生态博物馆总体规划》中，还是在当地政府出台的文件中，都把文化遗产保存与展示作为主要任务。2009 年 11 月，安吉县人民政府专门出台了《中国生态博物馆建设和管理暂行办法》，在该文件中进一步指出生态博物馆的任务：[1]

（一）保护、征集、整理和展示我县的自然生态，历史建筑和构筑物，传统生产生活用品、生产方式、风俗习惯等物质（有形文化遗产）和非物质（无形文化遗产）文化遗产。

（二）充分发挥生态博物馆的社会功能，致力于唤起我县民众保护与传承民族、民俗文化精华意识，抢救和保护具有重大价值的文化遗产，并使之成为我县人民追溯历史、掌握和创造未来的精神源泉和物质力量。在安吉形成保护生态、历史文化遗产的良好社会氛围，在生态博物馆与居民之间形成一种良好的互动关系。

（三）科学宣传生态博物馆的理念，培养社区居民的生态文化价值观，提高农民的生态文化素质，引导当地农民开展和参与农业生产活动之外的文化产业等各项经济与社会活动，在不影响文化遗产及其环境风貌和传统价值的情况下，努力改善和提高当地居民的生活水平。

（四）强化文化展示传播功能，开展相关文化遗产调查研究，搜集物质和非物质文化遗产信息，利用现代科技手段向外界宣传，提高

---

[1]　安吉县人民政府：《中国生态博物馆建设和管理暂行办法》，2009 年。

资源价值和利用率。在文化遗产保护社区化的基础上，向遗产保护的专业化、博物馆化方向前进，并使之可持续发展。

生态博物馆不同于以往传统博物馆，其应该摆脱"恋物"的情结，致力于文化遗产的活态保护、活态展示和传播，在增强"可见度"的基础上，促进社区优秀传统文化生命力的延续。安吉生态博物馆致力于地方非物质文化遗产的保存、展示与传播。《中国（安吉）生态博物馆总体规划》中对物质文化遗产和非物质文化遗产的保护与发展措施都有非常详细的阐述。如白茶制作技艺（安吉白茶制作技艺）是安吉县的一张名片，在安吉生态博物馆群中专门设置了安吉白茶文化生态博物馆（图5-6），该主题馆位于安吉溪龙乡黄杜村，由信息资料展示中心、白茶园、传统手工炒茶示范户、生态制茶示范区、白茶街、白茶影视基地等部分组成。信息资料展示中心存储了社区文化遗产信息。其他场馆不仅原地真实展示了白茶种植、生产、加工的流程，也展示了与白茶文化有关的饮茶文化和民俗文化。同时，

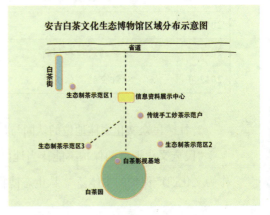

图5-6 安吉白茶文化生态博物馆区域分布示意图[1]

还将白茶文化与其他产业叠加，在不影响白茶文化和技艺传承的同时，延伸产业链，与旅游产业结合，开展茶叶采摘、炒制和品茶等活动，增加游客的文化体验；与影视产业叠加，也极大拓展了社区及民众的经济增长点。

安吉县其他非物质文化遗产项目和相关民俗民间文化的活态展示在生态博物馆中比比皆是。如昆铜梓坊雀舌茶炒制技艺、上墅手工造纸工艺、昆铜竹叶龙、孝丰大河项家皮影戏、昆铜乡上舍村孝子灯以及丰富多彩的山民文化都被囊括到生态博物馆之中进行保存和展示，且针对这些具体的项目都有年度计划和预期目标的设置。如山民文化的统里花灯项目，在生态博物馆建设规划中专门提出其保护与发展任务和预期目标（表5-1）。

表5-1　统里花灯保护与提升计划[①]

时　间	保护措施	预期目标
2009年	继承人培训	初步完成一部分传授任务
2010年	道具的更新	完成道具的更新任务
2011年	道具的设计和创新	邀请专家给予指导设计
2012年	对灯会的品位提升	全面提升灯会的整体品位

2.社区民众文化主体地位的认同与强化

"民族文化遗产的保护不能让当地民众缺位，应由农村社区里的民众作为文化遗产保护的主体。"[②]从生态博物馆的提出一直发展到"第三代生

① 参见《中国（安吉）生态博物馆总体规划》，安吉新闻网 http://ajnews.zjol.com.cn/ajnews/system/2010/07/14/012373819.shtml。

② 单霁翔：《从"馆舍天地"走向"大千世界"——关于广义博物馆的思考》，天津大学出版社，2011年，第313页。

态博物馆"及生态博物馆的中国化和本土化过程中，社区参与一直是被强调的重点主题，并在实践中得到不断强化。

（1）民众主体地位的有效保障

安吉生态博物馆的社区参与理念贯穿于博物馆建设与管理的方方面面，并始终强调居民主导地位。相比早期的生态博物馆而言，安吉生态博物馆内的社区居民不再是旅游的"旁观者"，在一些事务决策上，当地居民也扮演积极角色，如参与旅游发展决策、参与社区环境维护、参与教育培训。另外，根据《中国（安吉）生态博物馆总体规划》的设想，社区居民还参与生态旅游的收益分配。社区民众主体地位提升带来的直接影响是民众对社区和社区文化的认同，对自身生存环境和生态博物馆的热爱和对自我价值的肯定。

（2）文化主体地位的自我强化

"生态博物馆不是一般的文化机构，而是为农村社区设立的，以社区民众自主保护为特征的文化机构。不尊重社区民众的知情权、参与权、监督权，不实现社区民众的文化自觉和文化自主，就不是真正意义上的生态博物馆。"[1]生态博物馆的存在和发展基础是社区民众的文化共识，民众必须认清自身在生态博物馆中的"主角"地位，并不断自我强化。早期的生态博物馆建设大多是政府主导并推动民众融入生态博物馆，当下的生态博物馆则要求民众主动追求自身的主体地位，实现"由内而外"的动力发展机制。安吉生态博物馆的13个主题馆和40多个展示点内，当地居民的文化主体地位得到强化，社区民众自己展示和解释持有的文化，自我管理社

---

① 单霁翔：《从"馆舍天地"走向"大千世界"——关于广义博物馆的思考》，天津大学出版社，2011年，第319页。

区的发展，自觉传承社区传统文化。当然，这一过程的实现需要一定的培训和一定的时间。通过自我认知和培训，社区民众在生态博物馆中看到自己文化的过去，感受文化的现状，并主动思考文化的未来发展。总之，能否在社区形成文化自觉是生态博物馆建设成败的关键所在。

生态博物馆在中国的发展已经走过三个阶段，在螺旋式的发展进程中，有亮点，但更多的是生态博物馆生存的困难，正如博物馆学家指出的，建设一座生态博物馆是容易的，但生存和发展下去是困难的。大量的生态博物馆调查也反映了生态博物馆的窘境：本土性与现代性的冲突，原初设定的保护文化与环境因为基础设施建设和开放度增加导致加速改变；内力与外力的错位，专家与村民出现异位，村民不能从被保护对象发展成为事实的主人（people-centered），而沦为旁观者；组织建制与最为重要的是多数生态博物馆发展的结局要么是关闭，要么沦为传统博物馆，[①]或者仅仅是"假扮博物馆"。

我国非物质文化遗产的发生与成长都与其所处的环境有着或多或少的联系。我国经济发达地区的生态环境已经发生"剧变"，而经济欠发达地区的生态环境，尤其是周边少数民族地区的原生态环境保存相对比较完整，这也是为什么大多数生态博物馆建设在少数民族地区或欠发达地区，在这些地区的生态博物馆对非物质文化遗产确实能够起到一定的保护作用，但也要"观照历史，着眼未来"，有些非物质文化遗产不管具有怎样的历史、文化、艺术价值，其注定要走出历史舞台，对这类非物质文化遗产进行保护不能单纯依靠文化和自然环境的原生态来做依托，应该对文化现象的发

---

① 法国的克勒索－蒙特梭煤矿社区生态博物馆和美国安纳考斯提亚社区博物馆，都已经回归了传统博物馆。参见吕建昌、严啸：《新博物馆学运动的姊妹馆：生态博物馆与社区博物馆辨析》，《东南文化》，2013 年第 1 期。

生、发展有规律性的认识，生态博物馆对文化保存不是万能的，不能以文化遗产保护的名义束缚住历史前进的步伐。

第三节　社区博物馆与非物质文化遗产保护

新博物馆学所推动的新型博物馆不仅有生态博物馆一种形式，还有社区博物馆、邻里博物馆、地方博物馆等多种形式。[①] 目前这些博物馆在我国乃至世界的实践开展范围比较小，一些博物馆模式仍在理论探讨中。

一、社区与社区博物馆

（一）社区

社区是英文 community 的翻译，community 一词来源于拉丁文 Communis，意思是共同的东西和亲密伙伴关系。社区在英文中可以对应翻译为共同体与社区两个含义。一般认为，德国学者滕尼斯（Ferdinand Tönnies）最早使用社区（Gemeinschaft）一词，[②] 并是社区理论的创始人。其经典著作 *Gemeinschaft und Gesellschaft: Grundbegriffe der reinen Soziologie*，有学者翻译为《共同体与社会》，也有学者将其翻译为《社区与社会》，还有

---

① 也有学者认为社区博物馆内涵更为宽泛，其包含生态博物馆。

② 也有研究者认为：社区一词最初在 1871 年英国学者 H.S. 梅因（Herry Maine）《东西方村落社区》作品中使用。后德国社会学家费迪南·滕尼斯于 1887 年在《社区与社会》中将社区引入至社会学领域。参见胡百慧、黄颖欣：《中美两座社区博物馆的对比与启示——以华盛顿安那考斯提亚社区博物馆与福州三坊七巷社区博物馆为案例的解读》，《中国博物馆》，2017 年第 3 期。

翻译为《公社与社会》。由此可见，Gemeinschaft 翻译为社区还是共同体在学界是有分歧的。虽然社区出现在滕尼斯的著作中，但其并没有给社区一个标准定义，而是将其视为"一种生机勃勃的有机体"，在发展上呈现血缘共同体发展为和分离为地缘共同体，而地缘共同体又发展为"人的和最高形式的"精神共同体。[①]

美国学者查尔斯·罗密斯（Charles Roomies）翻译滕尼斯的著作时，将德文的社区 gemeinschaft 一词翻译为 community。1930 年代，美国社会学家进一步发展社区理论，并形成了社区的核心要素：特定区域、共同关系、人及社会互动。

国内社区的概念最初是燕京大学一些大学生 1933 年介绍美国芝加哥学派创始人帕克的社会学时，用来翻译英文 community 一词的。它的含义是指以地区为范围，人们在地缘基础上结成的互助合作的群体，用以区别在血缘基础上形成的互助合作的亲属群体。血缘群体最基本的是家庭，逐步推广成氏族以至民族（虚拟的血缘关系）。地缘群体最基本的是邻里，邻里是指比邻而居的互助合作的人群。邻里在农业区发展成村和乡，在城市则发展成胡同、弄堂等等。关于社区的不同定义有 140 多种，但从定义的出发点看，不外乎有两大类：一类是功能主义观点，认为社区是由有共同目标、共同利害关系的人组成的社会团体；另一类是地域性观点，认为社区是在一个地区内共同生活的有组织的人群。尽管人们对社区的定义不同，但社区的基本含义包括了以下几个特点：1. 必须有以一定的社会关系为基础组织起来的，并有一定数量规模的进行共同生活的人口。2. 有一定

---

① 参见［德］费迪南·滕尼斯：《共同体与社会——纯粹社会学的基本概念》，林荣远译，商务印书馆，1999 年，第 52—65 页。

的人们从事社会活动的地域条件，即一定的地理位置、地势、资源、气候、交通条件等等。3. 有一整套相对完备的、可以满足社区成员物质需要和精神需要的社会生活服务设施，如商业、服务业、文化、教育等设施。4. 有自己特有的文化制度、价值观念、风俗习惯和生活方式。5. 社区居民在情感、心理上具有共同的地域观念、乡土观念和认同感、归属感。6. 有一套相互配合的适合社区生活的制度与相应的管理机构。①

2000 年 12 月，中共中央办公厅、国务院办公厅转发的《民政部关于在全国推进城市社区建设的意见》指出，社区是指聚居在一定地域范围内的人们所组成的社会生活共同体。目前城市社区的范围，一般是指经过社区体制改革后做了规模调整的居民委员会辖区。此后 2005 年民政部在长春的会议、2009 年《民政部关于进一步推进和谐社区建设工作的意见》等文件中所讨论和表述的社区也是以地域为主的表述。

1970 年代后，博物馆在不断发展中也不再仅仅关注物，逐渐关注人类社会发展和社会发展的现实问题。1972 年 5 月 20 日至 31 日，在智利圣地亚哥召开的圆桌会议上集中讨论了博物馆在当代社会发展中的作用问题，强调博物馆应与社区加强协作。此后，1984 年的《魁北克宣言》和 1992 年的《加拉加斯宣言》都再次强调博物馆服务社区的职责。1995 年，国际博物馆协会在挪威斯塔万格举行大会，讨论主题是博物馆与社区（Museums and Communities），通过一项有关博物馆与社区的决议（Resolution

---

① 参见费孝通：《当前城市社区建设的一些思考》，《群言》，2000 年第 8 期。

no. 1: Museums and Communities ）^①。1997 年，菲律宾举办的国际博协亚太地区第六届大会的主题是"走向 21 世纪——博物馆与建设社区"。2001 年，国际博物馆日的主题是"博物馆与建设社区"。在博物馆学家的视野中，社区又有了与社会学者不同的"含义"。20 世纪 70 年代，英国博物馆学家肯尼斯·赫德森就认为，从博物馆的角度谈社区，社区至少可以分为四类："（1）当地的社区——博物馆周围约五里；（2）地区的社区——距离

---

① Resolution no. 1: Museums and Communities

Considering that museums are fundamental tools for the individual and collective development of critical minds, of self-awareness, of the sense of citizenship and of community's identity;

Noting that some local museums all over the world which are undertaking innovative activities focusing on everyday topics of community life, trying to challenge traditional models and reaching beyond the limits of exhibition spaces, are facing threats of closure and lack of support from their governing bodies;

Convinced of the necessity of long-term strategic planning of programs and actions that may contribute to the development of museums and museology in the different regions, based on local cultural, social, technological and economic contexts;

The 18th General Assembly of ICOM, held in Stavanger, Norway, on 7 July 1995, Urges local and national governments to recognize and support museums as cultural mechanisms in the service of communities, in the valorization of their particular identities, and as unique tools for the collective management of their cultural heritage;

Recommends that in the adaptation of industrial buildings and sites as museum spaces, particular care be taken to preserve the visible and informative record of people, events and activities associated with this heritage and for the recognition of communities' struggles, achievements and developmental processes represented in these three-dimensional documents.

Encourages the development of a strategic planning process for the implementation of programmes and projects of ICOM's National Committees and Regional Organizations, that will consider the resources, opportunities, weaknesses and needs of their area of activity in the human, technical, economic and communication aspects, leading to coordinated action for the benefit of museums, of museology and the communities which they serve.

博物馆两小时的旅程；（3）国家的社区——不论国家的大小如何；（4）国际的社区——在某一年内能够向博物馆提供观众的这样一些国家。"① 国内博物馆学者也持有类似意见："从博物馆角度考虑社区这一概念时，不必拘泥于社会学家们的一些观点，既不必像社会学家那么复杂地来划分社区，也不必局限于国家民政部的划分概念，应当结合博物馆的实际情况，以一定的地域或规模以及有利于人际交往、建立共同情感纽带的因素为基本。"② 苏东海认为社区的含义比我们从字面上理解宽泛得多，它不仅指地域，而且可以指文化群、政治群、商业群，甚至一个单体、一个自然与人文的整体社会。③ 由此可见，博物馆学者关注的社区更注重以博物馆为核心的辐射区，并非通常行政管理维度的社区。

社区博物馆所针对的社区更倾向于城市的行政区域、部落族群，既有地域性特性，也有群体性特性。对于非物质文化遗产而言，非遗馆更应该强调群体性，降低地域性的影响，但并不意味着不考虑地域性问题。换言之，社区博物馆参与非物质文化遗产保护，重点应关注非物质文化遗产项目关联的人群对象，其次关注人群对象的区域性，不必在意其所在的地域范围是否超出行政区。

（二）社区博物馆

1967 年，建在美国华盛顿特区的安纳考斯提亚社区博物馆被认为是世界上第一座社区博物馆。社区博物馆（community museum）从 1960 年

① 转引自吕建昌：《博物馆社区概念及社区博物馆》，载中国博物馆学会编：《回顾与展望：中国博物馆发展百年》，紫禁城出版社，2005 年，第 239 页。

② 吕建昌：《博物馆社区概念及社区博物馆》，载中国博物馆学会编：《回顾与展望：中国博物馆发展百年》，紫禁城出版社，2005 年，第 241 页。

③ 参见苏东海：《博物馆服务社区的思想由来》，《中国文物报》，2001 年 4 月 25 日。

代实践、提出至今未有一个公认的、普遍接受的定义，关于社区的定义仍在争论中。"我国台湾博物馆学家汉宝德教授在《生活化的博物馆》一文中指出：'如果你一定要为社区博物馆下定义，它是一种迷你型的地方史博物馆，好像地方志一样，生动严肃地表达出地区的发展过程，影响地区发展的人与物。它有助于我们了解过去、现在与未来，使我们更能了解生活的意义，选择自己的生活方式。'"[1] 吕建昌则认为社区博物馆"是以收藏、保存和展示当地社区居民在感情上有千丝万缕的联系、反映该地区社会发展与自然环境变迁的历史见证物为手段，提升社区局面素质，增加居民的认同感和归属感，推进社区经济和文化发展为目标的机构"[2]。而另外一些学者则跳出了解释性的定义，通过列举来说明什么是社区博物馆。如斯蒂芬·凯勒把社区博物馆分为三种：第一种是由社区建立、掌握和管理的博物馆；第二种是由社区支配但却由专业管理者管理的博物馆；第三种像社区博物馆那样由专业管理者建立和管理的博物馆。[3] 还有学者指出，社区博物馆不仅是建立在社区之中的博物馆，而主要是指为社区而建的博物馆。[4] 这一范畴已经大大超越社区的区域因素、人的因素、参与因素等，而具有更宽泛的指向。社区博物馆的概念愈来愈显现出时间（历史文化）

[1] 转引自甄朔南：《甄朔南博物馆学文集》，中国大百科全书出版社，2004年，第291页。

[2] 吕建昌：《博物馆社区概念及社区博物馆》，载中国博物馆学会编：《回顾与展望：中国博物馆发展百年》，紫禁城出版社，2005年，第241页。

[3] 参见［法］安德烈·德斯沃利斯：《博物馆与社区：一些需要澄清的模糊问题》，胡书生译，《中国博物馆》，1994年第4期，第40页。

[4] 参见曹兵武：《博物馆作为文化工具的深化与发展——兼谈社区博物馆与中国传统文化现代化问题》，《中国博物馆》，2011年Z1期（合刊）。

与空间（社会地理）合二为一的特征。[①]

对于生态博物馆和社区博物馆的共性与差异，也是博物馆学界讨论的一个重要问题。首先关于二者的关系，有些学者将二者视为同一事物或认为生态博物馆属于社区博物馆的范畴，也有学者认为生态博物馆的概念范畴大于社区博物馆，还有观点认为二者是平行发展的。而二者的共性是关注的主体都是人、本质都是活态的、都强调原真性和突出民主性。[②] 除了兴起的背景不同，实践表明，二者在特征和内容呈现上是有差异的，具体表现为关注对象和开放度不同。我们可以在国家文物局的相关文件中看出一些差异，2011 年 8 月，国家文物局在福建省福州市召开"全国生态（社区）博物馆研讨会"，会议通知中列出了参会的已建和拟建生态博物馆、社区博物馆（表 5-2）。从表中我们可以分析，国家文物局推动建设的生态博物馆基本建在乡村，而社区博物馆以建在城市社区为主。

生态博物馆与社区博物馆除了分布区域不同外，在保护对象、展示技术与手段和所关注的问题等方面都存在一定区别（表 5-3）。"生态博物馆强调对馆区自然生态和人文社会生态的整体性保护，有两层内涵；社区博物馆则较少关注自然遗产，而更关注人文社会环境，致力于解决社区现实问题。"[③]

---

① 参见黄春雨：《社区博物馆理论与实践的思考》，《中国博物馆》，2011 年 Z1 期（合刊），第 39—45 页。

② 参见吕建昌：《新博物馆学运动的姊妹馆：生态博物馆与社区博物馆辨析》，《东南文化》，2013 年第 3 期。

③ 黄永林、孙佳：《非物质文化遗产保护视域下的城市社区博物馆研究》，《文化遗产》，2017 年第 4 期，第 56 页。

表5-2 参会生态（社区）博物馆一览表 [①]

类别	参会博物馆或机构
已建和在建的生态博物馆	内蒙古自治区敖伦苏木蒙古族生态博物馆、浙江省安吉生态博物馆、温州瓯海泽雅传统造纸生态博物馆、广西壮族自治区桂北龙胜龙脊壮族生态博物馆、重庆市武陵山土家族生态博物馆、贵州省堂安侗族生态博物馆、云南省元阳梯田文化生态博物馆(箐口村)
已建和在建的社区博物馆	北京东花市博物馆、天津华明博物馆、福建省福州市三坊七巷社区博物馆
拟建生态博物馆	天津市西青区杨柳青镇、山西省临县碛口镇西湾村、辽宁省新宾满族自治县永陵镇、吉林省叶赫满族镇、安徽省黟县西递镇西递村、浙江省舟山市、江西省婺源县、河南省平顶山市郏县堂街镇临沣寨（村）、山东省章丘市管庄乡朱家峪村、湖北省恩施市崔家坝镇滚龙坝村、湖南省永州市江永县夏层铺镇上甘棠村、广东省中山市南朗镇翠亨村、陕西韩城市西庄镇党家村
拟建社区博物馆	北京国子监街、天津市和平区"五大道"、山西平遥南大街、黑龙江齐齐哈尔昂昂溪区罗西亚大街、上海市虹口区多伦路文化名人街、江苏苏州平江路、浙江杭州清河坊、安徽黄山屯溪老街、福建漳州历史文化街区、泉州中山路、山东青岛八大关、广东潮州太平街义兴甲巷、重庆沙坪坝区磁器口古镇传统历史文化街区

---

① 参见国家文物局：《关于召开"全国生态（社区）博物馆研讨会"的通知》（办博函〔2011〕518号），2011年。

表 5-3　我国生态博物馆与社区博物馆比较 ①

	生态博物馆	社区博物馆
典型代表	梭戛苗族生态博物馆	福州三坊七巷社区博物馆
所处区域	少数民族村寨	城市中心区域
经济发展水平	落后	较发达
居民文化自觉度	较低	较高
保护对象	自然环境、人文环境	人文环境

传统博物馆注重文物、标本的收集和学术研究，过去很少考虑博物馆与社区的关系，随着新博物馆学运动的兴起和开展，一些博物馆工作者认为博物馆不应独立于社区之外，应该让社区居民参与到博物馆的活动和建设中来，或建立社区博物馆，"这种博物馆是社区自然历史与人文历史的再现，使社区的娱乐、休闲与教育场所，为社区所共治、共有、共享" ②。目前学界对社区博物馆探讨的主要问题是博物馆如何为社区服务，博物馆如何挖掘、守护和传承社区文化，如何与社区互动，社区居民如何成为博物馆的主人等问题。

二、社区博物馆与非物质文化遗产的保护

博物馆加入非物质文化遗产保护主题意味着博物馆与社区、共同体建

---

① 黄永林、孙佳：《非物质文化遗产保护视域下的城市社区博物馆研究》，《文化遗产》，2017 年第 4 期，第 57 页。

② 甄朔南：《甄朔南博物馆学文集》，中国大百科全书出版社，2004 年，第 291 页。

立了紧密关系,在工作对象、工作中心、工作方法等自行自我"革命"。无论社区、共同体主动或被动,都必须敞开怀抱,拥抱博物馆,并将其作为非物质文化遗产展示、传播的重要窗口和传承阵地。非遗馆主动与共同体对话、合作,与传承人对话、与非物质文化遗产和地方文化对话交流,积极站在共同体的角度阐释非物质文化遗产。

社区博物馆"力图冲出馆舍天地,突破文物收藏的狭义概念,并且使文化拥有者自己成为文化的主人,其核心理念突出反映在'整体保护''原地保护''活态保护''自我保护''开放性保护''发展中保护'和'可持续发展'等方面"①。基于社区博物馆的上述理念,可以预见,博物馆参与社区建设、与社区居民互动是博物馆今后发展的必然趋势。同时,社区博物馆也成为集体记忆的重要展示场所,这种集体记忆不仅包括社区物质文化遗产,也包括社区的文化传统和非物质文化遗产,福建三坊七巷社区博物馆(图5-7)由1个中心馆、37个专题馆和24个展示点构成,博物馆采取"地域+传统

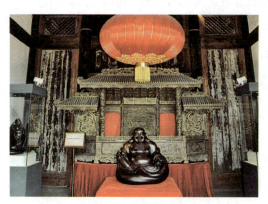

图5-7 福建三坊七巷社区博物馆
非物质文化遗产博览园展览②

---

① 单霁翔:《探讨社区博物馆的核心理念(上)》,《北京规划建设》,2011年第2期,第94页。
② 图片来源:三坊七巷社区博物馆官方网站 http://www.sfqx.gov.cn。

＋记忆＋居民"的模式，积极保护与展示地方物质文化遗产和非物质文化遗产。北京东花市社区博物馆基于过去发达的手工技艺举办手工艺品展览，同时也积极开展传统工艺培训。社区博物馆将展览带入社区，使更多的观众不出社区就能够参观展览，在进行非物质文化遗产项目保护意义、价值宣传时，发挥社区博物馆的作用，通过社区博物馆宣传是必要措施。

第六章

制序的变迁：博物馆与非物质文化遗产保护展望

第一节　博物馆参与非物质文化遗产保护的影响

毋庸置疑，时代发展的要求、博物馆形式与理念的演进以及展示技术的发展，为博物馆参与多类型文化遗产保护提供了理论依据与技术支撑。博物馆要主动张开怀抱，接纳这一新型文化遗产保护任务，参与濒危非物质文化遗产的抢救、保存、展示和研究；数字博物馆参与非物质文化遗产抢救，拓展非物质文化遗产的传播渠道与空间；生态（社区）博物馆对非物质文化遗产整体保护与活态展示，参与集体记忆的构建，唤起文化自觉意识和文化认同。在国家和各地的文化"十三五"建设规划中，有一个现象应该引起博物馆界和非物质文化遗产保护工作者的重视：城市的发展已经进入"四馆"时代，非遗馆成为各省和地市的标配，而有条件的县区，也在积极建设非遗馆。未来，非遗馆的数量将在国内呈现井喷式的发展局面。然而，我们不能仅仅看到博物馆为非物质文化遗产保护带来的"好处"，也要注意博物馆参与非物质文化遗产保护对博物馆工作的影响，这是双向互动的。

长期以来，在对"物"的工作中，博物馆已经形成了自身相对完整的、科学的工作机制与运营体系，在各种制度、规则、规范和操作指南的约束下，藏品的征集、收藏、展示与阐释已经形成制序①（institutions），空间、时间、

---

① 所谓制序，可以把它理解为"由制度规则调节着的秩序"。参见韦森：《文化与制序》，上海人民出版社，2003年，第8页。

藏品、阐释甚至展示对象背后的文化想象都为博物馆内在的制度与逻辑规则制约着，博物馆内，包括展示场景与氛围呈现"制序化"①，而制序化的场景和氛围也会强化制序，并影响进入场景和氛围的参观者。当博物馆强化文化担当和社会担当，参与与物质文化遗产存在状态不同的非物质文化遗产保护时，必然对博物馆一直是围绕"物"来开展工作并形成的制序产生冲击和影响。

一、权威性与去权威化

博物馆的权威性是与生俱来的，并在发展中逐步强化。在博物馆权威性的构建过程中，藏品、专家和专业性以及博物馆身份背景等因素是权威性形成的重要因素。

首先，博物馆藏品的垄断性造就了博物馆的权威性。长久以来，"物"是博物馆工作的中心，真实、丰富和独一无二的藏品成为博物馆权威性得以构建的重要因素，如西方媒体评选的世界四大博物馆、中国的国家博物馆和故宫等，其地位的确立均与藏品的丰富、广博和突出的价值有着密切的关系。占有更多"垄断性"的藏品也意味着占有更多文化展示主动权和话语权，且这种局面在以"物"为中心的传统博物馆会得到不断巩固和加强。

其次，专业性凸显了博物馆的权威性。博物馆发展至今，围绕藏品征集、

---

① 所谓制序化（institutionalization）是从个人的习惯到群体的习俗（自发社会制序）、从习俗到惯例（非正式约束）、从惯例到制度（正式约束）这样一个内在于社会过程中的动态逻辑发展进程。制序化总是发生在一定的社会场景和文化氛围之中，其过程的实现和动态变迁，也自然甚至必然反映和投射在其存在的场景和氛围之上，影响着、改变着和改造着制序化本身的场景和氛围。制序化本身的这种场景和氛围，从广义上来说就是文化，或者说文化传统和文化遗产。参见韦森：《文化与制序》，上海人民出版社，2003年，第9—10页。

展示、研究和阐释构建了一套专业的工作流程和科学体系，制序化、科学化、专业化和科技化展示成为博物馆展览呈现的重要特征，这种呈现背后隐含专业性的专家、方法、技术、研究等支撑，这些因素无形中塑造了博物馆的"一元的叙述权威"和博物馆成为地方文化的权威机构。在博物馆专家和策展者的知识"表述"与文化意义阐释前，缺乏专业知识与教育背景的观众被动接受意义的呈现与观点的传达，并不能与专家、专业团队及其策划的展览开展平等对话与交流。

最后，博物馆背景塑造了博物馆的权威性。澳大利亚学者托尼·本尼特认为，博物馆"从福柯的理论来看，现代展示形式包含着深层的政治和社会意义。博物馆作为典型的现代文化展示机构，既在物质上表达，也象征着一种'展示与叙述'的权力"[1]。这种政治意义和权力观念的形成与博物馆的国家、精英、机构等话语背景密不可分，由此，博物馆也被打上了权威的烙印。博物馆通过"软"与"硬"[2]两种对立手法所建立的"密集的规训制度"来构建博物馆的权力及展示的权威性。

多重维度构建起来的权威性使博物馆成为民众最信任的文化传播机构。长期以来，参观者也毫无疑义地接受并相信博物馆专家和专业团队构建的呈现与阐释。"在美国，博物馆被认为是用来教育下一代的所有机构中，最值得信任和最客观的。根据美国博物馆联盟的一项最新调查显示，

---

[1] ［澳］托尼·本尼特：《作为展示体系的博物馆》，薛军伟译，载王杰主编：《马克思主义美学研究》（第 1 辑），中央编译出版社，2012 年，第 135 页。

[2] 所谓"硬"的手法是借助"系统化的知识和技术组织对具体观众进行系统宣传"。所谓"软"的手法则是"通过树立典型而非教育；通过娱乐而非通过规范训练；通过耳濡目染而非通过激励"来实施。参见［澳］托尼·本尼特：《作为展示体系的博物馆》，薛军伟译，载王杰主编：《马克思主义美学研究》（第 1 辑），中央编译出版社，2012 年，第 154—155 页。

有 87% 的回答者认为博物馆是可信的。"①

随着博物馆人类学的发展和博物馆与非物质文化遗产关系的日益紧密，对参与非物质文化遗产保护的博物馆而言，其建立的制序正面临挑战，并出现去权威化态势。所谓去权威化是指，相对物质文化遗产保护的主导地位而言，博物馆在非物质文化遗产保护中主导地位的削弱，只是非物质文化遗产保护的参与者和展示者，而非主导者。究其原因，主要有几个方面：

一是非物质文化遗产展示资源不具垄断性。非物质文化遗产的活态性要求使其不能被"圈禁"在博物馆之中，不能成为博物馆独享的垄断资源，而传承人也不可能成为博物馆的"藏品"，在非物质文化遗产展示与传播中，社区是遗产项目保护与展示的第一中心，"活"在社区对非物质文化遗产的传承和传播更具意义，博物馆场域退居次要位置，甚至有时成为社区文化展示的"附属工具"。

二是专家和专业团队的话语权被分享。非物质文化遗产保护与传播实践特别强调社区和传承人的参与，强调由文化的主人解释其所持有的文化。社区和来自社区的传承人"由缺席的被表述向主动的自表述转型和提升"②，社区和传承人成为展示场域的对象和主人，在权力与政治空间中展示和表述自己的文化。近年来涌现的社区博物馆和生态博物馆恰恰如此，博物馆专家主动"隐身"，"试图在制度上以公众参与削弱传统博物馆专业、专家

---

① ［美］珍妮特·马斯汀编著：《新博物馆理论与实践导论》，钱春霞、陈颖隽等译，江苏美术出版社，2008 年，第 5 页。

② 徐新建：《博物馆的人类学——华盛顿国立美洲印第安人博物馆考察报告》，《文化遗产研究》，巴蜀书社，2012 年，第 87 页。

的特权并使之大众化"①。

　　此外，非物质文化遗产具有强烈的"草根性"和活态性，博物馆参与非物质文化遗产保护应"注重非物质文化遗产保护所需知识和技能的持续创新和传承，而非仅注重与之相关联的实物"②，民众曾经熟悉的或日常生活中身边的文化事项走进博物馆，熟悉的展示内容消解了民众对展示文化的神秘感（图6-1）。因此，非物质文化遗产走进博物馆，博物馆走进社区时，"传统博物馆通过种种界限凸显自己的权威性的那个边界消除了"③。

图 6-1　大理州非遗馆从民间征集的展示品

二、他者阐释与自我阐释

　　博物馆展览展示中需要对展品、展示内容进行合理适度的阐释，而整

①　黄春雨：《社区博物馆理论与实践的思考》，《中国博物馆》，2011 年 Z1 期（合刊），第 40 页。
②　联合国教科文组织：《实施〈保护非物质文化遗产公约〉操作指南》，2016 年。
③　潘守永：《生态博物馆及其在中国的发展：历时性观察与思考》，《中国博物馆》，2011 年 Z1 期（合刊），第 25 页。

个展览也是对主题文化的阐释。虽然有些博物馆，如艺术馆不进行或很少进行阐释，但作为文化遗产保护专业机构的博物馆需要进行合理适度的阐释。历史学家弗里曼·蒂尔登提出博物馆阐释的六大原则：

> 1. 任何阐释，如果和所展示的材料不存在关系，或者与观众的性格或体验不存在关系，那么这种阐释是不会取得任何效果的。2. 信息，就其本身而论，并不是阐释。阐释是基于信息至上而进行的展示或揭露，二者是完全不相同的事物。然而，所有的阐释都肯定包括信息。3. 阐释是一种艺术，它涉及各种人文学科，无论是这些展示出的材料是科学的、历史的还是建筑的。4. 阐释的最主要目标不是教育，而是激发思考。5. 阐释应当展示整体而不是部分，并且应当针对的是一个完人，而不是某一年龄段的人。6. 针对儿童观众的阐释，不应当是针对成人观众阐释的简化版；相反，它应当采用一种完全不同的途径。①

弗里曼·蒂尔登又对上述表述进行了拓展，认为良好的阐释包括五大元素：

> 1. 阐释，旨在教育观众一些真理、揭示意义和增进理解。因此，阐释有着严肃的教育宗旨。2. 阐释是基于藏品之上的，无论是这些藏品是活体藏品抑或无生命物体，自然的或人工制造的，审美的、历史的或科学的。3. 阐释由良好的科学研究或历史研究所支撑，它仔细检查博物馆的每一件藏品，为每一个项目提供支持，分析博物馆的观众，

---

① 转引自［美］爱德华·P.亚历山大、玛丽·亚历山大：《博物馆变迁：博物馆历史与功能读本》，陈双双译，译林出版社，2014年，第285—286页。

以及评估其展示方法，以确保更加有效的沟通与交流。4.只要有可能，阐释就会利用感官知觉——视觉、听觉、嗅觉、味觉、触觉和运动肌肉感觉。这种感官方式及其情感寓意应当作为一种补充形式而存在，不能取代传统的理性方式——即由语言和文字所传递的理解信息；这二者相辅相成，共同构筑高效的学习过程。5.阐释是一种非正式教育，不受教室空间的限制，它是自主的，且完全取决于观众的兴趣。阐释可能会促进观众带着好奇心继续阅读，继续参观其他地方，或寻找其他方式来满足刚刚被激发起来的好奇心。[①]

弗里曼·蒂尔登总结的阐释原则和阐释要素说明了博物馆阐释的专业性和阐释在展览中的重要作用。博物馆的阐释是由专家策划和构建的，并通过展示、导游、讲座和其他方式传递给观众，观众理解多少取决于自身的知识水平和认知程度。换言之，博物馆的阐释源于专家的知识背景及在此基础上构建的展示，观众从专家构建的展览和阐释中理解文化的内容与意义，在这一过程中，博物馆专家是阐释的主体和主导，而非被展示文化主人的自我阐释。

新建的非遗馆或博物馆开展非物质文化遗产展示时，由于传承人和社区在非物质文化遗产保护中的地位和作用，必然面临把社区和传承人引入策展体系中来，确立新的展览策划和阐释规则，形成新的策展、展示与阐释制序，社区专家和传承人参与展品遴选和展示策划，把属于社区的文化由"他者阐释"转向社区和传承人"自我阐释"。不可否认，国内博物馆有关社区文化展示的"自我阐释"机制还尚未建立，而欧美人类学

---

① 转引自［美］爱德华·P 亚历山大、玛丽·亚历山大：《博物馆变迁：博物馆历史与功能读本》，陈双双译，译林出版社，2014年，第286—287页。

博物馆则提供了这方面诸多启示和借鉴。如美国国立印第安人博物馆是展示美国印第安人文化的重要场所，笔者 2014 年 11 月去参观调查时，博物馆有三个主要陈列："我们的生活"（Our Lives）、"我们的世界观"（Our Universe：Traditional Knowledge Shapes Our World）、"部落与国家"（Nation to Nation：Treaties Between the United States and American Indian Nations Exhibition）。三个陈列均是站在印第安人立场进行的，"我们"（印第安人）是整个博物馆展览策划者，"我们"（虽然来自不同部落）也是展览的阐释者，是文化持有者站在自身文化角度所做的"自我言说"，如"我们的世界观"展览序言如下：

> 我们（印第安人）的生活哲学来自我们的祖先。他们教会我们与动物、植物、精神世界和周围的人和谐相处。在我们的宇宙观中，你将邂逅来自西半球的印第安人继续在仪式、节庆、语言、艺术宗教和日常生活中表达这种智慧。将这种学说传递给下一代是我们的责任。那是保持我们传统存续的方式。

通观美国国立印第安人博物馆，作为"接触地带"（Contact Zone）的博物馆，是印第安人文化自我展示的"场域"，也是印第安人的"自我言说"，表达理解、需求、关注和认同的"舞台"。

三、中心性与去中心化

在地方文化建设中，博物馆的定位是藏品的收集与管理中心、展示与传播中心和研究中心，是地方文化的标志。非物质文化遗产保护语境下，从被展示的对象角度观察博物馆和社区之间的关系，博物馆"中心性"受到来自项目所在社区的冲击，社区不可动摇的是项目传承、展示、体验与调查研究的中心地，博物馆成为社区非物质文化遗产与展示的"辅助工具"，甚至是附属。今后，会逐渐成为部分省、市的"标配"、展示地方非物质文化遗产概貌和项目概况的地方综合性非遗馆都存在"去中心化"现象。如 2016 年建成开放的大理州非遗馆，占地面积 1000 多平方米，设有 8 个展厅和一个活态展示舞台（图 6-2），集中展示了建川木雕、鹤庆银器锻制技艺、大理白剧、刺绣、扎染等项目实物资料、文献资料和音像资料，有时也会邀请传承人到博物馆进行活态展示。大理非遗馆目前发展态势良好，已经成为大理新的文化旅游景点、文化活动中心和传播大理非物质文化遗产项目的窗口。但对于其所展示的项目而言，博物馆必然不是也不会成为项目的文化中心，也不能成为项目传承和传播中心，社区才是非物质文化遗产项目的中心所在，是传承、展示、传播非物质文化遗产项目的中心地。如鹤庆银器锻制技艺是大理州的一项国家级非物质文化遗产项目，

图 6-2　大理州非遗馆展厅一角

大理州非遗馆展示该项目的历史和多件国家级传承人的代表作品，但该项目的文化中心、传承发展中心所在依然是鹤庆县新华村。对于非物质文化遗产保护而言，如果博物馆取代社区成为了解、传播和研究项目的中心地，说明要么项目保护失败，要么保护方式是失败的。

　　同样，站在非物质文化遗产保护角度观察，面临"去中心化"现象的还有一批过去建设的、展示地区少数民族民俗文化的博物馆，在非物质文化遗产保护语境下开展民族文化的活态保护与展示时，在关注点从"物"向非物质文化遗产转变后，其过去的综合性、全面性、物态展示的"优势"却成为活态遗产保护与展示的"不足"与"劣势"，在多种保护措施的影响下，在"物"化保护向活态保护转变时，社区逐渐从边缘走到了中心。如浙江景宁畲族自治县是我国目前唯一的畲族自治县、华东地区唯一的少数民族自治县，县域面积 1950 平方公里，辖人口 17.32 万，其中畲族人口 1.91 万，占总人口的 11%，是全国畲族主要聚居区之一。景宁有国家级非物质文化遗产 3 项，省级非物质文化遗产 19 项，市级非物质文化遗产 35 项，县级非物质文化遗产 104 项。① 景宁县 1997 年建有畲族博物馆，2007 年 7 月始建中国畲族博物馆，总占地面积 2.65 万平方米，是一座以畲族文化历史为切入点，展示中国畲族文化和民俗风情的博物馆。该馆共分两个展区：第一展区展现的是畲族民俗文化，第二展区为畲族服饰文化。景宁中国畲族博物馆的建设为畲族提供了展示文化特色的新平台，也为民众提供了了解畲族文化的窗口（图 6-3）。不可否认，中国畲族博物馆在建设者眼中肩负展示、传播和研究畲族文化的重要使命，理应是展示、传播和研究畲族文化的一个"中心"。在畲族非物质文化遗产整体保护语境下，民族村

---

① 　数据截至 2014 年 6 月。

寨从"边缘"回归成为畲族非物质文化遗产展示和文化体验的中心，博物馆成为观看畲族文化表演的一个景点和了解畲族历史与文化"辅助工具"。

从事人类学、民俗学和畲族非物质文化遗产研究与保护的学者更需要注意，学术研究、田野

图 6-3 景宁中国畲族博物馆展览一角

调查和非物质文化遗产保护都需要把民族村落作为畲族文化的"中心"。而对于大部分游客和观众来说，无法深入到每个民族村，只能把博物馆作为了解畲族文化的"中心"，因此，真正的畲族文化中心易被博物馆构建的文化中心所取代。不可否认，中心性也是地方综合性非物质文化遗产博物馆所追求的一种定位，对于广大民众来说，"百科全书"的收藏确实能够在短期内对区域民族文化和非物质文化遗产有"概括"式了解，但要真正从文化生态视角感受和认知非物质文化遗产事项和民族优秀传统文化，人人都需要学点人类学，走进"真正的文化中心"。

四、静态性与活态化

长期以来，以"物"为主要工作对象的传统博物馆善于进行静态陈列，且创造了复原陈列和景观陈列等方法，加强展示的生动性和感染力。随着新媒体技术的发展和博

物馆展示理念的更新，博物馆互动体验式陈列增多，多媒体技术的运用也使得博物馆变得生动有趣。对于非物质文化遗产博物馆而言，目前笔者参观的博物馆大多数以静态的实物陈列为主，有时也使用多媒体技术增加展示的互动性和延伸知识点。即使在强调文化体验的生态博物馆和社区博物馆中，静态陈列也是常用陈列手段，如梭戛生态博物馆资料陈列中心的展示多以照片和实物为主，而这种展示也是生态博物馆不可缺少的环节。

面对发展的、不断变化的、活态的非物质文化遗产而言，我们不反对静态陈列手段对非物质文化遗产项目涉及的"物"的收集展示和场景复原（图6-4），但活态性决定了非物质文化遗产是发展与变化的，包括项目的发展和其所涉及的"物"的变化，因此，对非物质文化遗产的活态展示是必要的。非物质文化遗产的活态展示有两层含义：一是对非物质文化遗产的动态跟踪，进而持续展示非物质文

图6-4　浙江松阳县非遗馆项目展示一角

化遗产的发展变化。如龙泉青瓷传统烧制技艺，其技艺的变化带动工具的变化和产品的变化，博物馆要对龙泉青瓷传统烧制技艺进行展示，不仅仅展示其作品，也要跟踪项目的发展，展示变化的工具和产品，以突出项目的活态性。二是对非物质文化遗产的活态展示。即传统博物馆可为传

承人提供现场展示空间，进行活态展示。对于生态博物馆、社区博物馆而言，活态的文化展示更应是常展常新。

五、发展与逆发展

当下，无论是传统博物馆，还是生态（社区）博物馆都具有保存文化遗产和促进社区发展使命。在日本、韩国和中国台湾等国家和地区，生态博物馆和"地方文化馆"建设是与社区总体营造结合起来的，其不仅要唤醒社区的文化意识，保护社区文化，同时也兼具社区发展的使命，"社区为基础的生态博物馆就村民的生活而言实在是村民之间的一项协议，承诺保护与传承本地的文化，自觉抵制外来文化的强力冲击，走出另外的发展道路"[①]。在我国生态博物馆建设中，这种使命得到淋漓尽致的体现。早期西南部地区建设的生态博物馆都或多或少肩负着脱贫与促进社区发展的使命。随着非物质文化遗产保护的开展和持续推进，一些地方注意到生态博物馆在文化生态保护和文化活态保护方面的重要作用，纷纷引入生态博物馆理念或开展文化生态区建设。但需要警惕的是，生态博物馆建设并不是阻止社区环境的改变、文化的发展和社区的进步，以文化生态整体保护为借口的风貌"复古"与环境的逆向"回归"都是对文化遗产和社区的再次伤害。

《实施〈保护非物质文化遗产公约〉操作指南》明确指出：缔约国应努力识别非物质文化遗产实践和保护活动中潜在和实际的环境影响，特别注意环境影响加剧可能造成的后果。[②] 在非物质文化遗产保护中，个别地

---

① 潘守永：《生态博物馆及其在中国的发展：历时性观察与思考》，《中国博物馆》，2011年Z1期（合刊），第26页。

② 联合国教科文组织：《实施〈保护非物质文化遗产公约〉操作指南》，2016年。

区在引入生态博物馆或文化生态保护理念时，由于对非物质文化遗产保护与社区环境发展关系理解不足，尤其是对《保护非物质文化遗产公约》中提及的 1948 年《人权宣言》《经济、社会及文化权利国际公约》等缺乏深入研究，在强调文化生态保护时，在对环境保护理解出现偏差时，容易出现以环境的原生态代替非物质文化遗产的真实性，进而使社区环境呈现逆发展态势。

《实施〈保护非物质文化遗产公约〉操作指南》对非物质文化遗产保护与社区经济社会发展给出了明确解释：以社区导向为中心，而不以经济导向为中心，但不否认可持续的、平衡性的经济和贸易活动对社区发展和项目保护带来的积极作用。《操作指南》第 103 条明确指出："不给相关社区、群体或有关个人贴上与当代生活脱节的标签，也不以任何方式损害其形象。"第 116 条："某些形式的非物质文化遗产可能产生的商业活动和与非物质文化遗产相关的文化产品和服务贸易，可提高人们对此类遗产重要性的认识，并为其从业者带来收益。这些商业和贸易活动有助于传承和实践该遗产的社区提高生活水平，推动地方经济发展，增强社会凝聚力。然而，这些活动和贸易不应危及非物质文化遗产的存续力，且应当采取各种适当措施，确保相关社区成为主要的受益方。这些活动可能影响非物质文化遗产的性质和存续力，尤其会影响仪式、社会实践或有关大自然和宇宙的知识等领域所表现的非物质文化遗产，因此应当予以特别关注。"由此可见，联合国教科文组织提醒相关缔约国关注并避免发展社区经济可能给项目带来的负面影响，但并不否定商业活动和与非物质文化遗产相关的文化产品和服务贸易对社区经济发展和凝聚力提升的作用，以可持续方式管理旅游业，寻求商业方、公共管理和文化从业者利益之间的适当平衡。因此，深刻认识、理解生态保护理念、生态博物馆的真正意图和非物质文化遗产保

护的目的，思考非物质文化遗产
保护与社区发展的关系，才能避
免社区环境陷入"原地踏步"或
逆发展的境遇（图6-5）。

六、非遗馆构建新制序的挑战

图 6-5　景宁县生态保护区建设中的
景观恢复与整治

　　在博物馆参与非物质文化
遗产保护实践推进过程中，非遗
馆（有非物质文化遗产馆、非物质文化遗产综合馆、非物
质文化遗产专题馆等，业界统称之为"非遗馆"）建设逐
渐成为保护实践跟进的热点，也是探讨博物馆与非物质文
化遗产保护需要讨论的一个课题。不同于现有博物馆利用
自身优势或拓展业务参与非物质文化遗产保护，非遗馆建
设目的与使命以及参与非物质文化遗产保护的广度、深度
被寄予了更高的期望。各地方已将非遗馆置于与博物馆、
图书馆、文化馆同等重要位置，作为各地文化发展的标配，
文化发展进入"四馆"时代。综合各地非遗馆建设现状，
如果要对非遗馆进行定义，似乎描述性界定更合适：围绕
地区或单项非物质文化遗产项目以保存、保护、展示与传
播为目的，并开展遗产教育活动的博物馆，其形式灵活多
样，为项目传承与传播所设立的传习所、传承基地都属于
非遗馆的范畴。目前，非遗馆建设类型多样，有综合馆，
也有专题馆，建设性质有国有的和非国有的，企业、个人

和社会资本也是非遗馆建设的重要力量。非遗馆本质上属于博物馆范畴，但非遗馆的提出和建设是为非物质文化遗产保护与传承服务的，在建设理念与目的上与传统博物馆有着本质区别。

（一）场馆建设理念

非遗馆的建设是一项系统工程，其建设与规划既要遵循博物馆建设的一般规律，在建设之初要做好细致的规划和论证工作，选址、交通和配套服务等是非遗馆建设必须要考虑的因素，同时也要打破传统博物馆建馆理念，围绕非物质文化遗产的特殊性开展场馆建设与相关规划工作。在建筑设计上，新建非遗馆要考虑其如何凸显特色成为地方文化地标，成为地区的文化符号，既要突出建筑本身的特色，也要与当地文化环境相结合。在馆内布局、功能设置和展览设计上，需处处体现地区非物质文化遗产特色或遗产项目特色以及项目文化背景。如美国国立印第安人博物馆的选址、建筑和功能布局便是典型的代表，从博物馆本身的文化意义、材料使用、颜色搭配都体现了印第安人的族群文化特色，馆内的场地建设也处处体现了印第安人的文化因素。总而言之，美国国立印第安人博物馆不仅是印第安人文化的博物馆，也是印第安人的文化象征和精神家园。

（二）展示设计理念

由于保护与展示对象的特殊性，非遗馆在展示设计中也要有一系列的展示理念贯穿博物馆建设始终，活态展示理念是其建馆和展示的首要理念，这是非遗馆与普通博物馆的区别所在。由于物质文化遗产的活态性，非遗馆除必要的实物收集与展示外，应在如何进行遗产活态展示上做好功课，下足功夫。如设立为遗产项目所在的社区或传承人进行展演的空间，并将这些展演纳入到展陈计划中，增加展示的非物质文化遗产项目与观众的互动，进而真正地做到非物质文化遗产项目的活态展示，而非仅仅是脱离语境和缺乏必要阐释的实物展览（图6-6）。不可否认，博物馆的展陈方式具有一定的专业性，在进行非物质文化遗产活态展示时，还要考虑现代展陈方式如何与项目真实性有效对接，我们不反对现代展陈方式和科技手段对文化再现的支持，但影响遗产项目真实性和艺术化的再现（包括布景、舞台、灯光等因素）易对项目造成歪曲或贬损，这种效果不符合博物馆工作原则，也不符合非物质文化遗产保护与展示原则。

图 6-6　云南汪氏银器博物馆正中的大师实操展示

（三）可持续发展理念

非遗馆的建设是为促进非物质文化遗产的生命力和可见度，促进其传承与发展，作为非遗馆，在努力实现上述目标的同时，也要考虑将非遗馆的可持续发展与非物质文化遗产项目的可持续发展结合起来，二者实现良性互动才能保证非遗馆的存续和工作的正常开展。因此，非遗馆发挥保护、展示、传播等职能时，也要在建馆之初考虑自身生存问题，如通过与地方传统美术、传统技艺类别传承人合作，为其开辟专门展示空间；代理与非物质文化遗产项目有关的产品、非物质文化遗产创意产品设计与销售，将非遗馆纳入地方文化旅游推介项目或线路中来，使自身成为旅游景点，自身造血功能的实现是非遗馆在建设之初要思考和规划的问题。现有案例中已有类似的做法，如杨家埠大观园中年画印制的现场展示与售卖，南京博物院专门开辟的非物质文化遗产相关产品展示与售卖相结合的展区，这些经验和做法都值得新建非遗馆学习和借鉴。

（四）更新遗产保护理念

非遗馆场馆建设是基础工作，随之而来的问题是如何做好活态的非物质文化遗产保护、展示与传播等工作。除了必要的制度设计与管理服务外，非遗馆管理和服务人员的业务素养和文化遗产保护理念是影响非遗馆建设的重要因素。管理和服务人员要分清物质文化遗产与非物质文化遗产的"界限"，认清二者保护理念的不同，积极更新和适应新的文化遗产保护理念，建立与非物质文化遗产保护相适应的工作机制和工作规则，为非遗馆各项业务的开展和非物质文化遗产保护、展示与传播建立新制序奠定基础。

第二节　博物馆参与非物质文化遗产保护的展望

一、博物馆与社区互动

博物馆的发展与实践一再证明各种类型的博物馆能够促进社区文化遗产的保存、保护，同时也能促进社区凝聚力（community cohesion）、社区经济发展和社区再生。然而，博物馆如何与社区建立长期、有效的互动？在这种互动机制下，博物馆得到存续的动力和支持，社区和社区民众也能在互动中实现身份从他者到自我的转变和自我肯定，真正深刻意识到自身文化遗产的重要性并使保护意识不断提升，从而准确表述、正确利用自己的文化遗产。

（一）加强与社区互动

对于非物质文化遗产保护而言，社区是不容忽视的重要力量和保护成败的决定因素。与物质文化遗产保护不同，非物质文化遗产是以社区导向为中心的。生态（社区）博物馆的建立并非像传统博物馆一样单纯承担物的收集与展示，用物来展示非物质文化遗产不能完全凸显其价值，博物馆需要通过某种方式与社区建立互动与紧密的联系。在已有案例中，生态博物馆、社区博物馆是博物馆与社区互动的成果，但事实也一再证明缺乏长久、有效的机制，博物馆与社区的互动很难深入，也很难维持。[1] 然而，印度博物馆学者沙什·巴拉（Shashi Bala）指出博物馆正努力与社区建立有效联系，但依然缺乏有效的手段。[2] 其给出了博物馆与社区关系中存在的几个问题（图 6-7）。

《实施〈保护非物质文化遗产公约〉操作指南》是落实《保护非物质文化遗产公约》的行动细则和行动纲领性文件，该文件第三章中明确提出了专家、专业机构和研究中心参与非物质文化遗产保护：缔约国"创造、维系和传承非物质文化遗产的社区、群体和有关个人，以及专家、专业中

---

① 参见段阳萍:《西南民族生态博物馆研究》,中央民族大学出版社,2013年; 方李莉:《梭嘎日记——一个女人类学家在苗寨的考察》, 学苑出版社, 2010 年。

② Shashi Bala, Role of Museums to promote and preserve Intangible cultural heritage in the Indian Context, http://www.maltwood.uvic.ca/cam/publications/conference_publications/BALA.pdf.

图 6-7　博物馆与社区关系中的几个问题[1]

心和研究机构之间建立功能互补型合作"。作为专业文化遗产保护机构的博物馆是参与功能互补的当然机构。

对于如何互动，联合国教科文组织也提出了具体建议，《保护非物质文化遗产伦理原则》有这样的表述："与创造、保护、延续和传承非物质文化遗产的社区、群体和个人的所有互动应以透明的合作、对话、协商和咨询为特征，并取决于尊重其意愿，使其事先、持续知情并同意的前提而定。"[2] 对于博物馆来说，尊重、透明、协商和社区知情并自愿是博物馆走进社区参与文化遗产保护的前提，然而，走进社区只是迈出的第一步，怎样提升社区民众对这种文化遗产的意识？博物馆如何表达社会记忆和社会意识？博物馆如何通过文化遗产促进社区发展？对于社区和社区民众来说，他们与博物馆有什么样的关系？他们应该如何对待这种文化遗产？他们在互动中能够获得什么？这些问题的答案潜藏在博物馆参与非物质文化遗产保护的行动中。

---

[1]　Shashi Bala, Role of Museums to promote and preserve Intangible cultural heritage in the Indian Context, http://www.maltwood.uvic.ca/cam/publications/conference_publications/BALA.pdf.

[2]　联合国教科文组织:《保护非物质文化遗产伦理原则》, 2016年。

（二）建立社区策展人（Curator）参与机制

传统博物馆的策展一般是由专家和博物馆陈列部来完成的，博物馆与专家完成了展览从策划、展品选择到阐释的全部过程，这由此也可能带来了前述问题：阐释不足或过度阐释。同时，也可能引发文化解释权问题。美国国立印第安人博物馆已经在与社区互动中进行了积极探索，社区策展人（Curator）成为博物馆展览策划与实施的重要参与者，他们不仅遴选展品，也负责解释自己的文化。

在《保护非物质文化遗产公约》中明确提及："缔约国在开展保护非物质文化遗产活动时，应努力确保创造、延续和传承这种遗产的社区、群体，有时是个人的最大限度的参与，并吸收他们积极地参与有关的管理。"因此，博物馆参与非物质文化遗产保护与展示也绝不仅仅是专家和博物馆陈列人员的决策就能满足展示的需要。博物馆需要积极吸纳社区文化保有者和项目传承人参与到博物馆展览策划与实施中来，同时也可以扩大其参与范畴，参与社区文化和非物质文化遗产的抢救、整理和挖掘，进而实现文化持有者的自我价值，激发和提升社区民众的文化自觉和文化自信心。

社区策展人的参与是社区参与非物质文化遗产保护与展示的必由之路。但也并非没有忧虑。博物馆工作的专业性愈来愈强，与没有接受博物馆展陈专业训练的社区民众的非专业性形成强烈对比。而观众的参观与知识水平也对社区民众参与展示和解读提出新的挑战。作为生活在现代社会、受现代思潮与审美影响的民众，尤其是策展人在地方知识精英的背景下，其所做的陈列、展示与文化解读也会带有个人色彩，因此，社区策展人的参与应该强调活动与参与过程、提供素材与解读文化，而非承担技术性工作。

二、博物馆与非物质文化遗产展示传播

博物馆是大众媒体。为实现非物质文化遗产保护、展示与传播的目的，博物馆需主动思考如何构建非物质文化遗产展示与传播体系。博物馆"展示体系的发展同时也提出了一个新要求：每个人都应该看的不仅仅是表面的夸饰，而且也包括内容"[①]。要构建合理的展示与传播体系，博物馆首先要明确自身在非物质文化遗产保护格局中的定位，确立保护对象、服务人群和职责分工。在地方非物质文化遗产保护体系中，既有综合性博物馆，也有非物质文化遗产主题馆，而传承基地、传习所也可以称为博物馆或陈列室。参与非物质文化遗产保护的博物馆、主题馆或传习所可以考虑从以下几个方面来构建展示与传播体系：一是以非物质文化遗产涉及的工具和实物为基础构建的实物展示与传播体系，二是以数字化资源为基础的数字展示与传播体系，三是由传承人主导的活态展示与传播体系。三者之间并不排斥，可以单独建设，也可以同时建设，这取决于藏品资源、技术实力、人才队伍和资金实力，而三者的有机结合是非物质文化遗产博物馆努力的方向。

三、博物馆与非物质文化遗产研究

研究是博物馆的重要功能。在博物馆参与非物质文化遗产保护的背景下，博物馆需要加强非物质文化遗产及其与博物馆关系研究，2000 年至 2004 年，《中国博物馆》刊发了大量博物馆与无形文化遗产保护研究文

[①]　［澳］托尼·本尼特：《作为展示体系的博物馆》，薛军伟译，《马克思主义美学研究》（第 1 辑），中央编译出版社，2012 年，第 143 页。

章，此后研究文章日渐减少。面对这种形势，博物馆学学者也发出呼吁：博物馆为何缺席非物质文化遗产保护论坛？2005年中国非物质文化遗产保护·苏州论坛上，只有浙江省博物馆和湖北省博物馆相关专家参会，"作为国家文化遗产收藏保管、展览宣传和研究利用最重要场所的博物馆却是论坛的缺席者"①。

面对"双向互动"产生的问题，博物馆需加强研究功能的建设，立足博物馆服务对象和展示内容，开展非物质文化遗产研究和展示方式方法研究。规模较大、人才队伍完善的博物馆要加大研究力度，而规模小、缺乏研究人员的博物馆，应积极与高校、科研院所联系，建立协同研究机制，共同开展项目研究，这既有利于博物馆非物质文化遗产展示水平的提升，也有利于非物质文化遗产项目的保护。

---

① 蔡琴：《博物馆为何缺席非物质文化遗产保护论坛》，《中国文物报》，2005年9月23日。

参考文献

一、文件与法规

安吉县人民政府：《中国生态博物馆建设和管理暂行办法》，2009 年。

《传统工艺美术保护条例》（国务院令第 217 号），1997 年。

国家文物局：《关于促进生态 (社区) 博物馆发展的通知》(文物博发 〔2011〕15 号)，2011。

国家文物局：《关于召开"全国生态（社区）博物馆研讨会"的通知》(办博函〔2011〕518 号)，2011 年。

国家文物局：《博物馆事业中长期发展规划纲要（2011—2020 年)》，2012 年。

国家文物局：《关于开展生态（社区）博物馆建设示范点评估工作的通知》（文物博函〔2013〕1488 号)，2013 年。

《国务院关于加强文化遗产保护的通知》（国发〔2005〕42 号)，2006 年。

国务院办公厅：《国务院办公厅关于加强我国非物质文化遗产保护工作的意见》国办发〔2005〕18 号，2005 年。

中华人民共和国文化部：《博物馆管理办法》（文化部令第35号），2005年。

中华人民共和国文化部:《国家级非物质文化遗产保护与管理暂行办法》（文化部令第 39 号），2006 年。

中华人民共和国文化部:《关于加强国家级文化生态保护区建设的指导意见》（文非遗发 2010 年 7 号），2010 年。

中华人民共和国文化部:《关于开展国家级非物质文化遗产代表性传承人抢救性记录工作的通知》，2015 年。

《中华人民共和国非物质文化遗产法》，2011 年。浙江省文化厅:《浙江省非物质文化遗产保护发展"十三五"规划》，2016 年。

联合国教科文组织:《保护世界文化和自然遗产公约》，1972 年。

联合国教科文组织:《保护民间创作建议案》，1989 年。

联合国教科文组织:《宣布人类口头与非物质遗产代表作条例》，1998 年。

联合国教科文组织:《保护非物质文化遗产的行动计划》（第 161 次执行局会议），2001 年。

联合国教科文组织:《世界文化多样性宣言》，2003 年。

联合国教科文组织:《保护非物质文化遗产公约》（中），2003 年。

联合国教科文组织:《保护与促进文化内容与表达形式多样性公约》，2005 年。

联合国教科文组织:《〈保护非物质文化遗产公约〉操作指南》，2016 年。

国际博协亚太地区委员会:《上海宪章》，2002 年。

ICOM，Strategic plan 2016-2022，2016.

United States Congress，*National Museum of the American Indian Act*, 1989.

UNESCO, *Final report of the round table on the development and the role of museums in the contemporary world*, 1972.

UNESCO, Proposal for international instrument for the protection of folklore, 1973.

UNESCO，Mexico city declaration on cultural policities, 1982.

UNESCO，*The oral heritage of humanity*，1997.

UNESCO, *First Proclamation of Masterpieces of the Oral and Intangible Heritage of Humanity*，2001.

UNESCO, *Second Proclamation of Masterpieces of the Oral and Intangible Heritage of Humanity*，2003.

UNESCO, *Guidelines for the Establishment of National "Living Human Treasures" Systems*, 2003.

UNESCO, *Convention for the safeguarding of the intangible culture heritage*, 2003.

UNESCO, *Third Proclamation of Masterpieces of the Oral and Intangible Heritage of Humanity*，2005.

UNESCO，*Ethical Principles for Safeguarding Intangible Cultural Heritage*，2015.

UNESCO，*recommedation concerning the protection and promotion of museums and collections, their diversity and their role in society*, 2015.

二、著作

蔡琴：《博物馆学新视域》，浙江人民出版社，2003 年。

段勇：《当代美国博物馆》，科学出版社，2003 年。

段阳萍：《西南民族生态博物馆研究》，中央民族大学出版社，2013 年。

方李莉：《遗产：实践与经验》，云南教育出版社，2008 年。

方李莉：《梭嘎日记——一个女人类学家在苗寨的考察》，学苑出版社，

2010 年。

　　郭味蕖：《中国版画史略》，朝花美术出版社，1962 年。

　　李春霞：《遗产：缘起与规则》，云南教育出版社，2008 年。

　　李晓东：《全球化与文化整合》，湖南人民出版社，2003 年。

　　刘明翰、张志宏：《美洲印第安人史略》，生活·读书·新知三联书店，
1982 年。

　　吕建昌：《博物馆与当代社会若干问题的研究》，上海辞书出版社，2005 年。

　　吕济民：《中国博物馆史论》，紫禁城出版社，2004 年。

　　马云杰：《文化社会学》，中国社会科学出版社，2001 年。

　　马自树：《文博丛谈》，紫禁城出版社，2005 年。

　　孟磊：《体验 文化 生态 场景：非物质文化遗产馆的展示理念与运营模式》，
南京大学出版社，2016 年。

　　彭兆荣：《遗产：反思与阐释》，云南教育出版社，2008 年。

　　单霁翔：《从"馆舍天地"走向"大千世界"——关于广义博物馆的思考》，
天津大学出版社，2011 年。

　　宋俊华：《非物质文化遗产保护研究》，中山大学出版社，2013 年。

　　宋瑞芝：《走进印第安文明》，民主与建设出版社，2001 年。

　　苏东海：《博物馆的沉思——苏东海论文选》，文物出版社，1998 年。

　　苏东海：《中国生态博物馆》，紫禁城出版社，2005 年。

　　韦森：《文化与制序》，上海人民出版社，2003 年。

　　王宏钧：《中国博物馆学基础》，上海古籍出版社，2001 年。

　　王军：《日本的文化财保护》，文物出版社，1997 年。

　　王巨山：《非物质文化遗产概论》，学苑出版社，2012 年。

　　王树村：《年画史》，上海文艺出版社，1997 年。

王文章:《非物质文化遗产概论》,文化艺术出版社,2006年。

汪欣:《中国非物质文化遗产保护十年(2003—2013)》,知识产权出版社,2015年。

向云驹:《人类口头和非物质遗产》,宁夏人民出版社,2005年。

张殿英:《杨家埠木版年画》,人民美术出版社,1990年。

郑培凯、李磷:《文化遗产与集体记忆》,广西师范大学出版社,2014年。

张誉腾:《生态博物馆——一个文化运动的兴起》,台湾五观艺术管理有限公司,2003年。

甄朔南:《甄朔南博物馆学文集》,中国大百科全书出版社,2004年。

朱雷:《台湾民俗博物馆与文化记忆的传承》,华东师范大学出版社,2012年。

[美]爱德华·P.亚历山大、玛丽·亚历山大:《博物馆变迁:博物馆历史与功能读本》,陈双双译,译林出版社,2014年。

[法]贝尔纳·古奈:《反思文化例外论》,李颖译,社会科学文献出版社,2010年。

[美]保罗·康纳顿:《社会如何记忆》,纳日碧力戈译,上海人民出版社,2000年。

[美]乔治·埃里斯·博寇:《新博物馆学手册》,张云、曹志建等译,重庆大学出版社,2011年。

[德]费迪南·滕尼斯:《共同体与社会——纯粹社会学的基本概念》,林荣远译,商务印书馆,1999年。

[美]珍妮特·马斯汀:《新博物馆理论与实践导论》,钱春霞、陈颖隽译,江苏美术出版社,2008年。

[日]柳宗悦:《工艺文化》,徐艺乙译,广西师范大学出版社,2006年。

[西]萨尔瓦多·穆尼奥斯·比尼亚斯:《当代保护理论》，张鹏等译，同济大学出版社，2012年。

Marilena Alivizatou, *Intangible heritage and the museum*, Left Coast Press, Inc, 2012.

Mary Bouquet,*Museums: a visual anthropology*, Berg, 2012.

Peter Davis, *Ecomuseum: A sense of place*, Leicester University Press, 1999.

三、论文集、工具书

复旦大学文物博物馆学系、文化遗产研究中心编:《文化遗产研究集刊2》，上海古籍出版社，2001年。

复旦大学文物博物馆学系、文化遗产研究中心编:《文化遗产研究集刊3》，上海古籍出版社，2003年。

国家文物局编:《中华人民共和国文物博物馆事业纪事（1949—1999）》，文物出版社，2001年。

南通博物苑编:《南通博物苑百年苑庆纪念文集》，文物出版社，2005年。

叶春生主编:《中国非物质文化遗产》（第九辑），中山大学出版社，2005年。

叶春生主编:《中国非物质文化遗产》（第十辑），中山大学出版社，2006年。

于海广编:《传统的回归与守护——无形文化遗产研究文集》，山东大学出版社，2005年。

中国博物馆学会编:《回顾与展望:中国博物馆发展百年》，紫禁城出版社，2005年。

中国博物馆学会编:《交流与探索:2005年贵州生态博物馆国际论坛论文集》，紫禁城出版社，2006年。

中国出版科学研究所编：《第二届全国出版科学研究优秀论文获奖论文集》，中国书籍出版社，1997 年。

中国社会科学院语言研究所词典编辑室编：《现代汉语词典》，商务印书馆，1997 年。

中国社会科学院语言研究所词典编辑室编：《现代汉语词典》，商务印书馆，2007 年。

郑培凯、李磷编：《文化遗产与集体记忆》，广西师范大学出版社，2014 年。

甄朔南、楼锡祜编：《海峡两岸博物馆学人与全球化的对话论文集》，中国自然科学博物馆协会，2003 年。

Arley Gary，Della Summers：《朗文英汉双解词典》，郑荣成、王瑞、段世镇等译，外语教学与研究出版社，1992 年。

联合国教科文组织编：《世界文化报告——文化、创新与市场 1998》，关世杰译，北京大学出版社，2000 年。

联合国教科文组织编：《世界文化报告——文化的多样性、冲突与多元共存（2000）》，关世杰译，北京大学出版社，2002 年。

梅厄编：《朗文当代英语大辞典》，王立弟等译，商务印书馆，2011 年。

四、论文

安来顺：《在贵州省梭嘎乡建立中国第一座生态博物馆的可行性研究报告》，《中国博物馆》，1999 年第 2 期。

安琪：《表述异文化：人类学博物馆的民族志类型研究》，《思想战线》，2011 年第 2 期。

白建松：《非物质文化遗产内容的博物馆数字化展示模式与产业化研究》，

《浙江艺术职业学院学报》，2011 年第 2 期。

巴莫曲布嫫：《构思高山图示——华盛顿大学博克博物馆彝族文化展览侧记》，《民族艺术》，2003 年第 2 期。

巴莫曲布嫫：《从语词层面理解非物质文化遗产——基于〈公约〉"两个中文本"的分析》，《民族艺术》，2015 年第 6 期。

崔波：《生态博物馆：遗产保护的新思维》，《中国文物报》，2005 年 7 月 8 日。

崔波：《二〇〇五中国博物馆事业回首》，《中国文物报》，2006 年 1 月 20 日。

曹兵武：《博物馆作为文化工具的深化与发展——兼谈社区博物馆与中国传统文化现代化问题》，《中国博物馆》，2011 年 Z1 期（合刊）。

朝戈金：《非物质文化遗产：从学理到实践》，《西北民族大学学报（哲学社会科学版）》，2015 年第 2 期。

朝戈金：《联合国教科文组织〈保护非物质文化遗产伦理原则〉：译读与评骘》，《内蒙古社会科学》，2016 年第 5 期。

陈宏京、陈霜：《漫谈数字化博物馆》，《东南文化》，2000 年第 1 期。

陈军科：《博物馆文化形态的新理念——全球化形势下博物馆与非物质文化遗产的哲学思考》，《中国博物馆》，2004 年第 2 期。

陈建明：《〈上海宪章〉博物馆与无形文化遗产保护（上）》，《求索》，2003 年第 2 期。

陈建明：《〈上海宪章〉博物馆与无形文化遗产保护（下）》，《求索》，2003 年第 3 期。

陈建明：《汉语"博物馆"一词的产生与流传》，载中国博物馆学会编：《回顾与展望：中国博物馆发展百年》，紫禁城出版社，2005 年。

陈凌云：《多元文化的相互渗透与共存——兼论无形文化遗产的流失与保护》，《江南论坛》，2004 年第 4 期。

蔡琴：《博物馆为何缺席非物质文化遗产保护论坛》，《中国文物报》，2005 年 9 月 23 日。

蔡琴：《论博物馆非物质文化遗产工作的原则》，《中国博物馆》，2008 年第 3 期。

蔡瑞勇、郑海涛：《博物馆展示非物质文化遗产的思考》，《中国文物报》，2004 年 8 月 20 日。

陈同乐：《后博物馆时代——在传统与蜕变中构建多元的泛博物馆》，《东南文化》，2009 年第 6 期。

陈燮君：《〈上海宪章〉的庄严承诺——博物馆应负起保护无形文化遗产的重任》，《中国博物馆》，2002 年第 4 期。

陈燮君：《博物馆——守望精神家园》，《人民政协报》，2009 年 9 月 14 日。

杜辉：《帝国主义与文物返还叙事》，《东南文化》，2013 年第 4 期。

方李莉：《警惕潜在的文化殖民趋势——生态博物馆理念所面临的挑战》，《民族艺术》，2005 年第 3 期。

方李莉：《全球化背景中的非物质文化遗产保护——贵州梭嘎生态博物馆考察所引发的思考》，《民族艺术》，2006 年第 3 期。

方李莉：《非物质文化遗产保护的深层社会背景——贵州梭嘎生态博物馆的研究与思考》，《民族艺术》，2007 年第 4 期。

费孝通：《当前城市社区建设的一些思考》，《群言》，2000 年第 8 期。

费孝通：《土地里长出来的文化》，载《费孝通文化随笔》，群言出版社，2000 年。

高丙中：《知识分子、民间与一个寺庙博物馆的诞生：对民俗学的学术实践的新探索》，《民间文化论坛》，2004 年第 3 期。

关昕：《博物馆开展"非物质文化遗产"田野调查的三个层次》，《中国文物报》，2007 年 1 月 5 日。

关昕：《非物质文化遗产保护与博物馆发展新趋向》，《博物馆研究》，2007 年第 3 期。

胡百慧：《中美两座社区博物馆的对比与启示——以华盛顿安那考斯提亚社区博物馆与福州三坊七巷社区博物馆为案例的解读》，《中国博物馆》，2017 年第 3 期。

胡朝相：《论生态博物馆社区的文化遗产保护》，《中国博物馆》，2001 年第 4 期。

胡朝相：《贵州生态博物馆非物质文化遗产保护的问题》，《中国博物馆》，2002 年第 4 期。

胡朝相：《梭戛生态博物馆发展之路的探索》，《中国文物报》，2014 年 9 月 30 日。

黄春雨：《社区博物馆理论与实践的思考》，《中国博物馆》，2011 年 Z1 期（合刊）。

户晓辉：《〈保护非物质文化遗产公约〉能给中国带来什么新东西——兼谈非物质文化遗产区域性整体保护的理念》，《文化遗产》，2014 年第 1 期。

贺学君：《关于非物质文化遗产保护的理论思考》，《江西社会科学》，2005 年第 2 期。

贺学君：《非物质文化遗产"保护"的本质与原则》，《民间文化论坛》，2005 年第 6 期。

何星亮：《建设双重文化遗产现代化博物馆》，《人民日报》，2007 年 6 月 9 日。

胡欣民、胡雪峰：《"为"与"不为"》，《中国博物馆》，2002 年第 4 期。

韩洋：《非物质文化遗产与博物馆相关问题的探讨》，《博物馆研究》，2006 年第 3 期。

黄永林:《数字化背景下非物质文化遗产的保护与利用》,《文化遗产》,2015年第1期。

黄永林、孙佳:《非物质文化遗产保护视域下的城市社区博物馆研究》,《文化遗产》,2017年第4期。

黄祝英:《论博物馆在非物质文化遗产保护中的作用——以黔东南州民族博物馆为例》,《凯里学院学报》,2012年第4期。

卢本珊:《博物馆在无形文化遗产保护中的对策》,《中国文物报》,2004年8月20日。

刘慧:《美丽非遗在身边:我省101个市县坐拥443座非遗馆》,《浙江日报》,2014年3月5日。

吕建昌:《博物馆社区概念及社区博物馆》,载中国博物馆学会编:《回顾与展望:中国博物馆发展百年》,紫禁城出版社,2005年。

吕建昌:《新博物馆学运动的姊妹馆:生态博物馆与社区博物馆辨析》,《东南文化》,2013年第1期。

李剑鸣:《美国土著部落地位的演变与印第安人的公民权问题》,《美国研究》,1994年第2期。

刘魁立:《关于非物质文化遗产保护的若干理论反思》,《民间文化论坛》,2004年第4期。

刘魁立:《从人的本质看非物质文化遗产》,《江西社会科学》,2005年第1期。

刘魁立:《论全球化背景下的中国非物质文化遗产保护》,《河南社会科学》,2007年第1期。

廖明君、周星:《非物质文化遗产保护的日本经验》,《民族艺术》,2007年第1期。

罗宁：《论数字博物馆建设中的知识产权保护与限制》，《中国博物馆》，2006 年第 1 期。

刘守华：《论文化生态与非物质文化遗产保护》，《华中师范大学学报（人文社会科学版）》，2006 年第 5 期。

刘锡诚：《民间文化抢救：历史的使命》，《河南大学学报（社会科学版）》，2003 年第 3 期。

刘锡诚：《非物质文化遗产与民族文化精神》，《广西师范学院学报（哲学社会科学版）》，2004 年第 4 期。

刘晓春：《非物质文化遗产的地方性与公共性》，《广西民族大学学报（哲学社会科学版）》，2008 年第 3 期。

刘晓陶、黄丹麾：《关于后博物馆的思考》，《中国文物报》，2014 年 8 月 18 日。

李月英：《关于博物馆与非物质文化遗产保护传承——以云南实践为例》，《中国博物馆》，2015 年第 2 期。

马建军：《博物馆与非物质文化遗产保护》，《中国文物科学研究》，2007 年第 1 期。

牛锐：《当"非遗"遇到电影，会产生什么？ ——"中国电影中的非物质文化遗产"论坛侧记》，《中国民族报》，2014 年 4 月 25 日。

倪威亮：《中国生态博物馆的反思与瞻望——苏东海先生访谈》，《中国博物馆》，2011 年 Z1 期（合刊）。

彭冬梅、潘鲁生、孙守迁：《数字化保护——非物质文化遗产保护的新手段》，《文化遗产》，2006 年第 1 期。

平洪：《文本功能与翻译策略》，《中国翻译》，2002 年第 5 期。

潘年英：《变形的"文本"——梭戛生态博物馆的人类学观察》，《湖南科技大学学报（社科版）》，2006 年第 2 期。

潘守永：《生态博物馆及其在中国的发展：历时性观察与思考》，《中国博物馆》，2011 年 Z1 期（合刊）。

潘守永：《当代非物质文化遗产保护传承与生态博物馆建设困境》，《赣南师范学院学报》，2013 年第 4 期。

潘守永：《中国生态博物馆现况扫描》，《中国文化报》，2015 年 7 月 16 日。

彭兆荣、金露：《物、物质、遗产与博物馆》，《贵州民族研究》，2009 年第 4 期。

乔晓光：《关于农耕文化资源与非物质文化遗产》，《云南民族大学学报（哲学社会科学版）》，2003 年第 4 期。

曲彦斌：《民俗博物馆——保护与展示的重要基地》，《中国文化报》，2013 年 2 月 1 日。

阮仪三、林林：《文化遗产保护的原真性原则》，《同济大学学报（社会科学版）》，2003 年第 2 期。

苏东海：《博物馆服务社区的思想由来》，《中国文物报》，2001 年 4 月 25 日。

苏东海：《国际生态博物馆运动述略及在中国实践》，《中国博物馆》，2001 年第 2 期。

苏东海：《〈上海宪章〉的意义》，《中国博物馆》，2002 年第 4 期。

苏东海：《中国博物馆与无形遗产》，《中国博物馆》，2002 年第 4 期。

苏东海：《融入社会，服务社会——世界博物馆的大发展及其走向》，《求是》，2003 年第 15 期。

苏东海：《论坛小结》，《中国博物馆通讯》，2005 年第 7 期。

苏东海：《中国生态博物馆的道路》，载中国博物馆学会主编：《2005 年贵州生态博物馆国际论坛论文集》，紫禁城出版社，2006 年。

苏东海：《建立广义文化遗产理论的困境》，《中国文物报》，2006年9月8日。

宋俊华：《非物质文化遗产特征刍议》，《江西社会科学》，2006年第1期。

宋俊华：《关于非物质文化遗产数字化保护的几点思考》，《文化遗产》，2015年第2期。

单霁翔：《探讨社区博物馆的核心理念（上）》，《北京规划建设》，2011年第2期。

单霁翔：《民俗博物馆建设与非物质遗产保护》，《民俗研究》，2014年第2期。

宋向光：《无形文化遗产对中国博物馆工作的影响》，《中国博物馆》，2002年第4期。

宋向光：《世界各国和国际组织关于博物馆的定义》，《中国博物馆通讯》，2003年第8期。

宋向光：《生态博物馆理论与实践对博物馆学发展的贡献》，《中国博物馆》，2005年第3期。

宋兆麟：《非物质文化与物质文化》，《光明日报》，2005年5月20日。

宋兆麟：《博物馆与非物质文化保护》，《中国历史文物》，2009年第5期。

田莉莉：《博物馆创新民俗文化传承方式的实践与思考——以北京民俗博物馆的实践为例》，《传承》，2013年第3期。

陶学锋、许潇笑：《从"无形"到"有形"——杭州手工艺活态展示馆保护和传承非物质文化遗产的实践》，《国际博物馆》（中文版），2011年第1期。

田兆元：《地域形象展演与非物质文化遗产保护——以上海世博会为例》，《河南社会科学》，2010年第5期。

魏爱霖：《民俗类博物馆与非物质文化遗产展示》，《中原文物》，2011年第4期。

乌丙安：《民俗文化空间：中国非物质文化遗产保护的重中之重》，《民间文化论坛》，2007年第1期。

乌丙安：《非物质文化遗产保护中文化圈理论的应用》，《江西社会科学》，2005年第1期。

王巨山：《文化民族主义与非物质文化遗产保护的提出》，《浙江师范大学学报》，2009年第1期。

王世经：《魁北克宣言——新博物馆学的基础》，载《世界文物》，文物出版社，1988年。

万建中：《非物质文化遗产调查中的主体意识——以民间文学为例》，《北京师范大学学报（社会科学版）》，2005年第6期。

王莉：《无形文化遗产的载体化保护和博物馆的社会分工》，《中国博物馆》，2004年第2期。

王莉：《非物质文化遗产的保护和博物馆的社会责任》，《博物馆研究》，2007年第2期。

王勇：《试谈博物馆与非物质文化遗产的关系——从博物馆基本职能的角度谈起》，《世界遗产论坛》，2009年。

萧放：《非物质文化遗产核心概念阐释与地方文化传统的重建》，《民族艺术》，2009年第1期。

徐赣丽：《非物质文化遗产社区保护的经验——以融水苗族坡会群为例》，《河南社会科学》，2011年第2期。

许俊平：《博物馆工作由封闭型向开放型的转变》，《中原文物》，2000年第2期。

肖坤冰：《非物质文化遗产博物馆：从概念到实践——以"藏东南非物质文化遗产博物馆"尼洋阁的项目实施过程为例》，《北方民族大学学报（哲学社会科学版)》, 2009 年第 6 期。

肖坤冰:《村寨博物馆中文化的展示与想象——以贵州雷山上郎德村寨博物馆为例》,《贵州民族研究》, 2009 年第 1 期。

辛儒:《博物馆非物质文化遗产馆藏体系的构建——非物质文化遗产保护背景下博物馆建设思考》,《河北大学学报(哲学社会科学版)》, 2008 年第 4 期。

夏涛:《博物馆非物质文化遗产保护与展示——从"古琴的故事展演谈起"论坛综述》,《中国文物报》, 2015 年 5 月 26 日。

徐新建:《博物馆的人类学——华盛顿国立美洲印第安人博物馆考察报告》, 载《文化遗产研究》, 巴蜀书社, 2012 年。

谢小娟:《博物馆与非物质文化遗产展示——以南京博物院非遗馆为例》,《东南文化》, 2015 年第 5 期。

向云驹:《论非物质文化遗产的非物质性——关于非物质文化遗产的若干哲学问题之一》,《文化遗产》, 2009 年第 3 期。

徐艺乙:《民俗博物馆的建设及其意义》,《神州民俗》, 2011 年第 2 期。

叶春生:《清脆木鱼怎无声?——抢救和保护人类口头和非物质文化遗产的理念应与时俱进》,《河南大学学报(社会科学版)》, 2003 年第 3 期。

叶尔米拉:《博物馆在非物质文化遗产保护中所承担的角色——以新疆地区为例》,《文博》, 2011 年第 2 期。

俞嘉馨:《非物质文化遗产领域的博物馆学实践》,《中国博物馆》, 2008 年第 2 期。

杨晋英:《中国文物事业信息化建设的回顾与思考》,《中国文物报》, 2006 年 2 月 8 日。

苑利:《博物馆不应成为"非遗"保护唯一模式》,《中国社会科学报》,

2012 年 9 月 5 日。

尹彤云：《博物馆视野中的非物质文化遗产保护》，《民族艺术》，2006 年第 4 期。

杨志刚：《试谈"遗产"概念即相关观念的变化》，载复旦大学文物与博物馆学系编：《文化遗产研究集刊 2》，上海古籍出版社，2001 年。

杨兆麟：《非物质文化遗产在博物馆的陈列展示——西双版纳勐泐博物馆陈列随想》，《文物世界》，2006 年第 3 期。

朱诚如：《文化遗产概念的进化与博物馆的变革——兼谈无形文化遗产对当代博物馆的影响》，《中国博物馆》，2002 年第 4 期。

朱凤瀚、安来顺：《新理念下的博物馆文化遗产保护》，《中国博物馆》，2004 年第 4 期。

庄孔韶：《文化遗产保护的观念与实践的思考》，《浙江大学学报（人文社会科学版）》，2009 年第 5 期。

甄朔南：《正在兴起的数字化博物馆》，《中国博物馆》，1999 年第 2 期。

甄朔南：《什么是新博物馆学》，《中国博物馆》，2001 年第 1 期。

甄朔南：《保护无形遗产给博物馆注入新活力》，《中国文物报》，2004 年 5 月 14 日。

张卫、宁刚：《数字博物馆概述》，《古今农业》，2000 年第 4 期。

张文彬：《全球化、无形文化遗产与中国博物馆》，《中国博物馆》，2012 年第 4 期。

郑芸菁、张立莹、张军、曹晓东：《关于数字博物馆建设的思考》，《唯实》，2004 年第 1 期。

张誉腾：《台湾的博物馆事业：历史回顾和现状观察》，载甄朔南、楼锡祜主编，《海峡两岸博物馆学人与全球化的对话论文集》，中国自然科学博物馆协会，2003 年。

［日］爱川纪子：《非物质文化遗产：新的保护措施》，载《世界文化报告——文化的多样性、冲突与多元共存》，北京大学出版社，2002 年。

［法］安德烈·德斯沃利斯：《博物馆与社区：一些需要澄清的模糊问题》，胡书生译，《中国博物馆》，1994 年第 4 期。

［美］C. Kurt Dewhurst：《民间生活与博物馆：一种建立新的文化生态的力量》，陈熙译，《文化遗产》，2011 年第 1 期。

［挪］达格·梅克勒伯斯特：《六枝原则》，《中国博物馆通讯》，2005 年第 7 期。

［意］玛葛丽塔·科古：《生态博物馆和地方政府》，张晋平译，载中国博物馆学会编：《交流与探索：2005 年贵州生态博物馆国际论坛论文集》，紫禁城出版社，2006 年。

［挪］马克·摩尔：《生态博物馆：是镜子，窗户还是展柜？》，张晋平译，载中国博物馆学会编：《交流与探索：2005 年贵州生态博物馆国际论坛论文集》，紫禁城出版社，2006 年。

［意］毛里齐奥·马吉：《关于中国的报告——对中国生态博物馆的建议》，黄黎译，《中国博物馆》，2007 年第 3 期。

［巴西］曼纽里勒·玛利亚·杜阿尔特·甘迪多：《博物馆（记忆＋创造力＝社会变革）：国际博物馆协会第 23 届大会主题阐释》，黄磊译，《中国文物报》，2013 年 3 月 20 日。

［法］乔治·亨利·里维埃：《生态博物馆——一个进化的定义》，孟庆龙译，《中国博物馆》，1986 年第 4 期。

［澳］托尼·本尼特：《作为展示体系的博物馆》，薛军伟译，载王杰主编：《马克思主义美学研究》（第 1 辑），中央编译出版社，2012 年。

［法］雨果·戴瓦兰：《生态博物馆概念的起源·可持续发展》，张晋平译，

《中国博物馆通讯》，2005 年第 7 期。

Giovanni Pinna,Intangible Heritage and Museums,ICOM NEWS,2003(4).

五、相关网站

联合国教科文组织官方网站：http://www.unesco.org。

国际博物馆协会：http://icom.museum/。

文化部官方网站：http://www.mcprc.gov.cn/。

国家文物局官方网站：http://www.sach.gov.cn/。

安吉生态博物馆网站：www.anjieco-museum.com。

图书在版编目 (CIP) 数据

遗产·空间·新制序：博物馆与非物质文化遗产保
护研究 / 王巨山著.—北京：商务印书馆，2018.12（2019.9 重印）
ISBN 978-7-100-16698-0

Ⅰ. ①遗… Ⅱ. ①王… Ⅲ. ①博物馆—关系—非物质
文化遗产—保护—研究—中国 Ⅳ. ① G269.2 ② G122

中国版本图书馆 CIP 数据核字（2018）第 230585 号

遗产·空间·新制序
博物馆与非物质文化遗产保护研究
王巨山 著

商 务 印 书 馆 出 版
（北京王府井大街 36 号 邮政编码 100710）
商 务 印 书 馆 发 行
南京鸿图印务有限公司印刷
ISBN 978-7-100-16698-0

2018 年 12 月第 1 版　　开本 787×1092 1/32
2019 年 9 月第 2 次印刷　　印张 9¾
定价：62.00 元